20 世纪中国图书馆学文库·39

图书馆古籍编目

北京大学图书馆学系
武汉大学图书馆学系 编著

國 国家圖書館出版社

本书据中华书局 1985 年 3 月第 1 版排印

前　　言

　　《图书馆古籍编目》是为目前高等院校图书馆学系教学使用的一门专业课教材,是根据《高等学校文科教材编选规划》组织编写的。由北京大学图书馆学系与武汉大学图书馆学系合编。它主要供图书馆学专业本科生、函授生使用,同时兼顾广大图书馆工作者业务进修的需要。

　　我们对本书的编写,力求贯彻古为今用、理论联系实际的原则,按照图书馆中进行古籍编目工作的一般程序来组织全书的内容,使学生通过学习,掌握做好古籍编目工作的初步知识和基本方法。书中主要分为:古籍著录、古籍版本、古籍分类和古籍目录组织、藏书组织与保管四个方面。

　　本教材在 1981 年完成第一稿,经过两年的教学实践并向有关专家和图书馆界征求意见后,于 1982 年 11 月进行修改。1983 年3 月由教育部主持在北京大学召开审稿会议,再次听取意见,在此基础上修改完成定稿。

　　参加审稿会议的有:冀淑英、丁瑜、来新夏、魏隐儒、崔建英、郭松年等二十三位同志。在此,谨向他们以及在全书编写过程中对我们工作给予支持与帮助的同志,表示感谢! 上海图书馆顾廷龙馆长特为本书题签,北大中文系教授阴法鲁先生在百忙中为本书校阅附录五、六,多所改订,并致谢忱。

　　本书编写分工是:

绪　论:廖延唐(武汉大学图书馆学系)

第一章:郑如斯(北京大学图书馆学系)

第二章:

第一、二节廖延唐、郑如斯

第三至六节郑如斯

第三章:张荣起(北京大学图书馆学系)

第四章:廖延唐

第五章:廖延唐

第六章:

第一、二节郑如斯

第三节廖延唐

武汉大学张煜明同志参加了制定大纲、征求意见和绪论、第六章初稿的编写工作。

负责通纂全书的是郑如斯、廖延唐同志。由于我们水平所限,加之多人执笔,虽经统稿,其中重复、错漏之处,仍所难免。诚请读者指正。

《图书馆古籍编目》编写小组

1983 年 4 月

目　　次

绪　　论

　　我国有几千年的历史,中华民族是一个具有光荣传统和富于创造力的民族。我们的祖先创造了灿烂的古代文明,给我们留下了丰富和极其珍贵的文化遗产,其中也有大量的文化典籍。

　　古籍是历史的产物,它是文明的历史标志,我们应该以拥有大量古籍而感到自豪。我国古籍的数量,至今仍无精确的统计。部分专家估计不少于八万种,但也有估计为十五万种左右的。如何对待古籍,过去存在两种不同的态度:一种是虚无主义的态度,认为中国的古籍都是封建糟粕,一无用处;另一种则认为中国长期封建社会、半封建半殖民地社会留传下来的古籍都属"国粹",这两种思想都是片面的。我们应采取历史唯物主义的态度,正确对待我国的古籍。

　　建国以来,党和政府十分重视古籍的保护和利用,曾经颁发过保护古籍的法令,严禁古籍外流。对雕版印刷事业进行了改造。不少图书馆编印了古籍目录及各种专题参考资料。"文化大革命"期间由于受到"左"的干扰,古籍编目工作受到很大影响,古籍的损失为数不少。周恩来同志鉴于"左"的干扰对宝贵文化遗产的严重破坏,于 1975 年 10 月通过国务院下达给国家文物局和北京图书馆负责同志的指示说:要尽快地把全国善本书总目编制出来。这一指示对于系统地、全面地整理善本古籍以及更有效地利用古代文化遗产有着深远的现实意义和历史意义。周恩来同志的指示在"文化大革命"期间是无法贯彻的,打倒"四人帮"后,在党的关怀下,组成了全国性的古籍善本书总目领导小组,在图书馆界的通力配合下,开展了《中国古籍善本书总目》的编辑工作,这一工作的开展,促进了全国各图书馆将长期收藏的古籍进行一次较为彻底的整理,在实践中,工作人员的业务水平得到提高,培养了一批新的古籍编目工作的骨干,改变了古籍编目专门人才青黄不接的状况。

古籍主要是指 1911 年以前历朝的刻本、写本、稿本、拓本等。从图书馆古籍编目工作的实际情况看,1911 年以后的影印、排印的线装古籍,如《四部丛刊》、《四部备要》等书也都属古籍。要从时间上截然划分是困难的。以 1911 年为下限,也只能说大致符合图书内容及形制的实际情况。

图书馆古籍编目,是对图书馆所收藏的古籍进行著录、鉴定版本、分类、典藏,以便向读者提供所需要的古代文献资料,这可以说是广义的古籍整理的一个初步的、基础的工作。图书馆通过对古籍的编目,一方面正确地揭示、反映、宣传图书馆中所藏有的古籍,使读者迅速、准确地检索,以得到所需要的资料,让蕴藏在古籍中的丰富而有价值的资料得到充分的利用,为两个文明建设服务;另一方面,做好古籍藏书保护工作,使祖国宝贵的文化遗产得以安全、完整的保藏,使其不受损坏,而有利于长期使用。图书馆古籍编目工作做好了,对古籍进行标点、注释、今译、辑佚、汇编等古籍整理工作将提供良好条件。

本课程分四部分六章进行讲述:

第一、二章古籍著录部分。主要内容是研究正确著录对揭示一部古籍、做好编目工作的意义,我国古籍编目工作的历史传统;扼要介绍如何从形式、结构方面来认识古籍的特征;古籍著录工作的步骤、著录的基本格式;各个著录事项的涵义和它所包括的内容,各事项进行著录时应注意的原则和方法。

第三章古籍版本部分。是为学习著录古籍版本进一步提供的一些有关古籍版本的知识,其中包括著录古籍版本的意义、古籍版本类别、鉴别古籍版本的一般方法等方面的内容。

第四、五章古籍分类部分。主要内容是讲古籍用《四库全书总目》分类法及新分类法分类问题。为避免与其他课程重复,不再谈分类史的问题,着重于方法介绍。用《四库全书总目》分类法分古籍部分,在介绍类目涵义及收书范围时结合讲述分书方法。古籍分类部分,着重于分析情况及介绍新分类法分古籍问题。

第六章古籍目录组织、藏书组织与保管部分。这一部分主要介绍款目编制后,组成字顺目录和分类目录的几种基本方法;古籍经分、编加工后如何使之在书库内科学地排列上架,以达到便于管理和使用的目的;介绍排列组织古籍的几种常用的方式方法。最后对研究古籍保护的重要性以及搞好古籍保管的主要经验和方法也进行了扼要的介绍。

图书馆古籍编目工作,要接触各类古籍,涉及到古代各学科,学好图书馆古籍编目课应当具备哪些方面的知识呢?

中国古籍是中国封建社会、半封建半殖民地社会的产物,它是一种文化现象,是一种社会产品,它的形制特征随着社会生产水平的提高而变化,现代书的形制,是古代书的形制的发展结果。就书的形制来说,记载文字的材料经过了甲骨、石头、竹木、缣帛到纸张,也就是说有过甲骨书、石头书、竹木书、缣帛书而后到纸质书。纸质书装订的发展,经过了由卷轴装、旋风装、梵夹装、蝴蝶装、包背装而后到线装。虽然图书馆古籍编目的主要对象是线装书,但线装书是以往各种形式书发展的结果,因而在许多方面还遗留有非线装的痕迹,所以做古籍编目工作,应当对中国书史要熟悉了解。

图书馆古籍编目,主要对古籍进行著录、确定版本、分类,这些工作往往与理解分析古籍的内容分不开。要看懂古籍的序跋,理解古籍图书的内容,就得过语言文字关。因为古籍图书一般没有断句,而多用文言文写成,这就要求我们有读古文的能力,否则,就难以理解古籍的内容,也就无法分析判断著录、鉴定版本、分类所需要的材料。做古籍编目工作,必须有较好的古代汉语知识。

记载在古籍上的文字,在长期社会发展中,也不断发生变化。一般说,古籍正文绝大多数是用楷书,但也不乏用小篆、行草印正文的。古籍中书名、序跋等处,楷体虽是常用的,但也有用篆书、隶书、行书、草书字体写的。至于藏章,大多数都是篆字,其他字体间或有之。在古籍中,经常见到的是篆、隶、行、草、楷几种字体。搞古籍编目工作,要能认识各种字体的字,否则,有些序跋就无法看下去,藏章也无从识别,要准确地分析古籍就有困难了。因此,做古籍编目工作,要具备些文字学的知识。

繁富的古籍,涉及到各学科的内容,古籍工作者不可能对各学科的内容都精通。古籍书名、著者、版本的标识,涉及地理、职官、谥法、姓氏等多方面的文化知识,也不可能一望即能加以准确的判断。要解决工作中遇到的种种问题,就要利用工具书,要了解工具书的类型及其使用方法,才能做到有的放矢地使用工具书,对工具书知识及文化知识的了解,也是古籍编目工作不可少的。

中国古籍,大量的是文学、历史、哲学著作,即使是杂著一类的书,其中也有不少是文、史、哲的内容。作为古籍编目工作者,对我国文学、历史、哲学几门学科的发展历史是必须了解的。最好通读中国文学史、中国通史、中国哲学史,借以了解古代学术的发展线索,掌握重要的作者及重要的著作,了解各学科的专业词汇,这对古籍编目的实际工作是大有帮助的。

图书馆古籍编目是图书馆学系的一门专业课,它的重要特点是综合性和实践性。综合性是指要综合应用以前所学专业基础课、文化课、工具课的知识;实践性是指在教学过程中,实习占较大的比重,理论与实践并重。因而学习本课程,要求熟悉古籍基本知识,掌握编目技能,能胜任一般性的古籍编目工作。古籍编目中的一些特殊问题,是要经过长期实践,增长知识,或求教于专家才能解决的。

第一章　古籍著录

第一节　著录的意义与著录事项

一般中型以上的公共图书馆或专业图书馆都收藏着一定数量的古籍，藏书数量少则几万册，多则几十万册。广大读者常常从各个不同的角度对古籍提出各式各样的要求，如果让他们自己在这样数量浩繁、内容复杂的书海中去翻检所需要的古籍文献，那是十分困难甚至是不可能的。图书馆必须用编目的手段来解决这种矛盾。通过目录，使读者不见原书就可以按图索骥迅速地查找到自己所需要的古籍，节省大量的时间，同时，还可以通过目录的帮助搜集到与自己研究课题相关的文献资料，对加速科学事业的繁荣发展，对科学工作者个人无不带来莫大的好处。所以目录是揭示馆藏，宣传图书指导阅读的有力工具。今天，在全国人民努力为实现四个现代化而奋斗的新长征途中，搞好古籍的管理工作，充分发掘古代文化典籍，做到古为今用，是图书馆的一项重要任务。而古籍编目是图书馆管理好古籍工作的重要环节。古籍编目工作可以分为两个步骤，根据我国传统的方法，第一步是著录图书，就是按照一定的方法记录一部古籍。著录的任务是将一部书的内容和形式上的特征按一定的方式方法记录下来，使读者和馆员通过这条记录就能够了解和确认这部书，从而使它在目录中起到揭示藏书、宣传藏书的作用。著录时所遵循的方法叫做著录法（条例），按照著录法所编成的每一条记录(写在卡片上)又叫做一条款目,通常也叫著录款目或编写卡片。这是编目工作的基础。

编目工作第二步是将已编写好了的款目组织起来,使它按一定的规定组织形成为一套有逻辑性的体系。这就是平时所提的排卡片,也叫做组织目录工作。组织目录时所遵循的方法叫做目录组织法。组织目录是编制目录工作的第二步。由著录法和目录组织法则组成一个完整编目法。由此可知目录是由款目组成的,而款目是通过著录产生的,因此,目录质量的好坏,除了取决于组织方法是否科学、合理以外,很大程度上要取决于古籍著录的质量。所以著录的事项必须能准确地反映古籍图书的内容价值和主要形式特征,通过著录使读者和馆员获得目录学知识,了解这一本书的主要内容及其评价,这一本书与其它书或与这一本书其它版本的不同。特别是对古籍的著录,更应该了解所著录的这部书的内容、价值,尽量通过著录表现出来。在古籍的形式特征方面,如书名、著者、版本以及篇幅多少等等在一定程度上也能帮助读者确认和选择利用。古籍是封建时代的产物,著作、出版、印刷各个方面的情况十分复杂。有的书除正式书名之外,还有别名、简名,在同一部书中题名不一;有的书前后易名;有的书书名不完整,或没有书名,不能反映书的内容特征;有的古籍,其著者情况、著作方式也与普通图书题法不同,版本事项更是纷纭复杂,需要详细审阅。此外在认真准确地揭示图书内容、确切反映图书形式特征的同时,对著录用的语言文字也必须作出规定。语言必须简明扼要,通顺易懂,书写要正体楷书。不能用草体字、异体字、篆字或自造字。古籍著录,一般应照原书著录,如使用简化字,应遵照国务院公布的统一简化字。著录的格式应整齐划一。字体要写得整齐、清楚,使人容易辨认。否则会造成彼此分歧,前后矛盾的混乱现象,从而削弱了目录的作用。由此可见,著录是一项细致、复杂,思想性很强的工作。那种认为著录只不过是简单枯燥机械事务性工作的观点是非常不对的。著录的质量直接关系到目录的质量,编目工作者必须提高思想认识。

古籍经著录后,还需将所著录的款目(卡片)按一定的体系组织排列为一个整体。组织目录要根据图书馆的任务、性质及编制目录的种类所决定。普通图书馆目录主要设书名、著者、分类、专题等四种。古籍专门组织目录一般主要是分类、书名两种或根据馆藏特点及读者需要另组织专题目录。古籍目录组织的形式主要有两种,一为书本式目录,一为卡片式目录。书本式目录是我国古代传统编目形式。采用书本式目录占地方小,可以携带,不到图书馆来就可以通过查阅目录借到图书,便于开展馆际互借,促进古籍图书的流通使用。但是书本式目录从编制到印刷成书需要时间较长,有新书增添不能及时反映到目录中去,必须在编新目录时或通过补编方式才能与读者见面。书本式目录如发现有错漏也不能及时改正,只得等待新编目时方能解决,一定程度上影响了目录的质量。

卡片式目录是现代图书馆所普遍采用的形式,它比较灵活、方便,每张卡片都是一个独立的单位。有新书到馆可以随时增添进去,如有错误,修改、抽换都可以随时进行,不会影响目录的整体。但卡片式目录也有缺点,占地面积太大,不能携带馆外扩大读者使用。

究竟采用哪种形式,可根据本馆的藏书特点来规定。如果有条件,可以两种方式并用。以卡片为草稿,编好后,过录到书本式目录上,可以流传得更广泛一些。中国古籍善本书总目就是采用书本式目录,各省、地区图书馆用卡片编制草目,然后将卡片送交总编小组,分别经、史、子、集、丛五大部类,汇总后正式出版书本式目录。

关于古籍编目工作的一般理论方法与普通书编目原则基本是一致的。本课程只就编制古籍目录的情况作进一步的阐述和探讨。

著录的意义既在于正确描写一部古籍的内容和形式方面的特征,以便确认和了解这部具体的古籍。那么一部古籍应著录哪些事项才能充分得到揭示,以发挥应有的作用?

清人孙从添在《藏书纪要》一书"编目篇"中对古人编著目录的事项，做了较好的总结，他提到：

"藏书四库，编目最难，非明于典籍者，不能为之。大凡收藏家，编书目有四，则不致错乱、颠倒、遗漏、草率。检阅清楚，门类分晰，有条有理，乃为善于编目者。一、编大总目录。分经、史、子、集，照古今收藏家书目行款，或照经籍考、连江陈氏书目，俱为最好。可谓条分缕晰、精严者矣。前后用序跋。每一种书分一类。写某书若干卷、某朝人作。该写著者、编者、述者、撰者、录者、注者、解者、集者、纂者，各各写清，不可混书。系宋版、元版、明版、时刻、宋元钞、旧钞、明人钞本、新钞本，一一记清。校过者写某人校本。下写几本、几册、有套、无套……。"

再结合近代我国编目工作长期实践经验，概括起来，可以有以下几项。

书名项：书名是一书的代表，是认识一部书的起点，读者总是首先凭借书的名称来查阅书，所以揭示古书的第一步当然是正确地记录下书名。除书名之外，古籍的卷数、回数也包括在书名项之内。卷数、回数能反映一部书的内容以及这部书与其它书的区别。所以它是书名项不可缺少的组成部分，这也是著录古籍书名项与著录普通新书书名项重要不同之处。

著者项：是著录一部书的著作人及参加著作人的有关事项，包括著者时代、著者姓名和著作方式。标出一书著作人的时代，可以反映出这部书的时代性，而且还可以区别不同时代的同姓名的著者，所以著录古籍著者时，应将作者是哪个时代的人搞清楚。著作方式是指著者对该书的写作所负有的具体责任。古籍的著作方式比较复杂和特殊，一部书往往有多种著作方式，如撰、注、辑、校、修、订、增、续等等。这些著作方式又直接反映着书的内容性质，所以在著者项内要包括著作方式。有时一个著作者对一部书兼有两种或两种以上的著作方式，有时一部书有两人以上著者，或有副著者,如注释、集校等等。

版本项:是记载一部书的出版情况。关于一部书籍各个出版事项是该书区别于它书的重要特征。许多古籍由于版本不同而产生内容上的差异,从而影响到书的价值。所以著录版本项的目的就在于正确描写所著录书的特征以便区别本书的其它版本,并使读者能通过这项记载识别清楚。版本项包括的内容是出版时间、出版地点、出版人和版本类别。出版时间是指出版的年月(古书即雕版时间),出版地是指出版家所在的地点(地方名称),出版者是指将这部书整理雕版付印公布于社会的人,古籍主要是私人出版,凡是私人出版者应以书上所提的个人姓名、斋、堂、室名为出版人。版本类别是指书版的种类和制作的方法,如刻本、翻刻本、活字本、写本、钞本、套色印刷、铅印、石印以及一书重刻、重印的次数等。

稽核项:是记录一部书外形方面的特征,如册数、页数(轴、卷)、函数、书内所附图表图像及其幅数,书的装订情况(蝴蝶装、包背装)等。善本书著录则应包括纸张、行款、字数、刻工等更为详细的内容。

附注项:著录以上各个事项的补充与说明,如本书内所附的附录材料,关于书名、著者以及版本等项的补充。书内如有别人的题签,名人手笔识语,藏书家的藏章印记,善本书刻印流传经过以及关于本书的特殊说明,如是否没有修补、残缺不全等都是这一事项应著录的内容。必要时,在这一项内还需列出全书细目。丛书目录需在附注项内列出子目书名、卷数和著者。

提要项:也称做解题。提要项是向读者提供所著录古籍的内容概要和评介知识,由编目工作者根据书的内容,参考有关文献资料编制的,它需概括地介绍本书内容大意,著者生平事迹,著作经过,以及版刻流传情况。

除以上事项外,图书馆为了进行内部工作的方便,需要作一些特殊记录,如索书号、目录分类号、财产登录号等等,这叫做图书馆的业务注记。

为了保证著录的质量,编目人员应对著录的各个环节和注意事项有比较清楚的了解,遵照一定的程序,有步骤、有条理地进行。尽量在编目工作开始之前,从目录整体出发,对各事项做出明文规定,以免使所编目录前后分歧,彼此互异。首先应制定一份编目条例(规则),包括著录和组织目录两部分,使编目人员有所依循的标准;其次,应定出款目各个著录事项和款目上字体的写法;再次,根据本馆的性质、任务、藏书特点,规定应编制目录的种类,因而确定一书应编写的款目数量。

有了上述几项明确的规定,就可着手进行编目工作了。

在具体著录一部书时,还需注意,不要拿到一书后,即忙于动手去做。因为有些图书馆由于各种原因,对古籍多年积压未经清理,或经搬动、倒库造成了一部书散乱的现象;也有的大部头书因没有函套,很容易被分散放置不在一处;还有的书在入藏时,原就是一部残本,等等。因此,拿到书后,必须仔细检查,先把它理顺、整齐,看看是否为完整的一部书,还是本身就是残本。如果是全本,应该尽量整齐以后再进行著录,如果入藏时就是残本,则不必强于凑全,可保持其原状予以著录。这就是著录前的配书(也叫拼部)的工作。这是很重要的不应忽视的步骤。然后,还须通过排架目录进行查重,了解该书是否为新品种、某一书的不同版本、或是已经入藏的复本。前两种情况,应按新书进行著录。如果是后者,可根据本馆复本书的著录规定进行处理。对每一部须编目的书,应将其内容大意、形式特征做认真分析研究,严格按照本馆的著录条例,对每一事项经过详细考查、审慎判断之后,再进行著录。写出款目的草片后,最好有专人进行审校,检查著录是否完善、确切,有无错、漏;字体书写是否清晰、工整,格式是否符合规定,等等。经过详细校对后,方可正式编制款目,这才算完成了一部书的著录工作。

将各个著录事项反映到一张具体的款目上,形成下列格式:

格式(一)

	书名项(书名、卷数)
	著者项(著者时代、姓名、著作方式)
	版本项(出版时、出版地、出版者、版本类别)
	稽核项(册数、函数、图、表……)
	附注项
	提要项

格式(二)

	书名项(书名、卷数)	
时	著者项(著者时代、姓名、著作方式)	版本项(出版、出版地、出版者、版本类别)
	稽核项(册数、函数、图、表……)	
	附注项	
	提要项	

一部古籍按以上两种格式著录如下:

(一)

	荀子 二十卷
	(战国)荀况撰 (唐)杨倞注
年	清光绪十年(1884 年)遵义黎氏翻刻宋淳熙八年(1181)台州刻本
	四册一函
	本书是古逸丛书零本

(二)

	荀子 二十卷	
遵	(战国)荀况撰(唐)杨倞注	清光绪十年(1884 年)义黎氏翻刻宋淳熙八年(1181 年)台州刻本
	四册一函	
	本书是古逸丛书零本	

每个著录事项在卡片中的部位和写法与第一种格式不同之处是著者项之后隔开二字接连著录版本项,回行时从第二红直线向左推进一字写起。其它著录事项与第一种格式完全相同。

现在比较通行的是第一种格式。每一事项,单独从第一行写起,这种方法比较清楚,容易掌握。有的图书馆,已有多年的传统习惯,采用第二种格式书写卡片。可以根据本馆的实际情况决定采用那一种,不必强求一致。

本教材内所举的著录例证,均采用第一种格式。

第二节　古籍的版式与结构

历史上流存下来的古籍,由于时代的关系,无论在内容或形式上,都与现代出版物有着许多不同之处。初学古籍编目工作时,首先对于古籍结构形式方面的特征有所了解,是很必要的。也可以说,这是认识古籍、准确地揭示古籍的一个重要前提。

古籍的结构形式,一般是指一张单页的版式和由多张单页装订成册之后书的结构。

现在就从这二方面来具体进行介绍与分析。

古籍的版式:

古籍是由一页页双面折叠的印页组成。每一张印页有一定的格式,就叫做版式。印页上面每一事项都有特定的名称。

版框:一版印页四周的黑线叫版框,也叫边栏。印有单线的叫单边栏,双线的叫双边栏。也有的是左右双边或四周双边。

界行:版面之内用直线分成的行叫界行。

天头:边栏外空白纸的上方叫做天头。

地脚:边栏外空白纸的下方叫做地脚。

版心:也叫中缝,一版印页的中心,有较窄的一行,叫版心,是对折时的标准。版心上面常常刻有书的名字或简名、卷数、页码以及本页的字数和刻工的姓名。

鱼尾：版心中间距离上边约有四分之一的地方刻有一个▼，叫做鱼尾。有时版心下方与上方对称的地方都刻有鱼尾。刻有一个鱼尾的书，一般称单鱼尾，刻有两个鱼尾时，称双鱼尾（或对鱼尾、顺鱼尾），也有个别的书刻有三个鱼尾。有时，书中鱼尾刻印成各种花样形式，也称做花鱼尾。

象鼻：鱼尾上下到版框为止有一条黑线，叫做象鼻。如果象鼻是空白的叫做"白口"。如果象鼻是一条细黑线叫做小黑口或细黑口。象鼻黑线特别粗，叫大黑口或阔黑口。

书耳（耳子）：版框栏外边上端有时有一小方格，格内刻有简单的篇名，叫做"书耳"或"耳子"。

古籍的结构：

由一张张单页装订成册，即成为一部具体的古籍。现存的古籍基本上都是用线装订成的。其结构就是指一部具体古籍的外在形式和内容的各个组成部分。在流传发展的过程中逐渐形成它们各自特定的名称：

书签：书的前封面的左上角，贴有一个长方形的纸条，叫做书签。书签上面题有书名，有时也题写册次及题签人的姓名等等。

书衣：也称作书皮或封皮，就是书的前后封皮，为保护书的内容而附加装订的，一般都用较硬的纸张作书封皮，书衣上一般题有书名。

书名页：也叫做封面、封面页、内封面、封内大题。是在封皮之后，题有书名的一页。书名页的形式一般有两种：一种是只有半页（一块书版的一半版面）的篇幅；另一种形式是具有一整页的（一整块版面）的篇幅。有的书名页内还题有著者、出版者、出版时间等事项。在书名页后边加有一张空白纸，叫做护页或扉页。

书脑：一书装订的一边，锥眼订线的地方叫书脑。

书脊：一书装订之处的侧面,成为书的脊背,叫书脊,也称书背。

　　书首：书脊的最上端,叫书首,也叫书头。

　　书根：书脊的最下端叫书根。有的古籍在书根上面写上或印上这部书的书名、卷数和册数,但书根的题名与书签上题名一样都不一定准确。书签题名多为刻版人或著者邀请名人亲手题笔,目的是作为私人留念或表示某名人的书法艺术水平,并不重在表示书的实际内容。书根题名除少数由版刻人在出版时就一并印上外,多数是由藏书家自己为了便于阅读翻检或保存而写上去的,由于书写的位置较小,不能写出全名,所以常常只题简化的书名。书册号也只写在第一册或最后一册的书根上面,写成凡××册或止××册。如"凧","叁"等等。这种题写的记录在编制一部古籍目录时,也可以成为帮助编目人员判断是否全本以及册数多少的依据。

　　古籍版式图例如下：

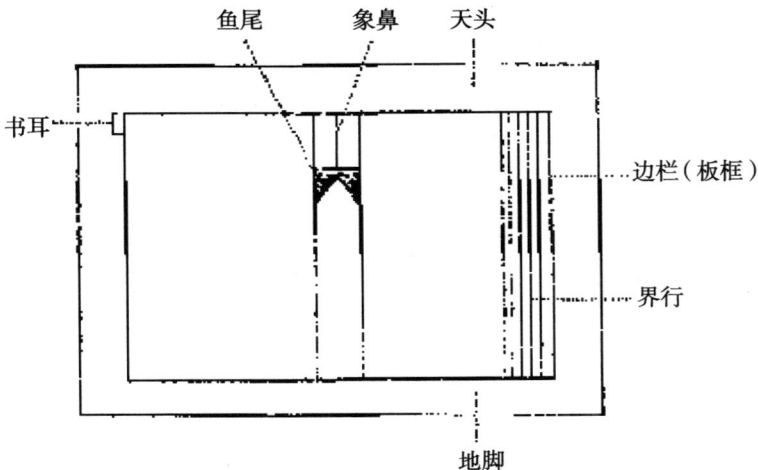

古籍的结构图例如下：

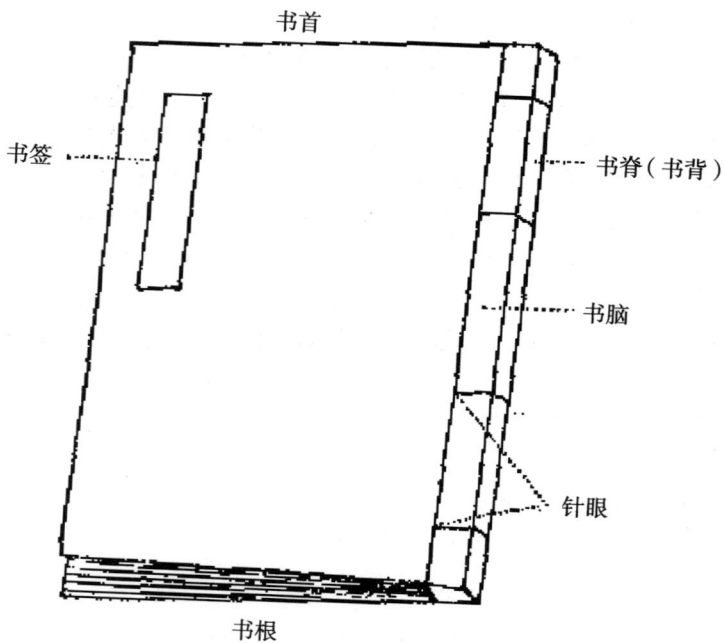

书首

书签

书脊（书背）

书脑

针眼

书根

书名页举例如下：

《杜韩集韵》书名页

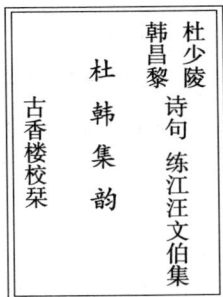

杜少陵
韩昌黎　诗句　练江汪文伯集

杜韩集韵

古香楼校栞

《本朝名媛诗余》书名页

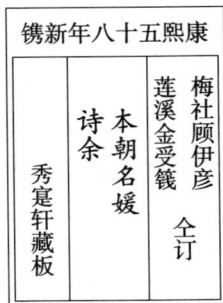

镌新年八十五熙康

梅社顾伊彦
莲溪金受箴　仝订

本朝名媛诗余

秀寉轩藏板

　　翻开一部具体的古籍，往往由以下几个部分所组成。

　　序：是一部书的序言，有作者自己写的序，也有刻书人或合著者、注释人以及作者的友好人士为这部书写的序。作者自序多为叙述家世、活动、著作宗旨。他人所写的序通常是写著者生平事迹、书的内容价值。刻版印刷之后，刻书者多写刻序，说明本书流传的过程、刻印的经过、目的等等。一部书刻印次数越多，往往序文也就越多。

目录：书正文前面的篇章名目叫目录。它是全书的纲目，反映一书的章节体例，可以通过它了解图书的内容大概。较早的古代图书目录与序文一样是放在正文的后边。一般古籍多数在卷首之前印有目录。较大部头的著作，除卷首有总目录外，各部分还有分目录。一些有前后集或正续篇的古籍，往往没有集中的目录，而是分散在各部分。这种情况在著录时，就要特别细心检查，计算清楚，以免发生错误。

凡例：是一书的编制体例或原则规定。古籍多有凡例，列在目录的前边，少数的古籍在凡例后还题有凡例作者姓名，可以作为著录这部书作者事项的参考条件。

跋：又叫做书后，或叫后序。多数是叙述版刻源流或刻印经过。以校刻人写的后序为多。跋文大多数都放在正文的最后，当然，也有放在正文前边的。

正文：是全书的主要部分，也是一部书的主体。正文多数按内容的篇幅来划分卷次。各卷自为起讫，卷与卷之间一般是用顺序号码来表示。每卷的开头称为卷端，卷端写有书名，多数古籍卷端也写上本书的著者姓名，或校印者注释者的姓名。

卷首末、附录：古籍除正文之外，常常把序、跋、目录等材料另作起讫，单独分卷次。放在正文前边的叫卷首。放在正文后边叫卷末，也叫附录。有的古籍正文以外还刻有其它的文字材料，也许是作者的另一部作品。除此有关于本书内容的附属资料，这些有时也称做附录。

牌记（也叫做牌子、书牌）：是出版人对一书出版事项的记载。在书内没有固定的部位，经常是在书的目录、序文之间；正文中或全书卷末等处出现。牌记内注明该书刻印的年、月、地点，刻者的姓名、堂号以及刊刻过程、刻书者的自我介绍等等，内容繁简不等。有时同一部书内，还出现有不只一种牌记。牌记的形式也多种多样，有长形、圆形、鼎形、钟形、碑形及亚字形等，所用字体楷、隶、行、篆均有。

牌记举例：

1. 说明刊刻时间

《杜韩集韵》一书正文最后一页：

亥立夏日告竣	中秋日开雕丁	康熙岁次丙戌

2. 说明刊刻时间、刊刻人

《重刊新校正唐荆川先生文集》正文卷十二后有：

浙江叶宝山堂	嘉靖癸丑仲冬

3. 说明刊刻人

《史记集解索隐正义》卷首集解序后有：

于家塾之敬室　建安黄善夫刊

《注解伤寒论》目录后有：

歙严镇汪氏　主一斋校刊

4. 说明刊刻过程及书的刻印质量

《重刊校正唐荆川先生文集》目录后有：

是集因无锡板差讹太多乃增削校正无差谨告四方贤名士大夫君子须认此板三衢叶宝山堂为真故禀

《汉书注》目录后有：

****
***本家今将前后汉书
**精加校正并写作大
*字镂板刊行的无差
错收书　英杰伏望
炳察钱塘王叔边谨咨
****

21

第二章　著录事项的分析与著录要求

第一节　书名项的分析与著录要求

一、书名项的分析

书名是一部书的代表,也是认识一部书的起点。读者查阅一部古籍,大都习惯于从书名入手。因此著录时,首先应当确定书名,可以说这是著录古籍的第一步。

现存的古籍,由于流传时间长,刻印情况复杂,部分书不断刻印,加之标识书名的方法各朝并无统一的规定,只有一些约定俗成的办法,一部书的书名,随着时代习尚的改变,既存大同之处,也可能出现小异的地方。我们在著录书名时,必须对书名进行分析,了解并研究书名标识的特点,判断准确后,再进行著录。下面谈谈书名项中的几个问题。

卷端　　各家著录法,都无一例外的说明古籍书名的著录主要根据卷端。什么叫卷端? 卷端就是每卷正文前表示书名、著者、版刻情况的几行文字。我们这里所说卷端的内容较全面,这是从卷端的总的情况来分析的。从具体书的情况看,卷端有书名、著者记载的是多数,同时有书名、著者、版刻三项记载的是少数。

为什么一定要根据卷端来著录呢? 这是从记载内容的可靠性来确定的。一部古籍可以从封面、书名页、序跋文、目录、书口等处看到书名。但从各处出现的书名分析,卷端所标识的书名是比较准确的。我们可以进行一些分析,首先谈封面书名,中国的传统习惯有请人题书名的风气,叫题签。一般说,都是作者或刻书者请师友、学者、长辈等有影响的人来题签。题签上的书名有时有和卷端书名详略不同的情况。另外,封面书名容易脱落及破损,后来刻印者有时有意更换书名,造成封面书名不够稳定。再谈序、跋文中的书名,序有自序、他人所作序;跋有自跋、他人所作跋。一般情况是,自序多而自作跋的少。自序、自跋所题书名较之他人序、跋文中所题书名为可靠。他人序、跋也有些是撰者请别人作的,有些是后来人作的,在书写过程中,有时也产生书名与卷端小有不同的情况。最后分析一下书口的书名。书口,按照古代刻书习惯,绝大多数是有书名的。因为书口位置小,书名长,往往只刻一、二字以示标识,因而书口上的书名往往是不完整的。

卷端书名,是作者最后定稿刻书时的书名,他人刻也是刻者最后审订过的书名,最符合作者及刻者的原意。同时,卷端在每卷正文前的起首部位,一般都是比较慎重的。从刻书的风气及古籍工作者著录的经验总结,认为卷端是著录书名的主要依据,这是符合古籍实际情况的。

在著录过程中,是不是无一例外的都依据卷端著录,这也是不对的。因为我们说卷端书名可靠,只是相对的,不是绝对的。有些书卷端所题的书名,就不能作为著录依据。因而,对卷端也要进行分析。不能作为著录依据的卷端书名有种种情况,但主要是以每卷篇章名刻在卷端而无全书名(见例一、二)。这种卷端所记载的书名,不能用作著录的依据。

例一

山海经二卷　晋郭璞注
第一卷卷端题
南山经第一　　　郭氏传

例二

前汉纪三十卷　汉荀悦撰
第一卷卷端题
一前汉高祖皇帝纪卷第一　　荀悦

　　小题在上、大题在下　　现在看到的多数古籍,卷端所标书名是全书名,而不是篇章名。较老的古籍,卷端标书名,有的把篇名标在上面,而把全书名放在下面,这就是所谓"小题在上、大题在下"(见例四、五)。小题在上、大题在下的标识方法是沿袭简策制度而来的。历史久远的古籍书名,有一个逐步增加的过程(见例三)。唐孔颖达在《毛诗正义》中说:"自周南至郑氏笺凡十六字,所题非一时也。'周南关雎'至'第一'、'诗国风',元是大师所题也,'诂训',毛自题之。'毛'一字,献王加之。'郑氏笺',郑自题之。"宋雕版盛行后,书名标识有的沿用传统办法,我们现在见到的较古刻本及仿宋刻本,有的仍是小题在上、大题在下的格式。我们在取舍书名时,要进行分析。

例三　周南关雎诂训传第一　毛诗国风　郑氏笺

例四　列传第十四　晋书四十四　御撰

例五　五帝本纪第一　史记一

　　冠词　　冠词是指书名前所加说明本书种种情况的词。由于古籍在流传过程中不断传刻，于是就产生了反映刊刻情况的冠词（见例六、七），其中"新刊王氏"、"新刊全像"是冠词；由于要在书名中标识作者、校刻者，于是就有了反映作者及校刻者的冠词（见例八、九），其中"刘向"、"须溪先生校本唐"是冠词；由于在书名中标识本书注释情况，于是就有了反映著作方式的冠词（见例十、十一），其中"笺注"、"注解"是冠词；由于要标明书中有图像，于是就有了反映图像的冠词（见例十二），其中"绣像批点"是冠词；还有一种反映封建统治者参与著述的冠词（见例十三、十四），其中"御纂"、"钦定"是冠词，这类冠词，还有御定、御批、御注、御选、御编等字样。这种说明封建统治者参与著述的字样，不能完全相信，统治者的著述，大都是托名而已。如清代统治者所作诗文字画，大多数是南书房翰林代笔，并非都是统治者亲自作的。清圣祖玄烨御纂了多种书，大都是李光地、梅毂成等人根据清圣祖玄烨的授意而写的。

　　冠词在书名中出现并无统一格式，我们把它分成表示刊刻、有图、著作方式、作者情况几种类型，只是便于区分而已。有些书的冠词,往往几种类型的字样同时出现(见例十五),其中"新刊重订出像附释标注"是冠词,但说明了刊刻、有图、著作方式几种情况。

例 六

例 七 新刊王氏脉经

例 八 新刊全像易鞋记

例 九 刘向古列女传

例 十 须溪先生校本唐王右丞集

例 十一 笺注陶渊明集

例 十二 注解伤寒论

例 十三 绣像批点红楼梦

例 十四 御纂春秋直解

例 十五 钦定春秋传说汇纂

新刊重订出像附释标注琵琶记

　　补充朝代名　　在古籍书名中表示本朝,由于出于尊敬和歌颂的原因,不能直接写本朝朝代名,而要以国朝、昭代、皇朝、圣朝等字样表示,如宋赵汝愚编《国朝诸臣奏议》、明陈继儒编《国朝名公诗选》、清徐斐然辑《国朝二十四家文钞》,从上述三书看,宋、明、清不同朝代的人都称本朝为国朝。由于各朝人都能以国朝等字表示本朝,就造成书名中所指"国朝"朝代不明。为使书名中"国朝"等字样所表示的朝代名明确,这是著录书名时要解决的问题。区别书名中"国朝"等词所表示的朝代的办法也很简单,只要判明作者是何朝代,书中所标"国朝"等词,即是指作者所处的朝代。知道了这些词的意义,对有些书名的改换也就容易理解了。如《皇朝文献通考》后改名为《清文献通考》就是一例。

　　在书名中,对前朝的称呼也有特定的词,本朝人称前朝为"胜国"、"胜朝",即本朝所灭之前朝。清人称明朝为胜朝,明代人称元朝为胜朝。如清吴弥光辑《胜朝遗事》、乾隆四十一年奉敕撰《钦定胜朝殉节诸臣录》,都是清代人所编,故书中所指胜朝即指明朝。弄清了书的作者是何朝人,即能判明书名"胜朝"、"胜国"所指的是何朝代。

26

卷数　　在古籍中,卷数比册数重要。就书名项来说,判明一书卷数是要认真对待的。同一书卷数各异,说明版本不一。造成一书卷数不同有种种原因,如增加注释而改标卷数、重刻时改动卷数等等。例如《文选》旧本作三十卷,唐李善作注,始每卷各分为二,作六十卷;《后山诗注》原本六卷,任渊作注时,每卷分为二卷。有的书在重刊时,卷数也作变动,如《救荒本草》二卷,嘉靖陆东重刊,每卷又分为前后。

过去古人刻书,书中所记内容不同,有写作先后、作者不一、体裁差异等情况。因而一书往往分初集、二集、三集……或分前集、后集、别集、续集……或标诗、词、赋……。而所分则各标卷数。过去书目记载卷数,计算方法有时不统一。如顾嗣立《元诗选》一书,《四库全书总目》(以下简称《总目》①著录为一百一十卷,《四库全书简明目录》(以下简称《简目》)著录为卷首一卷初集六十八卷二集二十六卷三集十六卷。同出于馆臣之手,而著录就不一致,《总目》以总卷数进行著录是不符著录要求的。

有些刻书者,也有任意将卷数合并的情况,如明冯惟讷编《古诗纪》,本为前集十卷正集一百三十卷初集四卷别集十二卷。吴琯重刻时,统为一集,称一百五十六卷。本书前集为古逸诗;正集,是汉魏以下,陈隋以前的诗;外集,是附录仙鬼之诗;别集,是前人论诗之语。各集所收,有时代及内容之区分,吴琯并而为一,这种做法,就不能从卷数中反映书的实际情况。

古籍中有的书又分出子卷,这是由于某些卷篇幅过大的原因。这种办法起源很早。班固《汉书》,有称一百卷的;有称一百二十卷的,称一百二十卷的连同子卷计算,因《汉书》部分卷因卷帙太重,故析为子卷:本纪分为一子卷、表为二子卷、志分八子卷、传为九子卷。清余萧客《古经解钩沉》三十卷,其中叙录、《周易》、《左传》均各分一子卷,实三十三卷。从过去著录的情况看,大都不计子卷,如说明书的实际情况,应采取必要的措施加以反映。

古籍中有卷首、卷末、附录资料等内容。附录资料在各类型书中均各有其特色。这些资料，大都不是原作者所写，以另标卷数为合理。过去有的古籍，有标卷不够准确之处，如成化本《圭斋文集》，该书目录作十六卷，但第十六卷标有"附录"二字，所收均为有关欧阳玄之传记、行状、神道碑等资料，为欧阳铭镛所编。该书刘钎后序云："圭斋文集十五卷附录一卷"，以刘钎所标为是，该书目录作十六卷不妥。

从以上情况看出古籍书名标识的一些特点。在编目时，首先需要找出书名，确定书名，然后进行著录。

古籍题书名的部位，在封面、书名页、书口、目录、序跋文中都有，最主要是在正文卷端。根据传统的经验，著录书名时，主要以卷端第一行所题为依据。有的书卷端题书名，与本书其它部位所题书名不相同，而卷端题名又不能确切反映一书的内容。遇到这种情况时，就不能机械地以卷端所题书名为主要依据。而应参考本书中其它部位所题，经过分析判断，确定选用某一部位所题书名为本书正式书名予以著录。

二、著录古籍书名的方法和著录的具体要求

拿到一部书后，首先找到书名页，然后翻阅书正文卷端，根据卷端所题书名，查对全书的目次、正文内容，再看封皮、书口以及其它部位所题书名情况，经分析后，确定选用一书名称，著录到款目书名项内。

书名项著录的具体要求：

1. 依据正文卷端第一行所题书名著录。

例：《荀子》一书，卷端第一行题荀子，书中其它部位没有题出不同的名称。卷端所题能比较确切反映书的内容，著录时，直接依卷端题为准，在书名项内写荀子。

2. 一书有多卷，各卷都题有不同的书名，如有总书名，著录时

应以封面、书名页等处所题总书名为书名。若无总书名或查不出总书名,可以各卷端所题顺次写出。

例:《春秋谷梁经传补注》一书,书的封皮、书名页均题此名,而各卷卷端分题为春秋隐公第一,春秋桓公第二,……著录时,应以封皮及书名页所题为准。

3. 一书有异名或前后名称不同。著录时,以卷端所题书名为依据照录,可在附注项内说明,本书亦名名称。

例:宋章如愚撰《群书考索》,又名《山堂考索》,在附注项内说明:本书亦名《山堂考索》。

4. 书名前带有钦定、御纂、新刊、绣像、增广等某些冠词,照原书所题著录,不应省略。为了组织目录的需要,可以将冠词用括弧括起,排列目录时,可不计算在内。也可不将冠词括起,排目时,计算在内,同时多做一张款目,省略冠词排列。

例:(新刊王氏)脉经

(钦定)诗义折中

(纂图互注)礼记

5. 书名前带有"皇朝"、"国朝"等冠词,一般是照原书所题著录。有时为查阅方便,在"皇朝"、"国朝"后面加著具体的朝代名,用括弧括起。

例:《国朝先正事略》。作者清李元度,本书内容所述为清朝事,在书名"国朝"后加著录为《国朝(清)先正事略》。

6. 一书卷端只题篇名,不题书名,即"小题在上、大题在下"。著录时以卷端下方题书名为准,而不应以卷端题篇名为书名。

例:《史记》卷端上题五帝本纪第一,下题史记一,著录书名以卷端下题史记为书名。

7. 原书上找不到书名,各家目录也查不到,可由编目人员审其内容,参考其它书籍自拟书名。凡自拟书名,必须在附注项内注明。

古籍书名项的著录,除书名外,应包括卷数。卷数的意义在于说明一书的内容,书的卷数与内容有着密切的关系。同一种书,卷数不同,书的版本也就不同。卷数是检查一书全、缺,版本异同的重要根据之一。古籍中题卷数的方式也多种多样。有时一书中除正文的卷数之外,尚有目录、卷首、卷末、附录等各标有单独的卷数。所以,在著录时,应该细心计算,著录清楚、确切。

关于著录卷数的具体要求有以下几点:

1. 一般的原则是,在书名之后,直接据本书所题卷数照录。不分卷的书,可以著录"不分卷"或"一卷",也可不著录卷数。

例:古周易一卷

　　诗集传大全二十卷

2. 一书内有卷首、卷末、补遗附录等独立成卷,不与正文统一计算时,如其内容、著者、版本均与本书相同,著录时,在书名正文卷数之后依次著录,不要加起来计总数。如书内所附其它材料或著作,其版本同而非同一著者或同著者而版本不同,著录时,只著录书名正文卷数,其它材料应在附注项内分别按书名、卷数、著者、版本依次注明。

例:吴越备史四卷补遗一卷

　　延平答问一卷后录一卷补遗一卷

　　伤寒论本义十八卷卷首一卷卷末一卷

3. 一书中目录的卷数,不计在正文之内,单独成卷。著录时,将目录的卷数写在正文卷数之后。

例:墨子间诂十五卷目录一卷附录一卷后语一卷

4. 书内一卷之中,又分子卷,如:上、中、下或上、下卷。著录时,可作为一卷计算,不再分别著出子卷卷数,子卷情况可在附注项内说明。

例:世说新语三卷

　　在附注项内说明:本书每卷内又分上、下卷

5.古籍章回小说,书名后应著录回数,既有回数又有卷数时,应同时并录。

例:水浒传一百二十回

　　新刻钟伯敬先生批评封神演义二十卷一百回

6.残卷的书,可将种数、回数、卷数按实存数计算著录,在数字前加一"存"字。在附注项内注明本书实际应有的卷数、种数、回数以及残存数字。也可在书名项内著录应有的实际数字,在附注项内说明本书现残存的卷数。

例:严陵集存五卷

　　本书原为九卷,残存五卷。

7.一部书分成各集,题有总书名及总卷数,著录时,以总书名及总卷数著录后,必要时,可在附注项内分别将子目书名、卷数著出。

例:柏岘山房文集三十一卷

　　附注:古文十六卷

　　　　　文续一卷

　　　　　骈文二卷

　　　　　近体诗十卷

　　　　　诗续二卷

8.一部书分成各集,而不具有总书名和总卷数,著录时依次分别著出书名和卷数。

例:扬子方言十三卷,法言一卷,太玄经十卷

---

①　本书以下各章节内所提《总目》,均指《四库全书总目》。

第二节　著者项的分析与著录要求

一、著者项的分析

在古籍中,反映著者项情况的记载显得较为复杂,这和我们今天的新书反映著者项的情况大不一样。其所以造成复杂的原因,大都是由封建伦理习俗造成的。在长期封建社会中,封建的伦理习俗渗透到社会生活的各个方面,古籍著者的标识也受其影响。我们对古籍著者标识进行必要的分析,舍去其繁杂而多余的记载,取其可用部分。对有关著者记载的分析,不仅需要姓氏学的知识,也需要地理、职官、科举等方面的知识,只有运用这些知识,才能获得著者所需要的内容。下面我们就著者项提出几个问题进行分析。

名、字、号　　我国姓、名、字、号的产生和发展有着漫长的历史,其变化也反映着时代的习尚。因而文人的名和字,都是有一定意义的。我们看到的古人的"名",往往用来表示他们在家族中的行辈。表示行辈的字,是家族成员必须共同遵守的。除表示行辈的取名方法外,也还有其他一些取名方法。如宋贺方回有二子,取名贺房、贺廪。从"名"上看,没有行辈的意思,但二子的名都是从父名中脱化出来的。因为房字从方、廪字从回,二子的"名"所用的字,都各寓于其父名之中。这当然是一种特殊的例子。

古人既有"名"、又有"字"。《礼记·曲礼上》:"男子二十,冠而字……女子许嫁,笄而字。"这说明我国取"字"的历史是相当长的。有了"字",使"名"的意义更加清楚。"名"和"字"在意义上是相辅相成互为补充的,所以又叫"表字"。我们从"名"和"字"的意义上的联系进行分析,就能较快的判断出作者的"名"。现将

"名"和"字"之间的相互解释和补充的情况,举常见的办法说明如下:

1. 名、字意义相同。唐代诗人孟郊,字东野,"郊"和"野"是同义字;宋代文学家曾巩,字子固,"巩"和"固"是同义字。

2. "名"、"字"意义相反。唐代诗人王绩,字无功,"绩"是有功,而其"字"为无功,意义正相反;宋代理学家朱熹,字元晦,"熹"是光明,"晦"是昏暗不明,意义正相反。

3. "名"、"字"意义相辅。宋代文学家晁补之,"字"无咎,"咎"是过失的意思,"名"为补之,有了过失而能补过,意义是相辅的;宋代词人刘过,字改之,有了过失就改正,意义也是相辅的。

4. "名"、"字"取之古籍词句。《茶经》作者陆羽,字鸿渐。其"名"、"字"取自《周易》"鸿渐于陆,其羽可用为仪"句。

5. "名"、"字"取于所崇拜之古人。《唐才子传》作者辛文房,字良史。他的"名"用唐代诗人刘长卿的"字","字"用唐代诗人于良史的"名"。《钝吟杂录》作者冯班,字定远。他的"名"用汉代班超的"姓","字"用班超的"封号"。班超从军有功,封定远侯。清沈钦韩,字文起。他钦佩唐代韩愈,以钦韩为名。苏轼在《韩文公庙碑》中评价韩愈的古文为"文起八代之衰",沈钦韩用其中"文起"二字作他的"字"。以上三例,都是以崇拜某人而取名的。当然,古人"名"与"字"之间的关系也有不可考或不具有相关意义的。

古人的"号",类似今天的"笔名"。号,又称别号,其意是有别于正式的名。名、字往往受行辈的影响,而"号"大都是作者进入社会以后,根据个人爱好、境遇等因素来取的。"号"起源很早,春秋战国时就有"号"出现,陶朱、鸱夷就是"号"。"号"不仅文人有,帝王、妇女、僧道也有取号的。别号可以经常换,有的多至几十个号。别号常用的词大多是居士、山人、处士、道人、村人、散人等等字样,或本人有以寄托、或以地点、或以品德、或以山水,与名和

字一般没有什么意义上的联系。取号的方法很多,下面举几例以说明:

1.表性格。明海瑞,生平学问以刚为主,故自号刚峰。

2.表志向。唐司空图,朱全忠要他出来做官,他力拒不出,朱全忠僭位后,他不食而死。他晚年自号耐辱居士,表明他的志向。

3.以得所爱之物为号。明代张丑,他得到了宋代书法家米芾《宝章待访录》墨迹,因而号米庵。

4.以居地为号。元戴良居金华九灵山下,故自号九灵山人。

5.以生年为号。元赵孟頫生于甲寅年,就自号为甲寅老人。

取"号"有时有绝意仕途、依附风雅之意。如江湖诗人,无论爱梅与否,无不借梅以自重,取"号"多带梅字,以求附于雅人。

了解名、字、号的取法及其意义上的联系,目的在于准确分析著者的名、字,以利于著录。下面我们举例说明分析著者的情况。

《韩内翰别集》,唐韩偓撰。《唐书》本传称偓字致光;计有功《唐诗纪事》作字致尧;胡仔《渔隐丛话》谓字致元;毛晋作是集跋,以为未知孰是。案刘向《列仙传》称:偓佺,尧时仙人,尧从而问道,则韩偓字致尧,于义为合。称致元、致光皆以字形相近而误。

《兰庭集》,明谢晋撰,晋字孔昭。其名《明诗综》作晋,而集中有题谢缙的。案《易》象传称:明出地上晋,杂卦传称:晋,昼也,以其字孔昭推之,作"缙"无义,集中题谢缙是传写之误。

卷端著者标识　　古籍能找到著者姓名的地方有多处,与书名一样,也应以卷端所题为主要依据。卷端著者的标识较之卷端书名的标识更为复杂,这也是一定时代道德观念的反映。古籍著者主要是取姓名,少数以字行的著者可取"字",部分无姓名、字可查而有别号的著者可用别号。我们下面举卷端著者标识的各种例子进行一些分析,以便了解卷端著者标识办法并掌握分析的方法。

1.卷端无撰者。有些古籍卷端只标书名而不标著者(见例一)。这就要根据其他部位的记载找出著者。本书撰者是明唐顺之。

2.撰、注者不全。有些古籍卷端撰、注者的记载虽有而不全（见例二）。《国语》卷端只题"韦氏解"，韦氏，指吴韦昭;《水心先生文集》，卷端题"章贡黎谅编辑"，只有编者而无撰者。此书撰者为宋叶适。

3.卷端撰注者有名无姓。卷端撰、注者有名无姓的标法，主要是皇室家族成员所编撰的书以及家谱一类书（见例三）。《后汉书》，卷端题"唐章怀太子贤注"，注者是唐李贤，姓未标出;《乐律全书》，卷端题"郑世子臣载堉谨撰"，撰者为明朱载堉，姓未标出。其所以不标姓，是出于对皇族的尊敬。

4.卷端有姓名。有些书卷端标撰者极简，只标姓名（见例四），卷端题"韩婴"，只要补充朝代就完整了。

5.卷端有姓名、字。卷端不仅标姓名，也标字（见例五），卷端题"王维字摩诘"。

6.卷端标地名、姓名。卷端所标地名，绝大多数是指籍贯，也有少量的做官地及郡望（见例六）。卷端所题"临江张洽"。宋张洽，清江人，做过临江军守臣。此例所标地名是做官地。

7.卷端有朝代、地名、姓名。这种标法最便于我们使用（见例七），卷端题"汉汝南桓宽撰、明云间张之象注"，其中汝南、云间是地名，除去地名，即全为可用之著者项内容。

8.卷端撰者标识繁杂例。有些书的卷端标识撰者，将作者的种种情况，诸如籍贯、官职、封号、爵号、科举名称等等，都放在撰者前面，造成极为繁杂的格式（见例八），卷端题"正议大夫守尚书左仆射兼门下侍郎上柱国河内郡开国公食邑四千一百户食实封一千五百户臣司马光奉敕编集"。其中"正议大夫"是文官散阶;"尚书左……侍郎"是官称;"上柱国"是勋级;"河内郡开国公"是爵号;"食邑四千……五百户"是俸禄等级;"司马光"是撰者姓名;"奉敕"是奉帝王的命令;"编集"是著者方式。繁杂标识的种种情况，随各时代的习尚而异。

9.卷端题"号"。卷端撰者题"号"有几种情况,封建时代看不起小说、戏曲等著作,撰者往往题"号",有些"号",是无从查考其真实姓名的,如《金瓶梅》题"兰陵笑笑生"撰,撰者真实姓名,一直无法确证。第二种情况有真实姓名可查以及用号在社会上流行(见例九)。《臞仙肘后经》,卷端题"涵虚子臞仙编",明宁献王朱权,自号臞仙,又号涵虚子。这是可以查出姓名的号。《红楼梦》作者曹雪芹,名霑,字梦阮,号雪芹、芹圃、芹溪。社会上流行的是曹霑的"号",而不是名。

卷端标识著者的办法较为多样,每种均举例说明就会显得细碎。以上就常见的几种标法,加以分析说明。就一种书来说,不同版本著者的标识就可能不同。同一作者在他的不同著作里,标识也可能不一致,这是因为作者的情况在不断变化。如司马光所作《资治通鉴》、《类篇》,卷端所标就不相同。

例一　重刊校正唐荆川先生文集卷之一

例二　周语上第一　韦氏解
水心先生文集　章贡黎谅编辑

例三　列传卷第十四　范晔　后汉书二十四　唐章怀太子贤注
乐律全书卷之一　郑世子臣载堉谨撰

例四　诗外传卷第一　韩婴

例五　王摩诘文集目录　第一卷　王维字摩诘

例六　春秋集注卷第一　临江张洽

例七

盐铁论卷之一

汉汝南桓宽撰

明云间张之象注

例八

稽古录

正议大夫守尚书左仆

射兼门下侍郎上柱国

河内郡开国公食邑四千

一百户食实封一千五

百户臣司马光奉敕编集

例九

瞿仙肘后经

涵虚子瞿仙编

以字行　　所谓以字行,就是部分作者以他的"字"在社会上流行。封建时代,一般是以"名"在社会上流行的,以字行是一种特殊情况。既然是以字行,本名反而较为陌生。反映在撰者的标识上,一经确认某作者以字行之后,可只著录其字,不再著录其名。如《经典释文》,唐陆德明撰,德明名元朗,以字行;《世说新语》,刘孝标注,孝标名峻,以字行。到底哪些作者是以字行的,这在人名辞典及某些有提要的书目中有所说明,较早的古籍书目将以字行的作者均以"字"著录,可参考。

"甫"、"父"字　　在卷端所标著者后面,往往带有"甫"、"父"字样。甫、父字表示的有二种情况,一种是甫、父字是名字的一部分;另一种情况是表示一种美称,甫,多附缀于表字后。我国古代取"字"极为隆重,西周、春秋时期,贵族成年要举行"冠礼",并请来宾取"字"。《仪礼·士冠礼》谈到取"字"的方式是:"曰:伯某甫,仲、叔、季,唯其所当。"当时贵族男子的"字"是三个字。但也可用简称。如孔子的"字",全称是仲尼父,简称可称仲尼或尼父。"甫"是"父"的假借字,贵族男子取"字"称"父",是表示贵族成年男性的身份。后代标名沿用这种习俗,常常在名字后出现甫、父字(见例十、十一、十二)。例十中的"建安蔡庆之宗甫校正",其中"宗甫"是"字"的一部分,没有美称的意思。例十一、十

37

二中的"东吴缪希雍仲淳甫"、"华亭陈继儒仲醇父"、"秀州沈德先天生父",其中的"甫"、"父"字表示仲淳、仲醇、天生是他们的"字",并表示一种美称。我们在区分甫、父字时,注意不要把表美称的甫、父字混为名的一部分。

例十

详注周美成词片玉集卷之一

庐陵陈元龙少章集注

建安蔡庆之宗甫校正

例十一

神农本草经疏卷之一

东吴缪希雍仲淳甫著

同邑门人李　枝参订

例十二

宋周公谨云烟过眼录

华亭陈继儒仲醇父订

秀州沈德先天生父校

作者时代　　古籍著录,著者要标明朝代,有些著者,介于两个朝代之间,是算前朝人,还是算后一朝代人,容易产生歧异。区分的办法,大致有三种作法:一是以卒年为准;一是以写作年代为准;再一种是以参加某朝的政治活动为准。

过去著录时代,有一人而入于不同时代的情况,如马端临,有题宋人、元人两种题法。王柏,死于宋度宗咸淳十年,应为宋人,而顾炎武在《日知录》中称元儒王柏,显然是不准确的。《总目》衡量著作时代,主要是依据是否在某朝做过官,如《九灵山房集》作者戴良,在明朝生活十五年,因未食明禄,《总目》题为元人;《百正集》作者连文凤,入元二十四年,未食元禄,《总目》题为宋人;《遗山诗集》作者元好问,毛晋在十元人集中题为元人,顾嗣立在《元百家诗选初集》以元好问诗为冠,亦作元人,《总目》以为好问虽入元,而未仕元,故题为金人。《总目》以仕与不仕为标准,主要用于封建士大夫,对方外者流,即和尚、道士,认为他们不婴爵禄,不能以受官与否为两朝之断限，《东皋录》作者释妙声，入明时已六十多岁，诗文也多是元至正年间所作，因他人明后已"谒帝金门"，就是归诚于明朝，不能再以遗老称，故标为明人。在《总目》中，有一人而入于两个朝代的，如朱申，在《周礼句解》中标为宋人，在《春秋左传句解》、《孝经句解》二书中又标为元人。著者时代的确定，虽可订一个标准为依据，但应参考其他书目，以释疑难。

郡望　　所谓"郡望"是魏晋至隋唐时每郡显贵的世族，称为郡望。意思是说，某族姓世居某郡为当地人所仰望。如彭城刘、太原王等。郡望的形成和发展和封建时代的选举制度有关系。重视郡望的思想，反映到古籍著者的标识上，则有时不标真正的籍贯而动称郡望。唐代士人喜欢多题郡望，史传往往也用郡望，连真正的籍贯也弄不清了。如《高常侍集》作者唐高适，《唐书》作渤海人，《河间府志》又定为梁、宋间人，但亦不确。宋人亦常称郡望，如《唐文粹》作者姚铉，是庐州人，而自署郡望曰吴兴。明人倡复古之说，族姓动称郡望。沿至清代，亦不乏称郡望者，如清毛奇龄，是浙江萧山人，而自署郡望称西河。

著者项一般可以不著录籍贯，但有的馆在著录著者项时，凡属本省、本地区人的著作，一律标明籍贯，这对整理和利用地方文献显然是必要的。在标籍贯时，要注意真正的籍贯，不要把书中所标的郡望当成籍贯，因为有时郡望和籍贯并不是一个省，这是整理地方文献特别值得注意的一个问题。

旧题（旧本题）　　旧题是指某书作者有疑问，一时难以确定，但以前曾题为某某人撰的，著录时标为"旧题"。如《子华子》二卷旧题晋程本撰。

旧题所涉及的问题是伪书问题。我国辨别伪书的工作起源很早，汉刘向校书时已经注意到辨伪的问题，《晏子》叙录云："又有颇不合经术，似非晏子言，疑后世辩士所为者。"班固在《汉书·艺文志》中也指出某些书有伪的情况，如《文子》九篇，注云："老子弟子,与孔子并时,而称周平王问,似依托者也。"《伊尹说》二十七篇,注云:"其语浅薄,似依托也。"《黄帝说》四十篇,注云:"迂诞!依托。"上述三例,班固从时代上的错误、文辞的不类、书中所记内容荒诞几方面指出了其书有疑的情况。唐代以后,辨伪工作成绩更大。清代考据学盛行,辨伪工作取得的成绩更为卓著。

有关古籍著者的情况,《总目》编者说:"《七略》所著古书,即多依托。班固《汉书·艺文志》注可覆按也。迁流洎于明季,讹妄弥增,鱼目混珠,猝难究诘。今一一详核,并斥而存目,兼辨证其非。其有本属伪书,流传已久,或掇拾残剩,真赝相参,历代词人已引为故实,未可概为捐弃。则姑录存而辨别之。大抵灼为原帙者,则题曰某代某人撰。灼为赝造者,则题曰旧本题某代某人撰。其踳误传讹如吕本中《春秋传》,旧本称吕祖谦之类,其例亦同。"①参与《总目》编纂的人,绝大多数是清代有名的学者,他们对古籍著者的考证付出了辛勤的劳动。

《总目》所辨明的"旧题",可供我们参考,但也不是绝对可靠的。近人余嘉锡所著《四库提要辨证》,其中对《总目》所标"旧题"也有所辨证,可参考。其他各家书目所载也可供我们斟酌利用。我们不仅要利用前人成果,也应在实际工作中逐步培养辨别伪书的能力。

①《总目》凡例。

二、著录著者项的依据和要求

古籍编目中著者项应包括著者时代、著者姓名和著作方式。著者项著录的依据,主要是本书中所题的内容。一般古籍在书封皮、书名页、目录、牌记、序跋文等处都可能标识著者,而且,在书的正文卷端处也有题识著者或副著者情况的习惯(如前面已叙述),因此,与书名项著录的依据一样,著者事项的著录,主要应依据卷

40

端所题。当然,卷端题著者情况有繁有简,方式多样,遇有卷端题识不能解决著者事项的要求时,则应参阅书的封皮、书名页、牌记、序跋文等处所题著者,由编目人员酌定。凭借书内本身条件仍不能解决问题时,还要利用各家书目、人名辞典等工具书加以考订后,确定一书的著者事项,然后进行著录,并在附注项内予以说明。

　　例:《注解伤寒论》一书,卷端题汉张仲景著晋王叔和撰　　宋成无己注　明汪济川校刊。卷端将著者、副著者的事项标识得比较清楚明确,可依此为根据进行著录。

　　关于著者事项著录的具体要求如下:

　　著者时代

　　1. 一书的著者是哪个朝代的人,须在著者姓名之前(也有的著录规定在姓名之后)写出。只写明朝代,不用再写具体那个朝代的帝王时代。如(明)赵南星撰、(清)沈元沧编,不用写明万历、清康熙等。

　　2. 跨时代的著者,要做具体分析,考证后确定时代。一般可以卒年为依据定著者时代。如黄宗羲生于明末卒于清初,著录时可定清。有时则需要根据作者的生平事迹及其著述活动的代表时期来定所属朝代。如冯梦龙生于明万历年间死于清顺治间,各家著录均定为明。对于一个著者采用何种标准确定朝代,编目工作者从一开始就应确定下来,避免发生同一著者而时代不统一的现象,造成目录的混乱。

　　3. 著者是现代人(辛亥革命后),可不著录时代。

　　著者姓名

　　前面已经指出了古籍题著者姓名的复杂情况,因此,著录时应勤于考查耐心分析。著者确定后,应写正式姓名,不用字、号、别名、室名、斋名。如果书内只题字号、别名而其真实姓名确实考查不出,著录时也可依原书所题著录,但需在前面冠一"题"字。

　　具体著录要求如下:

1. 凡书中题著者姓名前冠有籍贯、官衔、职务、封爵以及字号、别名等,著录时应一概排除,只写著者姓名。

例:《商君书解诂》一书,卷端题黟县朱师辙少滨学。黟县是籍贯,少滨是字,学是谦词,朱师辙为正式姓名。著者姓名应为朱师辙。

例:《畴人传》一书题著者"经延讲官南书房行走户部左侍郎兼国子监算学扬州阮元撰"。阮元是著者姓名,他是清朝人。因此,书的著者项应写(清)阮元撰。

例:《分门集注杜工部诗》题"前剑南节度参谋宣议郎检校尚书工部员外郎赐绯鱼袋杜甫撰"。杜甫是唐代诗人,这部书的著者应为(唐)杜甫。

2. 以政府机关(衙署)名撰辑的书籍,著录时应以机关(衙署)为著者。

例:《农桑辑要》一书著者是元代一政府机构:司农司。因而书的著者项应著录为(元)司农司撰。

3. 伪书著者或著者佚名的书,一般可不著录著者,也可照传统的题法著录,前冠"旧题"二字。

例:《列子》一书后人怀疑不是原作。著录时可照旧书目题为"旧题(周)列御寇撰"。

如果著者时代可以确定时,也可作如下著录。

例:《大宋宣和遗事》作者无考,著录时题(宋)佚名辑。

4. 注解类古书一般都是著者与副著者连题。先秦古籍有些不属于某个人的著作,而且各家的原著又已派生出一系列传记、注疏等等。这类古籍著录时,可以直接著录注解人。

例:毛诗正义(汉)毛亨传、郑玄笺、(唐)孔颖达正义。

例:水经注(后魏)郦道元撰。

6. 历代帝王的著作或有帝王参与著作活动的书,著录著者时,应写其本名,并加录其庙号。凡作决定后,应遵循始终。

例:《御制诗》一书应著录为(清)高宗弘历撰。

7. 僧人的著作,著录著者姓名时,应写其法号并在时代后边加一(释)字。

例:《大慈恩寺三藏法师传》著者为(唐释)慧立。

《明高僧传习集》著者为(明释)如惺。

《妙法莲华经》著者为(姚秦释)鸠摩罗什。

8. 二人合著的书,著者姓名应并录,三人以上合著的书,只著第一人姓名,并在其后加一等字,不必将所有的著者都列出。

9. 外国人著的书,著者姓名前应将其国别著出,并加一括弧。

10. 合刻多人著作,如书名反映著者姓氏时,在著者姓名项内应将姓名完全著录。

11. 一部书的著者情况判断不清,或书内不题著者,需要查阅有关工具书帮助参考拟定著者,并在附注项内说明本书由编目人员据某书所题拟定。如通过参考书仍不能确定著者时,可在著者项内写"原书不题撰人"。

著作方式

通过著作方式,可以了解一部书的内容、性质,也可以说明著者对这部书所实际负有的责任。古籍中著作方式的标识比较复杂,有传、说、解、诂、述、学、义疏、注疏、集解、批点等等。一些名词概念也与现代图书的习惯题法不尽相同,著录时应该注意有一个统一的规定,如对古籍不称著而称撰。

古籍中经常使用的主要几种著作方式:

撰(著):作者就一个问题全面、系统地阐述自己的意见。

编:将多种著作加以编排组织另成一书。

辑:集录散见的书或文章汇成一书。

注:对另一部书的内容、文字等进行解释。

修:政府机关主持编纂书籍的人,一般常题修。

纂:一般对奉公编、著的书,负实际责任者常题纂。

敕编:奉封建帝王命令所编著的书,一般常题为敕编、敕纂、敕撰。

著录著作方式各种名称的依据是原书所题,一书有原著,有编、修、注等多种方式的均应——照录。有的古籍书名本身带有著作方式,这在分析书名项时已提到了。这种书在著录著作方式时应注意与书名所题相互呼应,不要发生矛盾,使读者辨识不清,影响了对书籍的研究与利用。

例:《春秋公羊经传解诂》一书是汉代何休作的注,也就是书
名所题的解诂。这是书的主要内容。著录著者时,可以直
接著(汉)何休撰(或解诂)。
《荀子集解》一书的主要内容是清代人王先谦所作的注
解。在著者项内也可直接写(清)王先谦撰(或集解)。
《金匮要略方论》为汉代张机(仲景)所撰。著者为(汉)
张机。
《金匮要略方论本义》是清代人魏荔彤对《金匮要略方论》
一书的释义。因此,这部书的著者则可直接写(清)魏荔
彤撰(或释义)。或者著录为(汉)张机撰(清)魏荔彤释
义。这样,就可以使一书的著作方式与书名相呼应一致,
以便更准确地将该书揭示出来。

第三节　版本项的分析与著录要求

一、版本项的分析

版本项是对于一部古籍在刻印方面有关事项的记载。著录的目的在于正确地描写所著录书的版本特征,以使区别于本书的其它版本。古籍版本项,主要由出版时代、出版地方、出版者、版本类

别等内容所组成。

确认古籍的版本时代和版本类别,需要有一定的鉴别版本能力和印刷术知识,编目人员应该有这方面的训练。本节先从著录的角度,概括介绍一下有关这方面的常识,然后,在第三章内再做详细阐述。

出版时代:是记载一部书的刻印时间。我国是最早发明印刷术的国家,书籍的刻印具有悠久的历史。自唐代后期,用雕版印刷书籍逐渐开始,首先来自民间书坊的印刷,其内容多为历书、小学、字书、诗文、医书等群众常用之类。公元923年昙域和尚刻印《禅月集》,公元935年后蜀毋昭裔刻印《文选》、《初学记》,私人刻书活动兴起。公元932年后唐明宗长兴三年由于冯道的奏请,政府开始采用雕版印刷技术雕印儒家经典著作。到了宋代,印刷已成为全国书籍生产流通的主要方法,并形成官方(政府)、私家、书坊刻书的三大系统。从此,正经、正史、诸子百家、科学技术、文学艺术等各类书籍得到普遍的刻印流传。宋代除了雕版印书之外,还发明了活字印书,比雕版印刷更为之迅速。明清两朝,随着社会文化的不断发展,书籍印刷事业更加蓬勃地开展起来。全国各地刻印书籍数量之大,品种之多,远远超过前代。许多古籍,在数百年的历史中,几经传刻,形成了一部书有多种不同本子留传下来。这些不同的本子对书籍内容及其使用价值,无不发生一定的影响。一般来说,刻印时间越早,就越接近著作的原貌,再加之时间早的印本,保存下来的越稀少,因而就越被后人所珍视。当然,也有的古籍,后人再刻印时,经过精细的校勘、刻印,其质量往往不低于前人,甚至能超过前人。为了确切反映这一部书在出版时代方面区别于本书其它刻本的特征,在著录版本项时,首先需把它的刻印时代搞清楚。一书的刻印时间,常常在书内留有记载,可以做为著录的根据,如果书内没有,则需要根据其它条件帮助鉴别刻印时代。

出版地:是指这部书在什么地方刻印的。古代不同地方的刻书,具有各自的特点和风格,并且表现着不同的刻书水平。浙江、汴梁(开封)、四川、福建是宋代刻书事业集中的地区。杭州、汴梁曾是宋代的首府,政治文化中心,经济繁荣,手工业发达,当时的官刻书大都在这里雕版。此外,浙江的宁波、绍兴、吴兴、台州等地也都是刻书繁荣之地。浙江地区有一批刻书良工,刻印的书籍,质量相当精美,成为宋代古刻本的优秀代表。四川也是刻书著名之地,有的书其质量不下于浙江。然而,从数量上说,却不如浙江刻本留传之多。福建的刻书事业在宋代就很发达,建阳的麻沙镇、崇化坊是刻书的集中之地,那里气候温湿、盛产竹木,造纸工业非常发达,因而大大促进了刻书印刷事业的繁荣,许多建本留传至今,为我们保存下来一大批古代文化典籍的成果。

此外,辽、金地方刻书事业中心在山西的平水,明清以后,北京则成为北方刻书事业的繁荣盛地。

在著录时,为了更全面、确切地反映出这一部古籍的面貌,揭示出它的具体特征,因而应该对该书的出版地方进行考查,并在版本项内著录出来。

出版者:是指一部书的刻印人。古代印书分官刻、私刻、坊刻三大系统。他们所刻印的书,由于各自的立场不同、条件不一,在印书的品种、内容方面各有重点,不尽相同;在印刷技术上也存在不少差异。这对于一部书的版本价值也是有着直接关系的。

五代时,由国子监主持采用雕版印刷校印儒家经典作为定本,流通全国。监本九经则成为历代沿袭传刻的标准底本。国子监刻书校勘比较精确、印刷优良,在某种程度上代表了中央政府官刻书的水平。宋代以后,除国子监外,中央政府的其他部门也相继刻书、印书,同时,地方官刻书也逐渐发展起来。宋代的地方官署、郡学,元代的书院、各路,明代的藩府,清代的地方官书局等等,都刻有不少的好书留传至今。可以说政府刻书是封建社会时期刻书事业的主流。

私人的刻书,其重点主要是个人的诗文著作,或家藏善本、珍本,以为留传后世,保存古籍。由于这些人具有一定的文化水平和优厚的资金条件,能够注意内容的校勘、版本的选择、印刷技术的考究。如宋代廖莹中所刻《柳河东集》、《韩昌黎集》,黄善夫刻《史记集解索隐正义》,都很著名,这些书一直是后世翻刻、翻印所依据的底本。明清以后,私家刻书事业得到更大的发展,出现了许多著名藏书家、刻书家,由于时代距现在很近,刻印的优秀作品,留下来的就更多了。如袁褧嘉趣堂刻的《世说新语》、顾春世德堂的《六子全书》、苏献可通津草堂刻印的《论衡》,以及洪楩清平山堂、叶盛菉竹堂和明代后期的吴勉学、陈仁锡、毛晋等都是有代表性的藏书刻书名家。清代乾嘉以后,考据学、校勘学盛行,由此又出现了许多经过校勘学家精校整理的古籍刻印流传。金山钱熙祚的守山阁、鲍廷博知不足斋、阮元的文选楼、黄丕烈士礼居、卢文弨的抱经堂等等,都以收藏宋元善本,校勘刻印经、史、子、集各类著作质量精良而著称。

古代刻书的三大系统之一是坊刻。以印书卖书营利为主要目的,除刻印经、史、诸子百家书外,还大量印刷戏曲、小说、字书、类书、医书、历书等人民大众所喜闻乐见之书,其质量虽不如官刻、私家刻书,但是在书籍印刷技术上或版本上却往往有许多革新的创举。有些著名书坊,如宋代杭州的陈道人书籍铺、建安余仁仲万卷堂等,不是以家族刻书为业就是几代相传经营刻书卖书。他们所刻印的书籍,无论在当时或后世都受到重视。

版本类别:是指一部书的制版种类和印刷的方法。版本类别也叫版刻。我国现存的古籍主要是用雕版印刷,也有一部分是用木、铜、泥活字排印的,清代中叶以后,各种新式印刷技术陆续得到采用,因而古籍中也有一部分用新式印刷术印制的,如铅印、石印、影印等等。同一部书可以用不同的方法印制出不同的本子,而不同的印刷方法对书的内容和使用价值会产生各种不同的影响,在著录时,注明这一部书的版本类别也是很必要的。由于划分的角度不同,其具体的名称概念也有多种。在一般著录法中,经常使用的有以下几类,如以时代分有唐五代刻本、宋、元、明、清刻本之称;有政府刻印的官刻本,官刻书又因主持单位不同或刻书的地点不同而派生出一些名称:如监本、经厂本、殿本、内府本等等;由私人刻印的书称私刻本,又可分家刻本和家塾本等称。有些著名私人刻书,常以其姓氏作为该本的代称,如闵刻、毛刻。书铺刻书称坊刻本,有书肆、书堂、书林、书店、书局等名称。以地区划分,有四川、浙江、福建刻本或简称蜀本、浙本、建本;以刻书制版情况划分,有刻本、原刻本、精刻本、写刻本、翻刻本、活字本等名称;以印刷时间和方法区分,有初印本、后印本、套印本(朱墨套印、彩色套印)、朱印本、蓝印本等等;以字体大小形状来分,又有大字本、小字本之称;从书内容来分,有校本、批点本、注本、节本、译本、增订本、孤本、残本等等;以写本来分,有抄本(乌丝栏、朱丝栏)、精抄本、稿本、影写本;以拓来称,又分朱拓、墨拓等等;采用新技术印刷的,有石印本、影印本、铅印本等。

对于古籍来说,某书的翻刻、重刻等情况,也属于版本类别的范畴。因为一部书每翻刻一次,书的内容和形式就会发生变化。这对读者来说,也是相当重要的。为了准确地描写这部具体书的版本特征,还应将其翻刻所依据的底本注明清楚。有些古籍的翻刻本,质量不低于原刻,在不见原刻或不便利用原刻本时,这种好的翻刻本是可以推荐的。例如,《盐铁论》一书的较好刻本,是明代涂祯于弘治年间刻印的,清人张敦仁于嘉庆十二年经过校勘后,依涂本原书的版式、字体、行款照样翻刻一遍。由于依据的底本好,又加上仔细的校勘、整理,因而使这部翻刻本的质量不低于原刻本。又如,清代浙江官书局刻印的《二十二子》,其所选用的底本大多来源于明代著名藏书家顾春世德堂的藏书,因之这部丛书具有较高的版本价值,是研究古代诸子学说可以利用的优良版本。

又如商务印书馆影印出版的一套《四部丛刊》也多借用名家收藏宋元珍本或刻印精良的好版本做为底本，通过影印，它一方面保存下来不少版本优秀的古代著作，同时，又为现代人研究、阅读古籍图书提供了方便条件。如果把翻刻本、重刻本的刻印情况著录清楚，即做到了确切地描述本书的版本特征，又便利了读者的阅读使用，所以一书翻刻、重刻情况的著录在古籍版本事项中也是不可缺少的。

　　著录古籍的版本事项，在我国古代编目中有着悠久的历史传统，宋代自雕板印书逐渐发展以后，一些著名的藏书家、目录学家所编著的目录，已注意有关书籍版本事项的记载。尤袤《遂初堂书目》创记录一书不同版本之始，晁公武《郡斋读书志》、陈振孙《直斋书录解题》除编写题要之外，对一些书籍的出版年、出版地、出版者的情况也多有记载。有些书甚至详细考证其版本源流。因而使所编著的目录，很有学术、历史价值。仅举陈目为例：

古易十二卷　音训二卷

　　著作郎东莱吕祖谦伯恭所定……朱晦庵刻之于临漳会稽。

新注周易十一卷　卦德统论一卷　略例一卷又易数钩隐图二卷

　　太常博士刘牧长民撰……又有三衢刘敏士刻于浙右庾司者……。

周易疑难图解二十五卷

　　三山郑东卿少梅撰……永嘉所刊本作二册，不分卷，无系辞解。

汲冢周书十卷

　　晋五经博士孔晁注……今京口刊本，以序散在诸篇。

古礼十七卷释文一卷识误三卷

　　永嘉张淳忠甫所校，乾道中太守章贡曾逮仲躬刻之。

周礼井田谱二十卷

　　进士会稽夏休撰绍兴时表上之，淳熙中楼钥刻之。

春秋经一卷

　　每事为一行,广德军所刊古监本也。

九经字样一卷

　　唐沔王友翰林待诏唐元度撰。

　　五代开运丙午所刻也遂为家藏书籍之最古者。

四家礼范五卷

　　张栻朱熹所集,建安刘珙刻于金陵。

晋阳事迹杂记十卷

　　唐河东节度使李璋纂序、言四十卷,唐志亦同,今删为十卷治平中太原府所刻本。

高邮志三卷续修十卷

　　兴化县主簿孙祖义撰,郡导赵不惩刻之,淳熙四五年间。

世说新语三卷叙录二卷

　　宋临川王刘义庆撰梁刘孝标注,叙录者近世学士新安汪藻彦章所写。

　　此本董令升刻之严州。

石本金刚经一卷

　　南唐保大五年寿春所刻,乾道中刘岑季再刻于建昌军。

五星三命指南十四卷

　　不知名氏,大抵书坊售刊求俗师为之。

脍炙集一卷

　　朝请郎严焕刻之于江阴。

曲江集二十卷

　　唐宰相曲江张九龄子奉撰……曲江本有元祐中郡人邓开序自言德其文于公十世孙苍梧守唐辅而刊之。

杜工部诗集注三十六卷

　　蜀人郭知达所集九家注……此本福清曾子罹刻板五羊漕司,字大可考,最为善本。

张司业集八卷附录一卷

汤中季庸以诸本校定,魏峻叔高刻之平江。

山谷集三十卷外集十一卷别集二卷

黄庭坚鲁直撰,江西所刻诗派即豫章前后集中诗也,别集者庆元中莆田黄汝嘉增刻。

剑南诗藁二十卷续藁六十七卷

陆游务观撰初为严州刻前集藁,其幼子遹复守严州续刻之。

关于版本项著录的依据,主要应由本书自身所提供。每一部书,在它的封皮、书名页、序跋文、目录以及正文卷端、版心、牌记等处,均有不同程度的题识。这些地方题识的有关本书的出版事项,一般说,都可以做为著录版本项的根据。

为便于了解,这里再举些书中各处题识版本事项的例子。

例一,书封皮题出版事项:

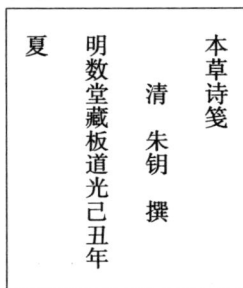

夏　明数堂藏板道光己丑年　清　朱钥　撰　本草诗笺

例二,书名页题出版事项:

石鼓读书名页题

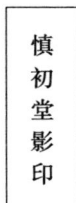

慎初堂影印

经训比义书名页题

讲南栞三丙光
舍菁于月申绪

例三,版心、书口处题出版事项:

书林扬觯　书口下端题

文学山房　聚珍版印

例四,书内目录、序文部分题出版事项:

唐李推官披沙集序
临安府棚北大街陈宅书籍铺印行

新刊铜人针灸经目录
熊氏卫生堂刊

例五,书内卷端处题出版事项:

新刊明医杂著卷之一
慈谿节斋　王纶著
书林龙田　刘氏梓

论语注疏解经卷第五
大元元贞丙申刊

论语注疏解经卷第四
平阳府梁宅刊

```
孟浩然集卷上

永嘉张逊业有功校正

江都黄埻　子笃梓行
```

　　至于书中牌记形式、性质及其作用，在第一章内已进行了介绍，不再赘举。牌记上反映的版本事项，由于是刊刻者所做的记录，因此，它的内容是比较可靠的。著录古籍版本项时，可以多翻翻全书，仔细查考有无牌记，如果发现有牌记，经过精审判断确定之后，就可以依此为据著录本书的有关版本事项了。如果牌记上的记载不够完备时，则需参考书内其它地方的有关提示，尽量将本书的版本事项一一考查清楚，再予以著录。

　　当然，还须注意的是，许多古籍，经后人翻刻、翻印时，将原来书中的牌记也照翻下来，遇到这种情况，就不应简单地以原书牌记上的版本项做为后刻印本版本事项著录的依据了。

　　另外，古代刻书事业中，有转移书版的情况，在版片转移之后，原书的版片所有权就归接受人所有了。如明代毛晋家藏书版被后人卖给邵氏、席氏；吴勉学的书版归了黄之寀所有等等。吴氏的《二十子》版片卖给黄氏后，黄氏将原书内注明吴勉学校刊的记载，便挖改为黄之寀校刊，再用此版印刷，版权即归黄氏所有。还有的书商为了营利，采取多种手段对古籍进行作伪，其中便有挖改牌记的方法，将一书的后刻本中的牌记，挖改刻印时间，或在书内空白处增添假牌记，以充早期刻本或善本。对于这类问题，更需认真分析、辨别,绝不能盲目以书的牌记记载作为本书著录版本项的依据。

二、关于版本事项著录的具体要求

出版年的著录要求:

古籍的出版年就是刊刻的年份。著录出版年时,应以刊刻的时间为出版年。

例:意林　五卷
　　清光绪二年(1877年)湖北崇文书局刻本

一部书在若干年后,仅增刻了序或附录,而在正文方面没有增删改易,著录时仍以原刻之年份为出版年,在附注项内注明有某某年补刻序、跋或附录。

例:见闻随笔
　　清同治十年(1871年)天空海阔之居刻本
　　附注:有清同治十一年补刻跋

原书以干支记载年、月,著录时不用干支而应一律换算成公元纪年。外国的刻本著录原书刻印的年、月之后,应注明我国的年代,并且在年代之后再注明公元纪年。

例:素问灵枢类纂约注
　　原书题清康熙二十八年(己巳),著录时应写清康熙二十
　　八年(1686年)

刻书时间跨越两个朝代年号时,在年号的下边加一个"间"字,仅在一朝内而又不知具体年份时,可不用"间"字以避免混淆。出版年在二年以上者,著录起讫年;年份较多,相距较远者,可只著录朝代年号。

例:明末清初刻本
　　清刻本
　　清光绪二一四年刻本

清咸丰至光绪刻本

书内没有题出版年,确切的出版年代又无从查考,应就可能识别的范围定出版年的最下限。

例:明万历刻本

清乾隆刻本

书内没有题出版年,只有序、跋文的年代,参照刻风、字体、纸张等条件确认刻书时间与序年大体一致时,可以序年作出版年,但在著录出版时间时,应写明某某年(序),并在附注项内注明。

必须指出,古籍出版年代的著录,在版本项中占有重要的地位,刻印的时代早、晚,直接关系到这部书的版本优劣,同一书内容的异同,因而又直接关系到该书的学术价值,因此,著录古籍的出版年,一定要仔细考查、辨别。特别要注意不能机械地依序断年。

古籍如经重刻,应以重刻年为出版年。但须尽量著录其原刻年份。如果查考不清原刻年,可只著录重刻年。

例:秣陵集六卷

清光绪十年(1884年)淮南书局重刻

出版地和出版者的著录要求:

出版地是指刻书所在的地点,出版者是指将书籍整理付刻公布于社会的人,亦即一书的刊刻者。刊刻者包括机关团体、书店和个人。

书中如有出版地的记载,应著录于出版者之前。

例:吴兴刘氏嘉业堂刻本

成都尊经书院刻本

出版地不详者,可以省略不著,只著出版者。

凡个人刻印的书,应著录出版者的籍贯、姓名及其斋、堂、室名。

例:清乾隆五十一年(1786年)余姚卢氏抱经堂刻本

清光绪十一年(1885年)苏州永慎堂王氏刻本

由机关或书店刻印的书,应注明其机关名称。

例:杭州西湖书院刻本

　　湖北崇文书局刻本

书中没有记载刊刻者、修补者或重印者姓名,而题有藏版人时,可以藏版人为刊刻者著录。

例:清乾隆五十年(1783年)刻鹄斋藏版

版本类别的著录要求:

一书是雕版印刷、活字排印,或是翻刻、重刻、石印、影印、抄本、摹拓本等等情况,均需注明清楚。

下面分别说明:

凡是雕版印刷的古籍,其版本类别项内可直接著录为刻本或刊本。这是古籍最通常的印刷方法。

例:武林藏书录二卷

　　(清)丁申撰辑

　　清光绪二十六年(1900年)

　　钱塘嘉惠堂刻本

活字本:著录时应写明是哪一种活字。如果是木活字本,可简著为活字本。

例:古今伪书考

　　(清)姚际恒撰

　　清光绪三年(1877年)

　　苏州文学山房木活字本

也可著录为清光绪三年(1877年)苏州文学山房活字本。

摹拓本:凡是摹拓的金石、碑碣,以及印谱都可著录为拓本。印谱如为钤印,应著录为钤印本,又可具体著录为朱色拓本(朱拓本)。如果能确定摹拓的年代,应著录清楚。

影印本:影印书可直接著录为影印本,但应尽可能著明原书版本,即影印时所依据的底本。

例:疫疹一得二卷

（清）余霖撰

1956 年人民卫生出版社据清道光八年（1828 年）延庆堂刻本影印。

例:皇明遗民传

民国二十五年（1936 年）北京大学据魏氏藏朝鲜人著抄本影印。

钞（抄）本书均著录为钞本。可根据纸张行格颜色具体著录为朱丝栏抄本或乌丝栏抄本。抄本书也应尽量著明其所依据的版本。

例:伤寒方翼

（清）琴柯撰

1920 年赵氏乌丝栏抄本

例:黄帝内经素问遗篇

清光绪十年（1884 年）陆懋修据白云观道藏本抄录。

书的重刻本、递修本（递刻本）、增刻本、翻刻本（影刻本）均应分别著录清楚。

例:礼记二十卷附考异二卷

清同治九年（1870 年）湖北崇文书局重刻清嘉庆十一年张敦仁刻宋淳熙四年抚州公使库本。

古本难经阐注二卷

清同治三年（1864 年）高邮赵春普旌孝堂据清嘉庆五年（1800 年）本重刻。

春秋公羊经传解诂十二卷

清道光间扬州问礼堂翻刻宋绍熙余仁仲万卷堂本。

新刊补注铜人腧穴针灸图经五卷

清光绪三十二年至宣统元年（1907 年至 1909 年）贵池刘氏玉海堂影刻金大定平水刻本。

为使版本事项的著录简练、明确,也可将重刻、翻刻、影刻所依据的底本,在附注项内注明。

第四节　稽核项、附注项、提要项的分析与著录要求

稽核项又称为数量鉴定,它反映所著录的书是否完整,以及本书形式方面所具有的特征。目的在于把所著录的古籍确切地描写出来,以便能够确认这部古籍。著录稽核事项的主要依据是本书所提供的各种情况及编目人员对全书仔细认真的检查。

稽核项所包括的内容主要有以下几点:书的册数(函数)、书内所附图表及其数量、书的装帧形式或其它特殊标志等等。

古籍图书内容的计算主要是用卷,而用册来计算一部书的数量。一卷书,不一定装订成为一册,可以用二册、三册或多册;一册书,所包括的内容不一定就是一卷,可以是多卷。

册数的标志,是在刻印装订成书之后组成的,其标志的方法多种多样,常用的是汉字数码一、二、三、四等,也有采用干支或千字文顺序编排一书的册次的。

不同人刻印的同一种著作,可以装订为不同的册数,也有些古籍在流传过程中散乱,后又经收藏者、出版者重新加工装订,其册数与原有的就不相同了,更有的书贾将一书册次拆散另行装订以便作伪等等。可见对册数的著录是非常重要的。

为了保存、收藏和阅览的方便,古籍在装订成册之后,还常常加用函套。一部卷册较少的书用一函装,卷册较多的书,要用多函。这是由古代写本书时,用书帙包裹卷子的方法演变而来的。因此,在著录册数的同时,也需将函数记载下来。

古籍也与现代图书一样,除了文字之外,常包括有各种图、像、表等等附加的材料于书中。有时冠于卷首,有时插印在正文中间,

这些图、像、表是正文的补充，也是全书不可缺少的一部分内容，著录时，当然应该尽量准确地予以著录。

至于书籍的装帧形式，也是很重要的。现有的古籍，一般都是线装形式，但有些图书馆内收藏有较早期的装帧形式的古代文献，如卷子、摺装等等，还有初期雕板书的蝴蝶装、包背装，或其它特殊形式的古籍，这些不同的装帧形式，反映了古籍图书在不同历史时代的发展阶段，是很重要的我国古代图书形式的实证，在稽核项内一定要把它记载下来。

古籍的印刷，一般以用单色墨印居多。然而也有在初印时，用蓝色或朱色印刷的。还有的书用几种颜色套板刷印，更有的书内，留下了藏书家的印章、题记、手笔，说明了这一部书的版本价值以及在流传过程中的各种情况。此外，有的古籍用特殊纸张文字印刷，如宋代刻书有公文纸，或有的书用草体、篆字刻写等等。反映一书外在形式的一切特点，均应在稽核项内予以著录。

举例如下：

陶渊明集

（晋）陶潜撰

清同治间刻本

四册一函　四色套印　正文墨色版框蓝色　注文绿色圈点红色。

大般若波罗蜜多经六百卷

（唐释）玄奘译

十册，经折装

春秋经传集解三十卷

（晋）杜预注

二十二册二函，卷前有春秋名号归一图一卷，春秋年表一卷

大广益会玉篇三十卷玉篇广韵指南一卷

明内府刻本

八册一函，书中有内府"广运之宝"印章。

吴越备史四卷

（宋）范坰　林禹撰

清光绪二十一年（1895年）嘉惠堂重刻本

四册一函，有舆图。

稽核事项的具体著录要求：

册数（页数、函数）：一般古籍都将多册分装成函，著录时应注明几册、几函，在装订过程中有时册数会发生变化，著录时也应说明。如二册合装为一册，残缺不全的书著录现存的册数，如残存几—几册。如果所缺的不多也可以标明残存总数，如残存几册，缺几册。

两种以上的书合装一函时，应注明与某书合装一函。

不装订成册的书，应照书的形式著录。如卷子应注明几卷、画轴应注明几轴、散页应注明几页、单幅注几幅。

图表：在书正文之内的图表，应在册数、函数之后注明有图表，一般可不计数。图表不计在正文之内的应分别注明，如全部图装订在正文之前的著冠图（表）几幅，全部在正文之后的著附图（表）几幅，插在正文中间的著插图（表）几幅。

装帧形式：卷子应著明几轴，以及蝴蝶装、包背装、毛装等均应著录清楚。

有其它特殊标志：如用红色印刷的古籍应注明朱印本，用两色以上印刷的套印本应注明朱墨套印本、五色套印本等等。书内有名人签章手笔、藏书家印记以及特殊的纸张、字体也都应尽量详细记载下来，以确切地反映这部书的实际情况。

附注项的著录要求：

凡是对于书名项、著者项、版本项、稽核项的补充、说明以及书内的附录、合刊、丛书子目等等，作为正文著录的附注反映出来称

60

为附注项。

关于书名项的补充：如一书的别名、异名、封面题书名与卷端所题书名不同；书内各处均未题书名，编目人员据书内容参考藏书家目录拟定的书名；或有的书仅从书名难以辨认其内容，需作适当解释等，都需要在附注项内注明并写清依据。

例：原本石头记八卷八十回

（清）曹雪芹撰

1927年上海有正书局石印

附注：封皮题原本红楼梦

又例：《银海指南》一书，银海是指眼睛。在书名项著录书名后，可在附注项加以注明，本书是关于眼科方面的医学著作。

关于著者项的补充说明：凡有关著者事项在著者项内不便说清楚，需在附注项内注明。著者时代、姓名、著作方式等事项书内所题不完全或不准确，由编目人员参考其它资料所拟定时，也应在附注项内说明。

例：书目答问

（清）张之洞撰

附注：缪荃孙艺风堂自订年谱称为缪氏代撰

关于出版事项的补充和说明：一书内个别卷册出版年份或版刻与全书不相同时，应将个别卷册的出版情况在附注项内说明，有些关于版本问题，在版本项内不便说清，可在附注项内注明。

例：韩非子二十卷

（战国）韩非撰

四部丛刊据黄荛圃校宋影写本影印三册

原影写本经黄丕烈用明赵用贤刻本校，孙毓修再校

关于善本书的附注事项要求更为详细，一般均需将一书的行款、字数、字体、刻工姓名、边栏、书口等全部著清，某些特种专题书目在著录某一事项时，也可能做更详细的规定。

例:诗传大全二十卷

（明）胡广等撰

明刻本

半页十一行,每行二十一字,双栏、小黑口,双鱼尾。

附录注:一书内所附另一人著的书(即附刻本),以及年谱、小传、行状、墓志、索引、书目等材料,都应在附注项内著明其名称、卷数、著者时代及著者姓名。

例:礼记二十卷

（汉）郑玄注

清同治九年(1870 年)湖北崇文书局据宋抚州本重刻

附:礼记郑氏注考略二卷

（清）张敦仁撰

例:银海指南四卷

（清）顾锡撰

清嘉庆十五年(1810)三友草堂刻本

附:顾锡小传

（清）朱方增撰

合刊注:两种以上不同著者的单书合刊,或同一著者所著而版本不同合订一册或合装一函的书。在各书著录的附注项内应注明与某书合刊、合订或同函。

例:旧典备征五卷

朱彭寿著　何双生整理

本书与安乐康平室随笔一书合刊

丛书注:丛书的著录在下一节内将详细讨论。丛书的零种作为单书著录时,应在附注项内说明丛书名。

例:齐民要术十卷

（北魏）贾思勰撰

清光绪二十二年(1896 年)桐庐袁氏刻本

四册一函

　　浙西村舍丛书本

　例:王文公年谱考略节要四卷附存二卷

　　(清)蔡上翔撰(清)杨希闵节录

　　清光绪四年(1878年)福州刻本

　　五册一函

　　豫章先贤九家之五

　　中国善本总目编辑组为了确保古籍善本的著录质量,以便于全国汇总工作的顺利进行,在所编制的《中国善本书总目》著录条例中,对各部、类书的附注事项,做了较为详细的规定,并需写在款目的背面。当然,对一般编制本馆馆藏或小范围的善本目录来说,并不一定完全仿照如此作法,但对一部规模巨大的全国性善本总目录工作则是非常必要的。

　　现摘录其若干规定于后,可做参考:

　　1.各书不论刻本、影抄本、活字印本,均应注明行款、边栏、书口、刻工等项,有刻书牌记题记者注明。

　　2.不同部类、内容的书,附注项著录重点,不求一致;各部类需注明重点如:

　　甲、经部各类、宋元以前诸经注疏及研究诸经著作,除已见《四库总目》著录者外,要写明著者简历或时代,包括生卒年及何年中举人、进士。宋元以下都需注明。

　　乙、史部:

　　①编年、纪事本末、杂史等类,除已见《四库总目》著录者外,要注明本书纪事时代或简略内容。传记、编年类史书,要注明通代、断代。

　　②奏议:总录要注所收奏疏时代,个人奏议要著明著者简历或时代。

　　③传纪类:总录:要著明书中所记人物,通代、断代;个人:要注

明所传人简历,年谱可加注生卒年月;日记:注明著者简历;家传:注明籍贯,家传中包括的人物、时代;家谱:注明籍贯、修谱时代或序跋年月。

④地方志:注明所属省份及修成年。

⑤杂志、山水、宫殿、古迹等类,注明所记山水、古迹在何省何地及作者时代。

⑥职官、政书中小类,注明书籍内容、著者时代。

⑦金石:按子类所定各项分类,注明著者时代。

⑧目录:按子类所定各项分类,注明著者或收藏者时代。

⑨史评、史钞类:注明内容评述何代史事(通代、断代)及著者时代。

丙、子部各类,除已见《四库总目》著录者外,须注明著者简历或时代,书中有何年何人序跋,如有涉及著者或版本有关叙述,可作简要摘录。

丁、集部

①楚辞、汉魏六朝至宋元各代别集,注明《四库总目》已否著录,四库未著录者,注明著者时代。

②明清别集,注明著者简历或时代(包括生卒年及何年中举人、进士)。

③总集:除已见《四库全书总目》著录者外,需注明收辑作品,包括:通代、断代(通代注明起讫时代、断代注明何代);诗文俱收,或只收诗或文;编辑人时代。

④地方艺文:注明何地。

⑤诗文评:注明作者简历或时代(如明代查明系嘉靖间或万历间人)。

⑥词:按子类分总集(注明通代、断代,照总集例)。

⑦小说:注明著者时代。

⑧曲类:尽可能查明著者时代。杂剧、传奇必要时略记故事情

节(可参考《曲录》、《曲海总目提要》等书)。

提要项的著录要求:提要是对书的内容、思想、著者及版本源流等有关事项作简要的介绍和评价。提要又叫做解题。质量高的提要可以有效地帮助读者正确使用古代图书资料,对读者起到阅读指南的作用。

撰写提要是我国古代编目工作的优良传统之一。

古籍多是封建时代的产物,从内容到形式无不受到作者立场、观点和社会风尚的影响而打上时代的烙印。有些书在当时历史条件下有较好的影响及意义,对今天来看,就不一定。这就需运用马列主义立场观点对古籍作具体的科学的分析,既要如实地反映书的内容大意、著者生平事迹、版本流传以及本书在学术思想、科学技术等方面的价值,又要指出它的时代局限性。

清代编纂的《四库全书总目》对所收录的大量古书,逐一作出较详细的内容提要,对我们了解古书的各类著作提供不少方便,也是我们今天重新编写古书内容提要的重要根据,是编目工作者的有力参考工具。但是,它从封建正统观念出发,宣扬孔孟之道,攻击异端,对农民起义、少数民族问题等暴露出许多错误观点,在利用时需特别予以注意。

正如1964年中华书局影印《四库全书总目》的出版说明中指出:"《总目》对书籍的评价,是从封建主义的观点出发的。它一方面标榜当时盛极一世的'汉学',其中有些提要偏于琐屑字句的考证;一方面又宣扬作为封建社会上层建筑的理论基础的孔孟之道,提要虽然在一些具体问题上不尽同意程颐、朱熹的意见,但实质上还是恪守程、朱理学,而对某些不合封建正统思想的著作竭力攻击。另外,一部分提要在涉及国内少数民族的地方,对他们表示了蔑视的态度;涉及对我国一些友邻国家的记载,又流露出封建大国沙文主义的思想。这些都是书中的糟粕,应该加以批判。"

现举分入子部杂家类的汉代王充著《论衡》一书提要为例:

论衡三十卷

汉王充撰。充字仲任,上虞人。自纪谓在县为掾功曹,在都尉府位亦掾功曹,在太守为列掾五官功曹行事。又称永和三年徙家辟诣扬州部丹阳、九江、庐江,后入为治中。章和二年罢州家居。其书凡八十五篇,而第四十四招致篇有录无书,实八十四篇。考其自纪曰:书虽文重,所论百种。案古太公望,近董仲舒,传作书篇百有余,吾书亦才出百而云太多。然则原书实百余篇。此本目录八十五篇,已非其旧矣。充书大旨详于自纪一篇。盖内伤时命之坎坷,外疾世俗之虚伪,故发愤著书,其言多激。刺孟、问孔二篇,至于奋其笔端,以与圣贤相轧,可谓悖矣。又露才扬己,好为物先。至于述其祖父顽狠,以自表所长,惧亦甚焉。其他论辨,如日月不圆诸说,虽为葛洪所驳,载在晋志。然大抵订伪砭俗,中理者多,亦殊有稗于风教。储泳《祛疑说》、谢应芳《辨惑编》不是过也。至其文反复诘难,颇伤词费。则充所谓宅舍多,土地不得小。户口众,簿籍不得少。失实之事多,虚华之语众。指实定宜、辨争之言,安得约径者,固已自言之矣。充所作别有讥俗书、政务书。晚年又作养性书。今皆不传。惟此书存。儒者颇病其芜杂,然终不能废也。高似孙《子略》曰:袁崧《后汉书》载充作《论衡》,中土未有传者。蔡邕入吴,始见之,以为谈助。谈助之言,可以了此书矣。其论可云允惬。此所以攻之者众,而好之者终不绝欤。

又例:收入经部四书类的明陈士元著《孟子杂记》的提要:

孟子杂记四卷

明陈士元撰。自宋熙宁以前,孟子仅列于儒家。史记以孟子、荀卿合传,寥寥十数语,于所历邹、滕、任、薛、鲁、宋之事,略不一书。至朱子纲目,始于适魏之齐,大书特书,明圣贤之去就。而编年之体亦不能详述一人之始末,明薛应旂撰《四书人物考》,始采摭他书,以为补传。而应旂不长于考证,舛漏颇多。士元嗣辑此书,第一卷叙孟子事迹,后三卷发明孟子之言。名以传记,实则经解居多。其所援引亦皆谨严有体,不为泛滥之卮言。若赵岐注义,以尾生抱柱不去,证不虞之誉,以陈不瞻失气而死,证求全之毁,概为删薙。与所作论语类考,均为有裨于经义。故今特附于四书类焉。

近年来,古籍的重印、整理、出版不断增加。这些新印的古籍书内常写有点校、整理、纂辑、出版说明,对于一书的作者生平、思想、内容梗概、版本流传经过以及对当前开展学术研究工作的现实意义等均有简要介绍,是编目时著录提要项的参考依据。有些书经统一编目时,已写好内容提要附于卡片之上。这种目录提要,编目人员是可以直接参考利用的。

例如:陆九渊集 (宋)陆九渊著 钟哲点校 1980 年 11 月北京中华书局出版

提要为:

陆九渊(1139—1193 年),字子静,是南宋以后一直和朱熹齐名,而又始终是与朱熹为代表的理学唯心主义相抗衡的心学唯心主义代表。本书是以上海涵芬楼影印嘉靖本为底本,并与其他刻本校勘而成的,还将各本序、跋、朱熹与陆九渊兄弟论辨的书信、宋元学案中象山学案的按语等作为附录。

又例如:上海古籍出版社出版的王令集二十一卷

提要为:

王令(1032—1059 年),是北宋时颇负盛名的青年诗人。本书收有他的散文七十多篇和各体诗歌四百多首。文章内容充实、意新言富,最精粹部分是阐述其思想体系的论说和书牍。作者在诗歌创作上的成就远远超过散文。抨击政治黑暗,反映人民疾苦是他诗歌的一个重要内容。他以只有十年创作实践的青年,就其中一些佳作而论,无论从思想内容或艺术风格来说,都可以说是比较杰出和优秀的。

第五节　丛书、地方志的著录要求

　　丛书是汇集一人或多人的多种著作，用一个总名概括起来所刻印出版的书。我国古代遗留下来的许多文化典籍，由于历史的漫长，加之战乱水火之灾难，履遭散失。对于学者的阅读、文献的保存与流通是极为不利的。丛书的辑印却能起到很好的保存古籍、便利阅读流通的巨大作用。李之鼎在其《丛书举要》序中提到"有明少室山人云，自古典籍曾遭七厄，不尽由于秦火也，是以古籍流传于世者甚稀，近今数十年中，兵戈傲扰，文献丧亡殆尽。为都之市，欲求寻常故书，稀如星凤，所幸丛书汇刊网罗散佚。古人著述赖以不坠。其有功于津逮后人实非浅鲜。"沈乾一在其《丛书书目汇编》绪言中说："昔张文襄有言，丛书最便初学者，为其一部之中，可概群籍，搜残存失，为功尤巨。欲多读古书，非买丛书不可。"可见，丛书对于保存古代文化典籍，便利学者学习、访求，是具有很重要的意义的。

　　我国最早的综合性丛书是宋代宁宗嘉泰二年俞鼎孙编的《儒学警悟》。明代以后，包罗经、史、子、集四部的丛书巨编日渐出现，如《汉魏丛书》、《格致丛书》等等，同时，专科性的丛书也开始辑印，如有《子汇》、《二十子》、《古今逸史》、《五朝小说》等。丛书的类型不断发展。明代末期又出现了第一部郡邑丛书《邑志林》，以毛晋汲古阁为代表编刻的《津逮秘书》，把罕见古籍保存原貌汇刻于一书之中，将刊刻丛书的事业又向前推进一步。到了清代中叶以后，丛书的辑印、发展，达到极盛时期，不但各种类型俱全，而内容也越加精确。此时又出现了反映辑佚古籍文献工作兴起的丛书，如《玉函山房辑佚书》、《汉学堂丛书》等等。专科著作、个人著作或一姓氏著作的丛书也日渐繁多，如《史学丛书》、顾炎武的《亭林全书》、王夫之的《船山遗书》等等。此外，以丛书形式来翻刻、流传古籍也越来越多。如将罕见古籍汇刻于一书的《知不足斋丛书》、《粤雅堂丛书》；以黄丕烈等为代表的注重版本、专在访求宋元刻本或旧钞本的《士礼居丛书》、《古逸丛书》；注重校勘古籍内容，便于读书、利用的有以卢文弨、毕沅等为代表的《抱经堂丛书》、《经训堂丛书》、《岱南阁丛书》等等。

由于丛书辑印的兴盛，丛书专目的编纂也应运而生。丛书目录不仅反映丛书本身，更重要的是将其书内收进的子目也反映出来，对于寻检、利用古籍起到了一定的方便作用。较早的丛书书目参考书相继有顾修编《汇刻书目初编》、李之鼎的《丛书举要》、沈乾一的《丛书书目汇编》、杨家骆的《丛书大辞典》等等。但是已有的丛书目录，在收集内容、数量以及编纂体例、方法上都存在着不少的缺陷，对于使用、寻检仍有诸多不便之处。

建国后，1959 年上海图书馆主编的《中国丛书综录》，可以认为是寻检丛书的一部比较完备的工具书。该书集合了全国四十一个图书馆收藏的丛书二千七百九十七种，并编有总目分类目录、子类分类目录、书目索引、著者索引，既反映了每一种丛书的全貌，又便利读者从丛书名、子目书名、著者姓名等各个不同方面的检索和查阅。书内还附有《全国主要图书馆收藏情况表》，具有联合目录的性质，读者可通过目录，就近到有关图书馆借阅、查找古籍图书。

图书馆在整理、著录丛书时，可利用上述丛书目录部分考查有关的编刻情况。特别是对待一些丛书的单本、零种，更应该尽量利用目录等工具参考书慎重查清其编辑、刻印的来龙去脉，准确无误地予以著录。

丛书著录的具体要求分为整套丛书的总著录与丛书子目著录两种。丛书总著录与一般古籍著录基本相同。

以丛书总名为书名，书名后记种数、卷数。凡丛书名内包括种数的，就只著录卷数；以丛书主编人为著者；如果全书不在一年内出齐的,应注明起讫年;稽核项内只记总册数;附注项与提要项应从全部丛书具体情况确定其著录的内容。一般在附注项后提要项前注明丛书的目次及每种子目的书名、卷数、著者、著作方式。目次排列的顺序需严格按原书总目的次序,如不完全时,应加以考证或作必要的说明。

例:算经十书十五种

　　(清)孔继涵　辑

　　清微波榭孔氏刻本

　　八册一函

　　子目:

　　①周髀二卷(汉)赵爽注

　　②周髀音义一卷(宋)李籍撰

　　③九章算术八卷(魏)刘徽注

　　④……

例:医学摘粹五种

　　(清)庆恕　撰

　　清光绪二十三年(1897)刻本

　　子目:

　　①伤寒十六证类方二卷

　　②伤寒证辩一卷

　　③四诊要诀二卷

　　④杂证要法三卷

　　⑤本英类要一卷附天人解、六气解二种

丛书所收单种著作,应按各单种书分别作丛书子目款目。著录方法仅录该单种书的书名项著者项。在附注项内注明"在某丛书某版本某册",或"在某丛书某集某卷某版第几册"。

例:莲棠诗话二卷

　　(元)祝诚　撰

在琳琅秘室丛书第四集,会稽董氏取斯堂重排活字印本第二十四册。

例:辨疫琐言一卷附李翁医记二卷

（清）李炳　撰

1936年世界书局铅印裘庆元辑

珍本医书集成九十种第二十七册。

这部书另有丛书总名著录:

珍本医书集成九十种

（清）裘庆元　辑

　　散出的丛书零种,或总集的抽印本,都应照单本著录,在附注项内注明"为某丛书零本",或在版本项最后直接著录。

例:广经堂文钞一卷

（清）刘恭晃　撰

清光绪十五年（1889）广雅书局刻广雅丛书零本。

卫生宝鉴二十四卷附补遗一卷

（元）罗天益　撰

清道光二十六年（1846）三原李氏刻本

惜阴轩丛书零种。

　　在收藏丛书较多的图书馆内,对丛书的分类往往单独处理。按四库总目分类体系类分古籍时,在经、史、子、集四大部之后,另增加丛书一大类。丛书类内的细分,各级多据本馆收藏情况酌情组织。中国善本书总目编辑组所编的分类表内将丛书类细分为汇编类、地方类、家集类、自著类。历史学专家谢国桢先生对丛书的分类曾有如下意见:

一汇编:杂纂类:宋、元、明、清前期、清后期、民国

　　　　辑佚类

　　　　郡邑类

　　　　氏族类

　　　　自撰类

　　二类编:经类

　　　　史类:正史、诸史考订、编年、纪事本末、杂记、传记、舆
　　　　　　地、政书、目录、金石、史钞

　　　　子类:诸子、儒、兵、法、农、医、天文、数学、术数、艺术、
　　　　　　杂家、小说、道家

　　　　集类:总集:通代、汉魏六朝、唐、宋、元、明、清、民国
　　　　　　郡邑
　　　　　　氏族
　　　　　　诗文评
　　　　　　词集
　　　　　　戏曲

　　这对于组织排列丛书,均有一定的参考价值。

　　地方志的著录

　　编修地方志在我国有着悠久的历史传统,每个行政区域几乎
都要修志。如都会志、省志、道志,府、厅、州、郡、县以至于边、乡里
都有志,流传下来的种类很多,而每种志书又因修书年代的不同,
再分为许多种,如:"万历××志"、"康熙××志",等等。在地方
志中搜集保存了大量的地方历史、地理、经济、政治、社会风俗、文
化、物产等有关本地的材料。这些记载切实、内容丰富的资料,
其使用价值,有时要超过一般的图书,我国较大规模的图书馆都很
注意收藏地方志。有的保存了几百部乃至上千部之多。过去许多
图书馆都详细地编有地方志目录以备查考使用。

　　由于地方志书体例的特点,在编目时也有与一般古籍不同之
处。下面分别叙述地方志著录的具体要求:

　　书名项的著录要求

　　著录书名时,应将纂修的年代著于书名之前。原书名前如已
有纂修年代的,可按原书著录,原书名前没有标明纂修年代的,应

72

该考查出时代,著于书名之前,为了区别与原书所题不同,可将时代用括弧括起来。时代的考证也应注明其依据。

例:(嘉靖)湘潭县志、(万历)太原府志,或将时代括在书名后。

书名前冠有"续"、"再续"、"续修"、"增修"、"修"、"增补"、"重订"、"重刻"、"重印"等字,应照原题著录。

原书名所题的省、府、厅、县等名称,与现在名称不同时,照原书著录,但在附注项内应加以说明。

著者项的著录要求:

地方志的著者情况比较复杂。地方志是官方集体所纂修的书。由地方官布置下级官员负责具体的撰写。著者就有主修、纂修、协理等各种题法。主修是地方官挂名,组织主持修书的工作;纂修或总纂是具体撰写人,对本书的编纂有直接的意义,这种情况都应作为著者或副著者对待。主持人称"修",实际撰写人称"纂"。

修者,著录主修人姓名,主修人不清楚时根据序、跋、凡例等查考确定。

地方志如果创修于前任,而完成于后任时,应并行著录著者。如"某某与某某同修"。

地方官既是主修人,又亲自动手参加编纂时,可著录为"某某纂修"。

纂修姓名,以实际执笔为准,如纂修人中有总纂人,著录时应以总纂人为纂人姓名。

总纂为二人时,应同时著录,如为三人以上时,只著录第一人,写"某某等纂"。

私人编纂的地方志,可著录为某某编纂或直接著某某撰。

方志修成后,继任者又加以增补或续修的,应并录著者,如某某修某某纂,某某增补或某某续修。

版本项的著录要求：

地方志的出版时间一般在内封面或书名页上都印有刻版的时代，是著录时的直接依据。如果书中题有某某年开雕某某年刻等字样，著录时，可著录为某某年到某某年刻本。

书中如没题刊刻年、月时，可以参照最后序跋文时间，如序、跋也无从查考时，可以书中记事的最后一年为准，但在附注项内应注明。

方志刻成后，对于书内部分续有增补，而对全书未加重订的，出版年可著录为某某年增补某某年刻本。

如有后代重刻、重印、传抄的，应将重刻之依据著出，著录为某某年据某某年刻本重刻或重印。有的地方志，题为重修，但其内容与前朝所修没有什么变化或只在某一门类内补刻一、二页，遇到这种情况，应在附注项内注明。

地方志的版本类别除木刻称刻本外，其他制版方式也都应具体说明，如：石印本、影印本、铅印本等。

地方志著录稽核项、附注项的要求，均与一般古籍著录相同。

地方志著录举例：

例一：

> 〔康熙〕山西通志三十二卷
> （清）穆尔赛修　刘梅　江南龄纂
> 清康熙二十一年（1683 年）刻本
> 　三十九册

例二：

> 永清县志十卷
> （清）周震荣　章学诚撰
> 清乾隆四十四年（1780 年）刻本

第六节 舆图、拓片的著录要求

舆图和金石拓片与图书资料有着密切的关系。一般较大规模的图书馆或地区性图书馆内都有收藏和保管的任务。由于它们在内容和形式上与普通图书或古籍图书有许多不同之处,在编目时,因其本身的特点而形成了某些特殊的要求。

下面分别予以叙述:

舆图的种类很多,从形式看,有装订成册的书本,有单张散页,有折叠式的,有卷成卷轴的等等;就其内容来看,更是丰富多样,有详细记述各地方的物产地图,有详记铁路、公路、航路的交通图,有详记边防要塞的军事地图,有专记历代边疆变迁的历史地图,还有详记山川河流湖泊海湾的自然地图;最大至全国、全世界;最小到一乡一村一镇等等。它们对于研究历史、地理、政治、经济、军事有着极重要的参考作用。

关于舆图的著录要求:

舆图的名称:

> 图名称比较明确、清楚的,可按图名直接著录。舆图名称不够准确时,应由编目人员自行拟定图名,在附注项内加以说明。
>
> 凡一县的地图,著录时应在县名之后加注其所属的省份,可用括弧括起。凡一乡、镇、村、里等地图,名称后应注明其所属的县份。

舆图著者项的著录要求:

> 舆图的测绘者、绘图者、制图者就是著作者,在著者项内直接著录。在机关团体著者或个人著者前,应著录著者所属之时代。

舆图版本项的著录要求：

关于出版时间、出版地点和出版者的著录要求均与一般古籍著录版本项规定一致。版次的著录对舆图是非常重要的一项。因每次改版都关系到一图的交通、行政区划等各方面的变化，著录时应特别注意，仔细反映，有如上变化时，应在附注项内加以注明。

舆图稽核项、附注项、提要项的著录，均与一般古籍著录的规定一致。

稽核项首先应注明地图的尺寸，用比例尺标明。是卷轴、册子、单张、散页都应著录清楚。其次，关于舆图的颜色、轮廓等俱有各方面外在形式上的特征，均应详细著录。

例：历代舆地沿革险要图

（清）饶敦秩绘

清光绪十一年（1885年）重刻本

一册一函

金石拓片是古代器物、刻石上的文字经捶拓方法保存下来的一种特殊的历史文献资料。我国自上古时代就有铸器、刻石纪事铭功的传统，三代之前以金器为主，秦汉以后刻石增多金逐渐减少。金石文字对研究古代文化史、科技史、政治、军事、经济都具有重要的参考价值。古器物的品类与数量，一些专家学者多有著录，如乐器、兵器、礼器、度量衡器……，名称有鼎、鬲、敦、簠、豆、彝、卣、匜、角、戈、刀、尺等等。刻石文字更加丰富多样。从其形制上分有碑碣、墓志、造像、浮图、塔铭、硅础、瓦当、砖、石阙、地莂等种类，从文字内容来分有儒家六经、佛经、道经、封禅、诏敕、符牒、典章、界至、医方、题名、书目等等。

根据这些文献资料在形式和内容上的特征，编目时，各著录事项应注意以下几点：

书名项：

碑名（俗名、简名、异名）

书体（楷、篆、行、草等）

著者项：

撰人、撰额人、书人

版本项：

刻石时代、所在地点（尽量详细反映）

稽核项：

刻工姓名、尺寸大小、拓片张数、字数、碑阴、碑阳、碑侧以及外在形式方面的其他特征。

附注项：

说明碑文的简要内容、所见前人著录情况等，并需作以上几项的补充说明。

拓片收藏较多的大型图书馆，为了妥善保藏与便利研究使用，在著录事项上要求极为详细。一般单位，则可根据收藏的实际情况，对著录项目的繁、简要求有所不同，著录的要点从不同角度的需要而各有侧重。

有的图书馆用特殊的著录格式和著录项目反映在款目上。例：

号　　码			
名　　称	灵裕法师传并额		
时　　代	宋绍圣元年十二月八日		1095/
种　　类	碑	质材	石
所　　在	河南安阳宝山		
字　　数		书体	正书　额隶书
撰　　人	释道殊		
购入年月		书人	小童师庆额释德殊书
编目年月		价值	
附　　记	浩宗仪刊，张宣修墙		

金石拓片的组织方法主要有两种：一种是按时代组织排列，这是最普通、方便、科学的排列方法。按刻石年代顺序排列，无年月或经考证仍不能确定年月的，可以排在后边。这种方法比较简单，容易排列。

一种是按立石的地点组织排列，从省到县，按地点排列组织。这种方法比较精细，更便于查考利用。

第三章　古籍版本

第一节　鉴别版本的意义

一、图书版本和为什么要鉴别版本

现在一般图书工作者所说的图书"版本",是指图书的各种本子;所谓某书某种版本,即是说某一种图书的某一种本子。本子即"版本"的俗称,现今一般所说的图书版本,并不只限用于雕版印刷的书籍,实际是把其它如手写、石印、影印的书籍等也都包括在内,而分别名称之为刻本、写本、石印本、影印本等的。我们现在对于"版本"一词的意义认识是随书籍的产生和历史发展而逐渐形成的。

所谓"版",在"简牍时代"本来乃是和简、策、牍等一样,也是当时通行的缮写书籍、文件形制的一种,及至雕版印刷发明后,遂把用以印制书籍的雕版称为"版"(如现今印刷业中尚沿用"排版"、"制版"、"铅版"、"铜版"等词)。所谓"本",即是"册",也即是俗称的"书本"。如刘向《别录》中所说:"雠校:一人读书,校其上下,得缪误,为校。一人持本,一人读书,若怨家相对,为雠。"这里所说的"本",就指的是根据原书所录出的"本子"。吴则虞先生在《版本通论》中曾说:"雕版行,锓椠之木称'版',抚印之文称'本'",这实际上是反映了以往很多版本学家的看法。历史上很多有关书籍版本方面的记述，其中所提及的"版本"，大都指的是书籍的雕版印本，像在《宋史》卷四三一"邢昺传"中有"景德二年（案：为公元1005年），上幸国子监阅库书，问昺经版几何，昺曰：'国初不及四千，今十余万，版本大备'"的记载；在宋沈括《梦溪笔谈》卷十八中也有"版印书籍，唐人尚未盛为之，自冯瀛王始印《五经》，已后典籍皆为版本"的记述，其文中所说的"版本"，意思就正是与此相同的。

　　由于历史的发展，我们现今不仅有了比以往更为丰富多彩的印刷和制版方法，而且由于科学工作的需要，在今天的各种科学著述中，经常需要确切地著明所运用的文献资料的本子，来用以说明其论证的依据和出处；所以现今的对于各种图籍的"本子"的记录和论述中，尤其是在经常从事图书的记录、反映、宣传、流通、参考利用的图书馆工作中，乃是把包括写本、刻本、活字本、铅印本、石印本、影印本等在内的，由手写或印制等各种方法形成的图书的各种本子，总称之为图书的各种"版本"。

　　图书馆工作中的鉴别、记录图书版本，一方面是要求对图书本身的实际情况加以确切地记录，以便于更好地进行典藏、保管和检查；但其具有更为重要的意义的另一方面，乃是由于图书的各种不同版本常常还具有着其在内容上的不同意义，为了更好地利用图书和向读者提供更为丰富、确切的文献资料，因此就必须确切记录和反映图书版本，这在古籍编目工作中就更为如此。

　　古籍本身——尤其是一些稀见本古籍的本身，当然各具有其在文物、艺术上的以及其它方面的意义和作用，但其最为主要的作用是在于其内容上，也即是其可资提供研究古代科学文化并为发展现代科学文化所参考借鉴的文献资料方面的作用。而其在这一方面的作用又有很多是因对某些书籍某些种版本的深入研究而得到更大的发挥的。例如记述我国古代军事思想的重要著作《孙子兵法》一书，据《汉书·艺文志》记载，有"《吴孙子》"（即孙武兵法）和"《齐孙子》"（即孙膑兵法）两种，由于以往孙膑兵法没有传本，所以遂产生了各种不同的说法。如有人认为现有传本的《孙子兵法》乃是孙武原著、孙膑完成的；有人认为孙武原无其人；也有人认为今本《孙子兵法》是汉代曹操根据前人的著作加以整理编订而成的等等。但1972年4月间在发掘山东银雀山西汉前期汉墓所发现的大批竹简中，却同时发现了《孙子兵法》和《孙膑兵法》两种。这些汉简的发现，不仅以实物本身的存在证明了《孙膑兵法》的确有其书，而且根据初步校勘，除发现银雀山汉墓竹简《孙子兵法》残文和原有传本的《孙子兵法》两者间有不同的字、词、句一百多处外，在竹简中还保存有《孙子》佚文四篇和"孙子见吴王"一篇，因此使我们对这一早已被译成多种外文，为世界很多国家学者所重视的重要著作的研究进入到更新的高度。又如对我国自十八世纪以来就流通广泛、影响深远的古典小说名著《红楼梦》的研究，在二十世纪以前虽然有不少关于此书的论述，其中却有不少是并无文献依据的推测，甚至是牵强附会的编造。但自进入二十世纪以来，尤其是自全国解放以来，以往长期被私人视为珍秘的和久已埋没少为人知的各种"《石头记》"早期钞本，如几种《脂砚斋重评石头记》、《红楼梦稿》以及其它有关的书籍、文献都次第印行出版，因此遂使这曾有"红学"之称的文学名著研究，在今天既是在马克思列宁主义指导之下的深入开展，而且是在比以往对原著拥有大为丰富的文献资料的科学基础上进行的。

由以上举例可以清楚地看出，我们之所以重视版本，乃是由于其在反映原书内容的特殊作用上，从这一意义讲，所谓"某书某本"，在一定程度上说，其实际的意思也就是"具有着某些内容特点的某书"的同意语。当然，也有一些是虽然在内容上较少或没有什么特点，可是在版本上却为人们所重视的书籍（例如后来已有各种版本流传的原书早期印本，在印刷、装订、用纸等方面具有特点以至历史意义的本子，名人藏书等），这样的图书，其本身也许是比较少见,是很珍贵的,但对于广大的真正需要阅读、使用图书的读者来说,相对地其实用价值比其在文物保藏方面的价值是要差一些的。

二、古籍版本类别简介

一般治学严谨、写作认真的著者,在其文章著述中,对所依据和引用的书籍文献常是确切地著明它们的出处和版本,用以供读者考查或据以作更为深入的探讨研究。在书目工作以至图书馆的各项工作中,确切记录图书版本则更是工作中基本要求的一项。有关古籍编目工作中著录版本项的要求和方法,在第一、二两章中已经讲到,在这里我们要说的,乃是对古籍编目在版本项的著录中一般所习见的版本种类(如"刻本"、"写本"、"活字本"等)的区分涵义的简要说明。

1. 刻本

所谓"刻本",即是指木板雕刻印本(当然,如活字本的活字,也大多是经雕刻而成的,但这样的书籍,由于较为少见,所以在著录其版本时一般都须另作具体的记录,如记明是"木活字本"等,以表示和一般木板雕刻印本的区别)。在印本古籍中,刻本的历史悠久(除见于历史记载的和原件并无年代记载的以外,仅从现存实物并有确切年代记载的唐咸通九年即公元868年刻本的《金刚经》算起,至今也已有1100多年之久了),产地广袤,版刻系统繁多,而且其数量为现存古籍中的绝大多数,因此在古籍编目工作中,对木板雕刻印本书籍的版本著录,一般在著明其为"刻本"之外,都还要具体地著明其刻印的时间、地点和刊印者等。除非是遇到不仅在原书中没有有关刊行的时间、地点、刊者的记载,并且是不可考知这些内容的书籍,才不得不仅只是著录为"刻本"。

古籍刻本按其刻印者的系统区分,主要有官刻本、私人刻本、坊刻本三大类。

官刻本是指历史上各朝代中央和地方的机关衙署以及其所附属的机构所刻印的本子。像中央的国子监,各院署;各地方的州、郡、路、府、县、儒学,清代各官书局的刻本;皇室及其所属机构刻行的内府本、经厂本、殿本等,都属于官刻本的范围。又如自宋代以后各地的书院、明代各地的藩府,也都刻印了不少书籍。他们虽然不是当时国家的行政衙署,但历代书院有不少是地方官办的,也有一些是官倡民办或民办官助而设立的,实与官学并行。明代藩府,本即皇室子弟的分封,其所据以翻刻的书,有的出于帝王赐赠,其所刻书籍在品种和版刻工艺上,也足可与当时的内府刻书相颉颃。所以从这些方面说来,他们所刻的书,也可以勉算作是属于官刻本书籍的分支吧。

国子监是五代以后各封建王朝的最高教育机关,其所刻的书称为"监本",以经书、史书及各经、史的注疏等为主,具有"国家审定刊行"的意义。此外,也刻印了不少子书、医书、算书、类书和诗文总集等。于今所见的宋代监本,如绍兴间刻的《周易正义》、《尔雅疏》,是南宋监本;南宋初期刻的《汉书注》,是据北宋监本的覆刻本。又如明代在南京和北京两地都设有国子监,其所刻的书,人称之为"南监本"、"北监本",在嘉靖、万历时南监刻行了《十三经》、《二十一史》等,北监也据以重刻。

历代由各地方刊行的官刻本很多,像南宋绍兴间两浙东路茶盐司就刻印了《周易注疏》、《尚书正义》、《周礼疏》、《礼记正义》、《唐书》、《资治通鉴》、《外台秘要方》、《事类赋注》等。此外,如绍兴九年临安府刻的《汉官仪》,绍兴十八年荆湖北路刻的《建康实录》,元大德间杭州路刻的《西夏字梁皇宝忏》等,是宋代、元代地方官署刻本。南宋淳熙二年镇江府学刻的《新定三礼图集注》,淳熙八年泉州州学刻的《禹贡论》,元至正十四年嘉兴路儒学刻的《大戴礼记注》、《周书》等,是当时地方官设儒学的刻本。元大德三年广信书院刻的《稼轩长短句》,泰定元年西湖书院刻的《文献通考》，是元代书院刻本。

内府本是指皇室内廷刻行的本子。明代内府刻书多由太监掌管的司礼监所属的经厂刻行，经厂是当时管理皇室刻书、印书、收藏版片的地方，所以经厂刻行的书籍，人亦称之为"经厂本"。明代经厂刻行的书籍有《四书大全》、《性理大全》、《资治通鉴纲目》、《洪武正韵》、《大明集礼》等。在明刘若愚《酌中志》卷二十里有晚明时经厂所存书籍版片的记载。清代的内府刻本多为本朝皇帝的撰述或奉皇帝命令所编纂的书籍，于今所见的，如康熙间内府刻的朱墨套印本《钦定曲谱》，乾隆元年内府刻印的《乐善堂全集》等，都是清代的内府刻本。在清代礼亲王昭梿的《啸亭续录》卷一里收有清代"钦定诸书"的目录，记载了清代君主所撰、所定书籍的名称和卷数情况。

殿本是指清代武英殿所刻的本子。清代自康熙时在武英殿设立修书处刻印书籍，至乾隆时因刻《十三经》、《二十一史》（后又增《旧唐书》、《旧五代史》、《明史》而为《二十四史》）以及《大清一统志》、《三通》等经史丛刻和号称皇帝"敕撰"的大部头书籍而称极盛。乾隆三十八年经金简建议制造的木活字，后来印成《武英殿聚珍版丛书》，也是很著名的。

明代藩府刻本书籍，于今所知所见的，有永乐间周藩刻的《普济方》，嘉靖十三年秦藩刻的《史记》，嘉靖二十年蜀藩刻的《栾城集》，万历元年益藩刻的《玉篇》等多种。

清代自同治以后曾陆续在各省设立官书局，至光绪时而大盛，其著名的有江南（南京）、江西（南昌）、浙江（杭州）、江苏（苏州）、广东（广州）、湖北（武昌）等处官书局。官书局刻行的书，人称为"官书局本"，或简称"局本"。清代局本书籍也属于清代地方官刻本书籍的一种。在辛亥革命以后，有一段时期各地的官书局曾仍由各省（或省图书馆）经管，有朱士嘉编的《官书局书目汇编》（1933年中华图书馆协会出版），可供考查各官书局刻印和经售书籍的一般情况。

私人刻本也称"家刻本",包括个人、家族和家塾刻本等。在雕版印刷未发明或尚未盛行时,得书较难,私人的抄书、藏书也受有很大局限。及至雕版印刷书籍盛行之后,在宋代,尤其是南宋,不仅私人藏书家渐多,而且个人、家塾刻印书籍的也逐渐增多。到了明清两代,更有了以收藏、校订、刻印书籍著名的个人和家族。这些个人和家族所刻印的书籍,有的刻印精美(如明嘉靖时袁褧嘉趣堂翻刻的宋广都县裴氏本《六家文选》,清嘉庆间黄丕烈影刻的宋明道本《国语》,尝被人挖改染旧以充宋刻);有的世传其业,不仅精于抄书,而且长期从事刻书,所刻的书范围广泛,品种丰富,在当时和后来都有影响(如毛晋汲古阁,自明万历末至清顺治初,祖父子孙相承,刻书达六百多种,其所刻的书如《十三经》、《十七史》、《宋六十名家词》、《六十种曲》等,都是卷帙繁多的大部头书。毛氏的藏书丰富,其所影抄的宋元本书,摹写精工,人每誉之为"下原刻一等",世称"毛抄本");有的不仅是著名藏书家,并且长于校雠之学,所刻常是大部头丛书,其中所收的书每多经过他们手自校订的本子(如清乾隆间卢文弨刻的《抱经堂丛书》,所收的书大多经其校订、辑补。鲍廷博刻的《知不足斋丛书》,先后共三十集,收书一百九十六种,是其平生所搜集、校订之书的荟集。嘉庆间张海鹏、张金吾叔侄一家所刻的丛书,像《墨海金壶》收书一百一十七种;《借月山房汇钞》共十六集,收书一百三十四种;《学津讨原》共二十集,收书一百六十九种。张氏所刻丛书的版片,在清道光间被钱熙祚重编增刻为《守山阁丛书》、《指海》等丛书。张、钱两家所编印的丛书,在二十世纪二十至三十年代又都为出版者影印出版,解放后出版的古籍,也常采取这些丛书中所收的书用以作为校印新本的校订依据)。

家塾本(或称"书塾本")也是私人刻本的一种(其自称"家塾"或"书塾"是为别于官刻和坊刻)。于今所见,如南宋咸淳间廖氏世綵堂刻的《昌黎先生集》、《河东先生集》，两书中都刻有牌记，题作"世綵廖氏刻梓家塾"。元代岳氏荆溪家塾刻的《春秋经传集解》、《论语集解》等，书中的牌记题作"相台岳氏刻梓荆溪家塾"。

坊刻本是指以刻印书籍为营业的书坊所刻印的本子（其所刻书中的牌记，有"书坊"、"书林"、"书籍铺"、"经籍铺"等名称，书目中亦有称之为"书棚"的）。据文献及流传的实物记载，宋元时代，在很多大城市都已经有了相当数量专营书籍的书坊。到了明代，尤其自明代中叶以后，刻印、发售、贩运书籍的书坊、书商为数就更多了。书坊的刻书，出于其营业的要求，有时为了急于刻印出售，不及精细校订，所以有人便认为坊刻本内容每有舛误，在版本质量上不足取。其实历史上的坊刻本除有很多是为当时考生所准备的普及本经史等考试用书和诸子百家、诗文集等以外，还有大量的是当时民间通俗用书，诸如医药、农牧、日用便览、童蒙读物以及戏曲、小说等，从中不仅可供考察某些著作的流传情况和其本身发展衍变情况，民间的生活习俗情况，而且诸如此类的书籍，其中的大部分，不可能由政府机关或士大夫、"学者"等来刻印流传，所以从这一角度来说，对于研究中国古代历史文化以及社会状况等，坊刻本书籍的内容正也是不可缺少的一个方面。现今所存的坊刻本书，如元代建安虞氏所刻的《全相平话》，明代弘治十一年金台（北京）岳家刻的《奇妙全相注释西厢记》，成化十七年书林刘氏溥济药室重刻的《新编医方大成》，万历间闽建书林陈德宗刻的《新锲两京官板校正锦堂春晓翰林查对天下万民便览》（明邓仕明辑），明末师俭堂萧少渠刻的《鼎镌十二方家参订万事不求人博考全编》（题博览子辑）等，都是现今每为专家们所称引记述的，但这里的所举也仅只是当时曾大量流通而今天尚得保存的一小部分而已。

古籍刻本按其刊刻地域区分，著名的有浙本，闽本，蜀本等。

中国历史上在全国各地有很多地方都曾刻印过书籍，尤其是在一些文化事业比较发达和盛产木料、纸张,刻工聚集的地区,更逐渐形成了刻印、出版书籍的中心,像浙江、福建、四川等地区所刻的书,不仅品种丰富、数量众多,而且各有特点,所以有"浙本"、"闽本"、"蜀本"之称。

浙本:浙江在北宋时刻书就很著名,南宋时临安(杭州)是"行在"(行都)所在,刻书事业繁盛,元灭宋之后,将所收集的书版,集中保存在西湖书院,刻印书籍亦多,因此自宋元以来浙江乃逐渐形成刻印书籍发达的地区。浙本中主要的是"杭州本",其它如"衢州(衢县)本"、"婺州(金华)本"、"台州(临海)本"等都很著名,也属于浙本的范围。

闽本:"闽本"亦称"建本"。福建盛产竹木,造纸、雕版取材便利,因此有些地区刻工聚集世居,书坊林立(像建安余氏世代相传,所开设的书坊有"勤有堂"、"双峰堂"、"三台馆"等),由宋代至清代中叶以前一直是刻印书籍事业繁盛的地区。建本中主要的有"建宁本"、"建阳本"等。建阳县西七十里有麻沙镇,书坊聚集,所以此处所刻的书也称为"麻沙本"。

由于建本中有很多是坊刻本,其中有的校刻不够精细,因而常被人认为版本质量不高。如宋朱彧《萍州可谈》卷一中就记有某些建本书籍内容讹误的故事:

"姚祐元符初为杭州学教授,堂试诸生,《易》题出:'乾为金,坤亦为金,何也?'先是福建书籍刊板舛错,'坤为釜'遗二点,故姚误读作'金'。诸生疑之,因上请,……姚取官本视之,果'釜'也。大惭,曰:'祐买着福建本!'"(此事在宋叶梦得《石林燕语》卷八和陆游《老学庵笔记》卷七中也有记载,故事略同。)

这是记录建本坊刻不如官刻的典型事例,因而当时遂有"今天下印书,以杭州为上,蜀本次之,福建最下"的评语(见《石林燕语》卷八)。但究其实,建本坊刻固然校订不够精密者较多,然而其中也不乏校印佳好的（如清代聊城杨氏海源阁有名的藏书"四经四史"之一的《后汉书注》，就是南宋时的建阳坊刻本。此书不仅刻印精美，而且据原书牌记所说，也是以"精加校证……的无差错"来号召读者的）。更何况在传世的稀见本书籍中，还有不少是只有建本并没有其它版本存在的呢！像清代查慎行曾有诗云："江西估客建阳来，不载兰花与药材；妆点溪山真不俗，麻沙坊里贩书回。"清代朱彝尊诗也有"得观云谷山头水，恣读麻沙坊里书"之句，可见在他们的心目中，也认为建本在对广大读者提供读物方面还是值得称道的。所以清代王士禛才说："今人但贵宋椠本。顾宋板亦多讹舛，但从善本可耳！"（见王著《居易录》）至于如何对待书籍因其版本不同而产生内容文字的差异，则应如清代著名学者钱大昕所说的："张淳《仪礼识误》、岳珂《九经三传沿革例》所举各本异同甚多，善读者当择而取之。"（钱著《十驾斋养新录·宋椠本》）这里所说的善于读书的人要在"各本异同"中"择而取之"，实际上也就是说，如果认真读书，就要在对各种版本作综合比较分析研究的基础上进行校读，这样才能在阅读中取得如清洪亮吉所说的"推求本原，是正缺失"的效果（洪氏语见《北江诗话》卷三）。但他们这种对于书籍版本的态度，却不仅只是对于建本，实际乃是也包括其它各种版本在内而言的。

蜀本：四川刻书在晚唐时即已很兴盛，如今所见唐成都府成都县龙池坊卞家刻本的《陀罗尼经咒》，其雕版年代可能尚在唐懿宗咸通九年（公元868年）所刻的《金刚经》之前（成都置"府"在唐肃宗至德二年，公元757年）。唐僖宗中和三年（公元883年），柳玭在四川时，看到书肆中所售卖的书已经大多是雕版印本，五代时后蜀毋昭裔曾在四川刻印《九经》等。证以以上实物及历史记载，四川实为雕版印刷盛行较早的地区之一。由于蜀刻书籍校订精审、字大悦目，因此在宋代也往往视四川为刊刻书籍具有较高版本质量的地方。如宋黄庭坚曾说："庞老《伤寒论》，无日不在几案间,亦时时择默识者传本与之。此奇书也,颇校正其差误矣,但未下笔作序,序成先送成都开大字板也。"(见黄氏《云夫帖》)可见"蜀大字本"书籍在北宋时就已很负盛名。南宋绍兴间井宪孟在眉山所刻的南北朝七史,世称"眉山七史",也是很为读史书的人所重视的。

浙江、福建、四川只是宋元时期刻书繁盛的三个主要地区,实际中国历史上各时期、各地区刻书很多并且也很著名的地方却远不只是这三处。诸如,宋代江苏、江西等处刻书都很著名;金代刻书,平水(今山西临汾)很盛,人称"平水本";元代所刻杂剧有题"大都(今北京)新刊"的;明清两代刻书几遍全国,像北京、南京、苏州、常熟、无锡、杭州、嘉兴、徽州、南昌、建阳、武昌、长沙等地,都刻书很多。在现今所有的大量古籍中,其绝大多数是明清时代的刻本,这已经是处于雕版印刷非常兴盛发展的时期了。

2. 写本

所谓写本,是指非经制版印刷而是由手写成书的本子,其中包括:写本,稿本,影抄本,传抄本等。

写本:某些古籍原来成书时就是以手写本形式流传的,由于其既不是刻本,也不是稿本或据其它版本录写的抄本,所以称之为"写本"。如唐写本卷子,明代的《永乐大典》,清代的《四库全书》,列朝实录原本,某些"御制"、"敕撰"、"钦定"书籍的"进呈写本",某些档册、谱牒、地图等都是。有的图书馆也兼收藏有一些历史上各时代的文件、契约等的手写原件,也应属于写本范围。

稿本:指原为著者所用的自己的著作的底本,其中又可分为"手稿本"和"清稿本"两种。"手稿本"是著者自己手书的著作稿本,如宋司马光《资治通鉴手稿》,清蒲松龄《聊斋志异手稿》等都是。"清稿本"是根据原稿誊录的以备著者用以据之增补、改写、校订或付印的著作誊清本。

稿本之曾经刻印的,可供考查原著的写作情况和校订刻本的依据;其未经刻印的,则藉此保存了某些著作的传本,使之不致失传;而一些流传有自的著名的著者和历史人物的手稿,使后人可以获见他们的手迹,就更具有历史文物的意义了。但那些不是著者手书而是别人誊录的稿本,最好是原书有著者的手校字句、题记或印章,才可以作为是"清稿本"。如现存的蒲松龄《聊斋志异》手稿,经辨识,不仅其中大部分是蒲氏的手书,而且在卷首自序之末还钤"松龄"二字篆书、白文小方印,就更加说明此书的具有历史文献意义了。

影抄本:亦称"影写本",是指把可透影的纸覆在底本上面,按其原有的字体行款(甚至连同边栏界线)照样摹写而成的本子。"影抄本"一般都是由于底本原书比较稀见,不仅要求复制原文,而且要求保存原书的版本格式面貌,因而才采取影抄的方法的。例如明毛氏汲古阁影抄的宋元本书,摹写精工,清代孙从添在《藏书纪要》中尝誉之为"古今绝作"。

抄本:是指根据底本(不论其为写本或刻本)传录而成的副本,故又称为"传抄本"。对抄本中之纸墨精良、书法工整、内容舛误较少的,人每称之为"精抄本";对著名人物、藏书家的抄本,称为"×代×家抄本";对于抄成年代较早,但又一时不能查明其确切年代的,则简称之为"旧抄本"。旧时的抄本,有很多是在原书并无(或很少)其它传本,或虽有其它传本而此本在内容上更具有其特殊意义的情况下才加以传抄的,如清代徐松从《永乐大典》辑录出的《宋会要》抄本,即除此以外并无其它传本;明抄本《说郛》和一般刻本的《说郛》在内容上有很多不同之处,明天一阁蓝格抄本《录鬼簿》比各种刻本的《录鬼簿》多出《续录鬼簿》一卷等都是。因之在一般情况下,很多从事科学研究工作的人都很重视抄本书籍。但是也有一些过于重视抄本的版本目录学家、藏书家和图书馆工作者,认为凡是"抄本不论新旧皆为善本",其实这种看法并不够全面,对于抄本书籍是应当根据原书的实际情况来作具体分析的。因为固然是在很多抄本书籍中保存了某些具有某种意义的资料,甚至是重要的文献史料,对这样的抄本,当然不能忽视,但是也应看到,正是由于有一些人的过于偏嗜抄本的影响,遂致有些投机的人,就有时把一些内容并无特点的抄本加上伪刻的印章、题跋等,充作"善本";有些书商竟至专设抄书人员来伪造"名家抄本",用以谋求高利。这样的抄本,如其传抄的果真是一些稀见而其内容又含有具有某些文献意义的著作,则这种抄本也还自尚有其著作本身的文献史料价值,如果其抄录的内容并不具有任何特点(像一些根据通行刻本的抄录本),或甚至连内容也是伪造的(如摘抄丛书,割裂、改篡原书,另题书名等),而尚以"罕见抄本"、"名家抄本"等来眩惑世人,那对于读者就更具有扰乱视听的反作用了。至于像陈乃乾先生所记的"宁波沈某家中雇用钞胥十余人,取粤雅堂知不足斋等普通易得之丛书,悉用佳纸工楷传钞,每册衬纸精装,册首钤藏印数方,已钞成数十箱,……后来一并售去,曾未得钞费之什一"(见陈著《上海书林梦忆录》)。这样地对待和故意地"返刻为抄"来制造抄本,简直是"偏嗜成癖",是太过于浪费人力物力了。

3. 活字本

活字本包括"木活字本"、"铜活字本"、"泥活字本"等。现存活字印本古籍,以木活字本为最多,所以在一些书目资料中,也间有把"木活字本"简称为"活字本"的。对于其它种类的活字印本,则一般皆著录其全称,如"铜活字本"、"泥活字本"等。

泥活字本:泥活字印书是北宋庆历间(公元 1041—1048 年)毕升发明的,但由于年代久远和雕版印刷、木活字印刷的盛行,早期的泥活字印本书籍,现今很为少见。于今所见的如清代吴郡李瑶在杭州于道光九年(公元 1829 年)所印的泥活字本《南疆绎史勘本》,于道光十二年(公元 1832 年)所印的泥活字本《校补金石例四种》;安徽泾县人翟金生于道光二十四年(公元 1844 年)所印的泥活字本《泥板试印初编》(书名叶后题"獻州翟西园自造泥斗版",内容为翟氏所著诗文集),道光二十六年(公元 1846 年)所印的泥活字本清黄爵滋《仙屏书屋初集》等,是现存为数很少的泥活字印本书籍的例证。又,现今所见的有清康熙五十八年(公元 1719 年)徐志定所印的"泰山磁版"《周易说略》和《蒿庵闲话》两书,有人以为这乃是"磁活字"印本,但据曾亲眼见过这两部书的专家鉴定,以其原版有断裂痕等情况,似仍是整版所印而不是"活字"印本,因此认为此两书的版本,还是根据原书书名叶的所题,定为"磁版",较为合理。

木活字本:木活字印刷虽然元代王桢曾写过《造活字印书法》,他在大德二年(公元 1298 年)又曾用木活字印刷过《旌德县志》,但可惜宋元时期的木活字印本书籍实物,现今少见流传(二十世纪初在敦煌千佛洞曾发现元代刻制的维吾尔文木活字,多被斯坦因盗去,现今仅有残余的五个,保存在中国历史博物馆。据缪荃孙《艺风堂藏书续记》卷二所记,有范祖禹《帝学》,乃南宋嘉定十四年,公元 1231 年木活字本,但据曾见过原书的专家鉴定,因为原书有"省元藏板"字样和边栏有断线等情况,认为此书乃是清代的刻本)。明代的木活字印本现今虽然也较少见,但尚有若干种实物流传,如正德、嘉靖间苏州地区木活字印本《晏子春秋》,万历十四年崧斋木活字印本《唐诗类苑》等都是。清代有很多地区盛行过木活字印刷,如北京、南京、苏州、常熟、昆山等地的木活字印本,现今都有实物流传。据估计,现今所存的清代木活字印本书籍约有 2000 种左右。乾隆帝弘历曾命金简制造木活字及印刷设备,并赐名这种印刷方法为"聚珍版",后来印成《武英殿聚珍版丛书》一百三十四种。金简曾写成《钦定武英殿聚珍版程式》一书,书中详细记载了当时的木活字印刷状况。清代直到晚期尚还有以专门从事木活字印书的书坊,如光绪二年(公元 1876 年)在北京书肆聚集地之一隆福寺街开设的"聚珍堂",一直营业到 1920 年左右,曾印行过木活字本书籍二十多种。

铜活字本：现今所存的中国古代铜活字印本书籍，大多是明清两代的印本。

明代的铜活字印本盛行于弘治、正德、嘉靖时，当时无锡的华氏、安氏两家，所印行的铜活字本书籍都很著名。如华燧会通馆弘治三年印的《诸臣奏议》，弘治八年印的《容斋随笔》，华珵弘治十五年印的《渭南文集》，华坚正德十年印的《艺文类聚》，正德十一年印的《春秋繁露》；安国于嘉靖间印行的《吴中水利通志》、《颜鲁公集》、《重校鹤山先生大全集》等都是。（据近潘天祯先生说，华燧会通馆印本应是"锡活字铜版"而不是"铜字版"，待进一步证实。潘说见所著《明代无锡会通馆印书是锡活字本》一文。）

明代除华氏、安氏外，还有如金兰馆印的《石湖居士集》、《西庵集》，五云溪馆印的《玉台新咏》，芝城（建宁）蓝印本《墨子》等，也都是弘治至嘉靖间的铜活字印本。

清代的铜活字本，较早的有康熙间吹藜阁铜活字印本《文苑英华律赋选》，卷帙最多也最著名的则是雍正间内府铜活字印本《古今图书集成》，全书共一万卷，5020 册。清代中叶以后，在福建、台湾、常州、杭州等处都曾用铜活字印行过书籍。

金属活字印本除铜活字本外，还有锡活字本、铅活字本、铁活字本等。

锡活字本，据元代王祯在《造活字印书法》文中曾有"近世又铸锡作字"的记载，可见中国至少在十三世纪末已经有了锡活字印刷。据记载，明代弘治间无锡华燧也曾铸造过"锡字"。清代咸丰元年广州佛山镇的唐姓书商曾用锡活字印成《文献通考》。

中国的铅活字印书，据明正德初陆深在其所著的《金台纪闻》中曾有常州人用铜、铅制造活字的记载，清道光十四年魏崧在其所著的《壹是纪始》中也有"活板始于宋，……今又用铜、铅为活字"的记载，但中国古代的铅活字印本书籍，却未见流传下来。

古代和中国在文化上有密切交往的亚洲国家,如朝鲜、日本、越南等,中国的印刷术很早便传播到这些国家。朝鲜人民在金属活字印刷上有着杰出的贡献,如今所见明正统元年(公元1436年)朝鲜印行的铅活字本《通鉴纲目》,朝鲜英祖五年(公元1729年)印行的铁活字本《西坡集》,就都是在印刷史上具有代表意义的范例。在十六世纪末叶,活字印刷从朝鲜传入到日本,在日本文禄、庆长时(相当中国明万历间),日本曾经印行过很多种铜活字本书籍,如今所见的日本元和二年(相当中国明万历四十四年,公元1616年)印行的铜活字本《群书治要》,即是其中的一例。

4.其它

除以上所举刻本、写本、活字本外,还有一些由于版刻依据(如据某本覆刻),版刻字体(如写刻),刻版印刷方法(如套印),印本颜色(如彩色印刷),印刷用纸(如用旧公文纸印),以及印成后又经后来加工的(如后加批校)等原因,因而形成的版本上的特征,其中有的在一般古籍编目工作中也是要求加以记录的。诸如:

覆刻本:亦称"影刻本","翻刻本"。即将某一原书作为底本,按其原来的字体行款格式照样摹刻的本子。在照像术未发明时,有不少具有文献意义而版本又很稀见的书籍,每每以覆刻的方法使之得以保存下来,其中有的原书后来已经失传,我们却尚可藉覆刻本而看到其近似原书的面貌。如今所见的明嘉靖间袁褧嘉趣堂覆刻的宋蜀郡广都县裴氏刻本《六家文选》,清嘉庆五年黄丕烈覆刻的宋明道间刻本《国语》等,都是质量很高的覆刻本(对一般仅是传刻原书文字内容,并不按照原书版刻的字体行款进行摹刻的本子,有时也被人称之为是据某书某本的"翻刻本"或"重刻本",较之这里所说的"翻刻本",在涵义上虽有其相通之处,但也有其在对保存、反映原书面貌各方面具体情况上的程度上的差异和区分)。

写刻本:即按照手书字迹雕版付印的本子。宋元时代的刻本书籍,一般尚还没有形成固定的印刷字体(仅福建刻本字体较具共同特征),大多是由缮写工录写付刻,也间有请人代为录写付刻的(在某些古籍中,有时尚附有写工、刻工、印工的名字。如明丽泽堂木活字本《璧水群英待问会元》,卷十九之末印有"姑苏胡升缮写,章凤刻,赵昂印"等字样。元至正二十六年刻本吴莱《渊颖吴先生集》,书末刻有"金华后学宋璲誊写"字样)。明代自嘉靖时逐渐开始,到万历间乃逐渐形成了一种笔画横细竖粗的印刷字体,这种印刷字体由明代沿用到清代,一直到现今还在使用(即印刷业中所称的"宋体"或"老宋体")。如上所述的这种横细竖粗的印刷字体,在清代最为通行,因之对于清代的刻本书籍中的那些不采用印刷字体而采用手写体字的刻本,乃称之为"写刻本"。此外,对那些用名人手书或著者手书刻版的书籍,则称之为"某人写刻本"。如清代郑燮写刻的《板桥集》,黄丕烈写刻的《季沧苇书目》等即是。

套印本:即刻版时将一书中各类文字(如正文与评注、圈点等)分别各刻一版,印刷时用各版以不同颜色套印而成的本子。如正文用墨色,评注圈点用朱色,称"朱墨套印本"。套印本书籍有的甚至是以五、六种颜色套印的。

在某些古写本书籍中,本来曾有以不同颜色来表示不同意义的方法,这原是供读者区分书中正文、注释、标题、断句等之用的,及至雕版印刷发明以后,一版只能印刷一种颜色,所以在一般只用单版单色印刷的刻本中,便只好以不同的字体、大小字、阴阳文、花纹、圈点等方法来表示上述的意义了。在有了套印的方法之后,这些问题得到了相应的解决,但套印本书籍费时费工,成本过高,所以一般印书还是较少采用这种方法的。

现存的早期套印本书籍,以明代万历、天启、崇祯间吴兴望族闵氏(闵昭明、闵齐伋等)、凌氏(凌汝亨、凌濛初、凌瀛初等)两家最为著名。如闵齐伋刻的四色套印本《国语》,凌瀛初刻的四色套印本《世说新语》等，即是这两家所刻的多色套印本。（今存尚有元代至正六年，公元1340年中兴路资福寺刻的释无闻注解的《金刚经》一种，其卷首的板画"灵芝图"及经文、注解为朱墨两色，据说"这是现在所知最早的木刻套印本"，但原件是否确为"套印"，各家还有不同看法，如有些专家就认为这也可能是在同一块版片上加涂朱墨两色后印成的。因未见原书，今仅在此暂记，以俟后考。）

彩色印本：木刻彩色印刷，多用以印刷版画。这种印本，最初是在刻成一块版面的版上施加不同彩色然后印刷的。如万历间程氏滋兰堂刻的程大约著《程氏墨苑》，就是现存早期这样的彩色印本书籍之一。（前面所举元至正六年中兴路刻朱墨印本《金刚经》，其印制过程也或可能与此相类。）但以一版而兼印多色（《程氏墨苑》各图，有多至四色、五色的），印刷稍久颜色即易混杂，后来遂乃又产生了每种颜色各刻一版，然后再逐色套印成为一图的方法。以彩色套印的版画为主要内容的书籍，一般称"彩色套印本"。如明崇祯间胡正言刻的彩色套印本《十竹斋笺谱》、《十竹斋画谱》，清康熙间芥子园刻的《芥子园画传》等都是。

彩色套印版画，各版位置衔接，必须十分精密，因又称为"饾版"；又有利用压力以雕版在纸面上压印出凸起的花纹的方法，称为"拱花"。如《十竹斋笺谱》就是兼用"饾版"、"拱花"两种方法的。但"饾版"、"拱花"的名称，一般书目在版本款目中常不作反映，而在"叙录"中加以说明。

除木刻版画有时用彩色印刷外，古代一般刻书习惯，在刻成付印时，常先用红色或蓝色印刷若干部，然后才用墨色印刷。其红色或蓝色的印本，通常是作为样本和赠送师友的纪念本，这样的本子称为"朱印本"或"蓝印本"。"朱印本"或"蓝印本"的古籍，在编目时，应在版本款目中加以反映，用以表示原书乃是初印本。

公文纸背印本：古代纸料贵重，印书又用纸量大，所以有一些书籍是利用已经用过的旧公文纸的背面印刷的，因此后来乃称这种印本为"公文纸背印本"。现存的宋、元、明本书籍，其中都有一些是利用已经使用过的旧纸纸背印刷的。

以旧公文纸印书，本来是为节约用纸，但这样的印本，根据其纸背公文所记的年代及内容，却可供作考查原书的印刷时间范围的大致参考。如宋刻本《北山小集》，清黄丕烈据原书是以"宋时册子"纸背所印，所以断定此本是"宋刻宋印"本（见《士礼居藏书题跋记》卷五）。宋刻本《尔雅疏》，清陆心源据其用纸乃是"元致和、至顺中公牍，有蒙古文官印"，因而断定此书是"元时印本"（见《皕宋楼藏书志》卷十二）。诸如此类的例子，在以往的各家藏书记载中，还是时有遇到的。

批校本：书籍在写成或印成后又经后加批注、校订的本子，称为"批校本"。把一书的批校文字传录在另一个本子上的称为"过录批校本"。

古代的抄书、刻书，在录写、付刻之前，对其所采用的底本，一般常先经过校订。在抄、印成书之后，后人在阅读、研究过程中，有的把对本书的批语、注释或经与其它版本校读后的校勘记录、识语等随时写在书上，这种批校本对于后来读者的理解原书和了解其它版本内容情况是有帮助的。在批校本中，尤其是一些名家的批校本，每为人所重视。清代学者中精于校雠之学的人很多，如何焯、卢文弨、钱大昕、孙星衍、王念孙、鲍廷博、黄丕烈、顾千里等都是很著名的，因而经过他们批校的书籍，就更为人所珍视。如今所见的钱大昕手校本《淮南鸿烈解》、黄丕烈手校本《读书敏求记》等都是。

以上所举，只是一些在古籍编目工作中著录版本款目时所常用的版本类别名称，其它还有不少是不属于记录版本的出版年、出版地、出版者和特殊刻印方法的版本类别名称，以及古籍工作者、旧书业的习惯用语等，就不在此一一叙述了。

第二节　鉴别版本的方法

一、鉴别版本的一般方法

鉴别古籍版本,在读者,是需要通过对各种不同版本的分析比较研究,取得对原书的更为全面的掌握,以备作更深入地探讨研究的基础。在书目工作者,则是要求在审慎地考察书籍内容及其刻印、书写等各方面的情况和特征的基础上来确切、适当地记录、反映它们,以供读者更好地了解、选择、利用书籍。

鉴别古籍的版本,一般首先是根据原书本身原来所具有的记载、特征和其在成书后流传过程中所形成的记录资料来进行考察,在对原书情况有了一定的认识之后,可以再借助有关的书目著作以及其它工具、文献来进行印证、复核、补充、订正,从而对原书版本的属性做出适当的判断。

1. 根据图书本身原来所具有的记载、特征来鉴别版本

书籍是在历史发展中产生的,各种书籍本身都各具有其历史的特征,古籍也是如此。一般古籍在其本身所具有的书名叶、牌记、序跋中,在其所采用的字体、行款上,在其所附的刻工记录以及书中的讳字等方面,往往含有可供考查原书的刊刻记录资料或反映着某些特有的时代特征,因此,这些方面也就成为我们经常利用藉以识别古籍版本的最为直接的基本条件。

书名叶:一般有两种形式:一种只有半叶篇幅,位置常在原书第一册的书衣之后。如清光绪间国英编的《共读楼书目》,其书名叶除在中间刻有书名"共读楼书目"之外,在右边一行靠上位置刻"光绪庚辰刊",左边一行靠下位置刻"索绰络氏家塾藏版"。据此,则此书的刊刻年代和刊刻者的问题都可以决定了。另一种形

式是具有一整叶（即一整块版面）篇幅的书名叶，位置常在全书前书衣后所附的白纸之后。这样的书名叶，一般常是在前半叶摹刻名人为本书所题的书名、著者、卷数以及题字者的署名等，后半叶则刻此书的刊刻年月和刊刻者等。如清陆心源著《皕宋楼藏书志》的书名叶，就采取的是这种形式。此叶前半叶刻"皕宋楼藏书志　曲园居士俞樾题"，后半叶刻"光绪八年壬午冬月十万卷楼藏版"，也据之可知本书的刊刻者和版刻年月。有些古籍的书名叶还刻有一些宣传、说明文字，如清康熙间重刻明闵氏刊《国语》、《国策》合刻本，其书名叶在反映了书名《国语、国策》以外，还刻有出版者的识语说："乌程闵氏原板，自万历己未迄今八十五年矣，流传之〔已〕久，板多残缺，……本堂得之，悉心校雠，重加镂板补正，……康熙癸未秋九月重九日金谷园主人识"，并盖有"金谷李印"章，这当然是一种类似现代出版广告形式的文字，但据此却使我们知道了此书乃是清康熙四十二年（公元 1703 年）书坊李氏金谷园根据明万历四十七年（公元 1619 年）闵齐伋刻套色印本的重刻本，为我们提供了考查原书版本系统的记载资料。

　　现今所见的古籍书名叶，以清代的为最多，明代的虽较少，但于明刻本书籍中尚时有保存（以自万历以后天启、崇祯时的较多）。宋元本书籍，因为年代久远，其原来的书名叶已很少见，像《元刊全相平话五种》中所保存的书名叶（如其第一种的书名叶，除刻有书名和副书名"全相武王伐纣平话——吕望兴周"和刊刻地、刊刻者"建安虞氏新刊"等字样外，还刻有"武王伐纣"途中"伯夷叔齐谏武王"板画），是在现存的宋元本书籍中很少见的了。

　　牌记：古籍牌记有的只是简短的楷书文字标记，如宋刻本《续幽怪录》，在目录叶后仅刻作"临安府太庙前尹家书籍铺刊"一行十二字。有的在牌记中突出说明本书版本，如明正德十一年（公元 1516 年）无锡华坚兰雪堂铜活字印本《春秋繁露》，在卷十七之末印有"正德丙子季夏锡山兰「雪堂华坚允刚活字铜「板校正印行"三行二十三字。有的牌记则内容更为详细，不仅记有原书的版本来源、刻书年月，而且还包括有刻书者的自我介绍。如宋绍兴二十二年临安府荣六郎家刻本《抱朴子》,在卷二十之末刻有：

> "旧日东京大相国寺东荣六郎家见寄
> 居临安府中瓦南街东开印输经史书
> 籍铺今将京师旧本抱朴子内篇校正
> 刊行的无一字差讹请四方收书好事
> 君子幸赐藻鉴绍兴壬申岁六月旦日"

共五行七十五字。有的古籍牌记采用其它书体或在文字四周围以边栏、花纹，如南宋咸淳间廖氏世綵堂刻本《昌黎先生集》,在卷一后刻有"世綵廖氏「刻梓家塾"篆书两行，边框作亚字文。花纹比较繁复的，如明正德十一年陈世瑛存德堂覆刻元本《太平惠民和剂局方》,卷十之末的牌记刻作上覆荷叶下托莲花的幡幢市招之形，中间刻"正德辛未晦月「陈氏存德堂刊"两行十二字。其花纹和内容尤为繁复的，如明正德四年新安毕氏刻本《新安毕氏族谱》,书末的牌记不仅是刻作花纹繁复的钟形，而且在钟形之内还留有长方形空白位置，在这空白中又以墨笔填写此本是本书印本的某字号和收执人姓名，并在墨写字迹上加盖"新安毕氏会通谱记"朱印，这固然是反映了封建社会时代宗族制度的一面，但由这牌记中所记的印本号数来看，却和现代书籍的"限数印本"相类似了。

序跋：古籍之可以据其序跋考知版刻年代的，如明嘉靖间刻本《抱朴子》,卷首有鲁藩宗室朱健根序（朱健根名字中的"健"字，乃避明宪宗成化帝朱见深讳）,文中说："……顾所传钞写舛讹，乃与儿辈手校寿梓，以与同志者共之"，末题"嘉靖乙丑岁仲秋朔"云云，因此知道这个本子乃是明嘉靖四十四年（公元 1565 年）鲁藩刻本。有的古籍虽然已经知道其版刻的年代，但据其序跋还可以更进一步查知其具体的付印年代、印次的，如清康熙三十二年（公元1673年）青门草堂刻本《邵子湘全集》，其重印本在全书之末附刻有李超琼的跋，文中记述此书原刻版保存在著者邵长蘅的后人邵孝渊处，前曾在同治丁卯（六年，公元1867年）印行过一百部，现又印一百部云云，文末所题年月为"光绪丙申（二十二年，公元1896年）夏五"，据此可知此书原版虽然是康熙三十二年刻本，但这个印本，却是光绪二十二年的重印本了。

当然，并不是所有的每一种古籍在序跋中都是明确地记载着其雕刻、印刷等具体情况的，而且有些根据旧本重刻的书籍，连同其原有的序跋一齐重刻，其原有的序跋中虽或有原来此书刻印情况的记述，但这只能供作了解原来旧本的刻印情况和这个重刻本的版本源流，并不能说明这个重刻本的具体刻印情况，重刻本的刊刻年代、刊刻地点和刊刻者只能根据重刻时所作的序跋或原书中所具有的其它记载、特征来考查。也有的古籍在流传过程中由于各种原因而序跋残失，致使失去据其序跋考查其版本情况的条件。所以我们在考查一部古籍版本的过程中，一方面既要认真仔细地阅读原书所有的各篇序跋并对原书进行综合全面的考查，同时也还要查阅有关的文献记载，以求得对考查原书时所得认识的核对、印证和订正，尤其是对那些残失序跋的书籍，就更应多从原书其它各方面的特征和有关的文献记载中去加以考查了。

字体：古籍的字体也各有其时代的风格特征，其中有的可以根据其特征大致判断其刊刻的时代或地区。

古籍刻本所采用的字体各时代都不相同，其大略的发展衍变情况，从宋代至明代中叶以前，主要的常用字体是楷书。但北宋刻本，字体多比较刚劲硬整，南宋以后刻本，字体渐趋圆润，其中尤其是福建刻本，由于欲求版刻字体的秀劲疏朗，遂逐渐形成了一种受北宋晚期徽宗赵佶所创瘦金书体影响的建本版刻字体，这种建本字体至元代由稳定、成熟而盛行，到明代中叶以后乃采用者渐少

（现代在二十世纪二十年代中华书局又根据建本版刻字体创制了"仿古仿宋体铅字"，用以印制其所出版的书籍，如其所印的著名丛书《四部备要》，就全部是采用这种铅字的。这种字体直至现今印刷事业还在使用，称为"仿宋体"和"长宋体"）。元代刻书，除福建外，其它地区，如杭州等地的刻本，也有不少是采用比较圆润秀丽的楷体字的，因而有人说元代刻本字多"软体"，也有的人说元代"官本刻经史，私家刻诗文集，亦皆摹吴兴（赵孟頫）体"（《书林清话》卷七）等，这是因为当时盛行赵书字体，因而某些书籍在版刻字体上也受其影响的原故。又，元代刻书募请善于书法的人书写付刻也逐渐盛行，如前所举的元至正本吴莱《渊颖吴先生集》乃"宋璲誊写"，即其一例。

明代刻本，在成化、弘治以前大多尚是楷体，正德之后字体渐趋方整，如前面在谈"写刻本"时所说，自嘉靖时开始形成一种比较稳定的方整版刻字体，到万历时乃衍变形成了笔画横细竖粗的印刷字体，这种字体至清代而大为盛行，成为雕版印刷所采用的主要字体。

以上所述，仅只是自宋代至清代刻本书籍字体衍变的简单轮廓，可供区分古籍刊刻时代的参考，但实际各时代、各地区刻本书籍字体的发展变化，如再细致地加以比较区别，是要比这里的简述繁复得多的。字体的变化区别，尤其是风格上的差异，是很难仅从简单的讲述就完全掌握的，所以我们还必须在实际工作中多作分析比较、考查研究，争取在实践基础上来逐步认识各时代版刻字体的特征。

避讳：避讳是中国历史上封建制度之一，也即是在文字上不能直书本朝君主（甚至包括君主的本生父祖）以及本人家族尊亲、行业师尊等人物的本名，凡遇到这些名字中的字，必须采用各种方法（如改用代字，原字缺笔，拆写，留空，改变读音等）来加以回避，如果违犯，就是"犯讳"。在封建社会，"犯讳"——尤其是"犯"了君主的"讳",是一种"大不敬"的行为,要遭受严厉的惩罚(如清乾隆四十二年江西举人"王锡侯《字贯》案",当时的"上谕"中即有"阅其进到之书〔案即王锡侯所著《字贯》〕……竟将圣祖、世宗庙讳及朕御名字样开列,深堪发指。此实大逆不法,……罪不容诛,即应照大逆律问拟"等语)。

据历史记载,中国古代的避君主讳始于周代(见宋洪迈《容斋三笔》卷十一"帝王讳名"条),秦汉时代的书籍文献中已经通行避讳(如秦始皇名政,所以《史记·秦楚之际月表》中称"正月"为"端月",唐张守节《史记正义》说:"秦讳'正',谓之'端'。"又如汉高祖姓刘名邦,因之当时的文书中乃改"邦"为"国"等等),这种情况至唐宋时代而大盛。但唐代避讳之风虽盛,尚还只是严于避本朝皇帝之名的本字,对与这些本字同音或读音近似的字(即所谓"嫌名")避之尚不太严格。而宋代的避讳则对于"嫌名"的避忌要求也很严格(如宋仁宗姓赵名祯,根据宋理宗绍定间官修的《礼部韵略》所载,不仅对本字"祯"要避,而且连音同、音近的字,如桢、贞、侦、徵、旌、癥等字也要避;宋高宗姓赵名构,其避讳字包括遘、购、诟、句、觳等,共五十五字)。辽金两代受赵宋影响,都避国君汉名本字,而金也兼避君主的嫌名,所以实际是金的避讳比辽更严格。元代帝名汉字都只是译音,所以元代的汉字文书中,对其帝王名的译音汉字一般都不避讳。明代早期避讳制度尚较疏,至万历之后反渐严格(如光宗名常洛,熹宗名由校,因此在晚明刻本书籍中,"常"字多作"尝","洛"字多作"雒",即是避光宗讳。又如书籍卷端校订者的署题"×××校",多作"×××挍"或"×××较",即是避熹宗讳)。清代至顺治时尚不避讳,自康熙之后开始避讳,雍正、乾隆时,避讳之律最为严厉,道光、咸丰之后,因国力日渐衰落,避讳之例,也就逐渐疏懈了。

在古代的史书中、笔记著作中,都每有关于历代避讳制度的记载,也有一些专门论述历代避讳制度的专著,但比较起来,其能把研究历代避讳制度的成果应用于阅读史书、分析整理史料、辨识和校雠古籍的,则以现代历史学家陈垣先生的《史讳举例》(1962年中华书局新1版)内容最为博洽,成就最多。

由于历史上各朝代避讳的字样不同,所以有些虽本来是某一个字但在不同朝代的书籍文件中却成了不同的字。这些因避讳而造成的文字差异,当然会使古籍原文在这样的流传过程中产生某些讹误、混乱和给后人阅读古籍造成了不少困难。如宋《崇文总目》"总集类"中有"《正元制敕书奏》一卷",这"正元"原来本作"贞元",乃是唐德宗李适的年号,而《崇文总目》是宋仁宗赵祯时翰林学士王尧臣等奉敕编辑的当时中央藏书目录,目录中因避宋仁宗讳,所以改"贞"为"正";但这个"正元"在《通志·艺文略》中又因形近致误而错成了"王元",遂致文义舛错。又如据宋洪迈《容斋三笔》卷六"李卫公《辋川图跋》"条中所记,说:"《辋川图》一轴,李赵公题其末……其前一行云:'元和四年八月十三日弘宪题。'"这个"弘宪",本来是唐代宰相李吉甫(即"李赵公")的字,可是后来"洪善庆作《丹阳洪氏家谱》云:'丹阳之洪,本姓弘,避唐讳改。有弘宪者,元和四年跋《辋川图》。'"竟然把李吉甫认作丹阳洪氏的祖先了。但也由于各朝代都有其各自不同的避讳字,却因此使我们藉之可以考知某些书籍或文件的产生时代,成为可供作我们考查古籍版本的参考条件之一。

古籍中之可以根据其书中的避讳字来考查原书版刻年代的例子是很多的,如原为清黄丕烈士礼居藏书的宋刻本《说文解字系传》,书中避宋代帝讳缺笔至"慎"字,所记刻工姓名有南宋早期杭州刻工顾祐、许成等,查"慎"字乃是宋孝宗的名字,因而知道此书是南宋孝宗时杭州地区的刻本。又如宋绍兴间江南东路转运司刻本(经宋、元递修)的《后汉书注》,书中"桓"字作"渊圣御名","构"字作"今上御名"。查"桓"字乃是宋钦宗的名字,"构"字乃是宋高宗的名字,据宋洪迈《容斋续笔》卷十四"周蜀九经"条中说:"绍兴中分命两淮、江东转运司刻《三史》板,其《两汉书》内,凡钦宗讳,并小书四字曰'渊圣御名'",此书的内容情况与洪迈的记载正合,而且书中于"构"字又说这是"今上"的"御名",这些都可以证明此书确是南宋绍兴间杭州地区的刻本。

以上所举,只不过是根据古籍中的避讳情况来考知其刊刻年代的两例。又如,有时某些古籍中的避讳字,其所避的不仅只是"国讳"(即本朝代的帝王名字),而且也避"家讳"(即其本身尊亲的名字),这有时也可以据之更为深入地了解原书的版本渊源。如1959年冬中国历史博物馆从中国书店购得《脂砚斋重评石头记》残本一册(存第五十六回至第五十八回三个整回,又第五十五回和第五十九回两个残回),书中"玄"字、"晓"字、"祥"字都缺笔。后经吴恩裕、冯其庸两位专家的深入研究,知道不仅其"玄"字缺笔是避清康熙帝的讳(康熙帝名"玄烨"),而且根据现存清代记录怡亲王府藏书的《怡府书目》原抄本中"玄"、"弘"、"晓"、"祥"等字也都缺笔的情况,知道"弘"、"晓"、"祥"等字的缺笔是避两代怡亲王"允祥"、"弘晓"的讳(康熙帝第十三子允祥封怡亲王,允祥死后,其第七子弘晓袭爵);又根据这个《石头记》残本的纸墨字迹与现藏北京图书馆的清乾隆"己卯冬月凡四阅评过"的《脂砚斋重评石头记》残本完全相同,新发现的残本内容正好是在北图本残失的部分之内,以及在北图藏本中"祥"、"晓"等字也都缺笔等情况,不仅证明了这个新发现的残本正是北图藏本中原来在多年以前残失去的一部分,而且也说明了这个残本(包括北图藏本在内)乃是源出于清乾隆间怡亲王府的抄本。

根据书中的避讳字来考查原书的版刻年代,是古籍编目工作中所常用也是较为切实可行的方法,但我们在检查古籍中的避讳字时,也应注意到原书是否为根据原来底本照原样重刻、覆刻、传抄、影抄,因而把原来底本中的避讳字也照原样保留下来的本子;是否是在变更了历史朝代之后而某些著者、刻(抄)书者以前朝遗民自居,因而在书中也还保留着前一朝代避讳字的本子等情况。遇到这样的书籍时,就应当根据其实际情况来加以考查、记录、反映,而不能只是简单地根据其避讳字便轻率地作出"据其讳字此即某时刻本"的判断。

附:唐代和太平天国的特殊用字

唐代印本书籍虽然现存很少,但据历史文献记载及现存的敦煌唐写本卷子来看,唐代在书籍文献中也是通行避讳的。如唐太宗名李世民,唐柳宗元在《封建论》文中套用《论语·为政》中的"虽百世可知也"一句,便改作"虽百代可知也"。又如现藏法国巴黎的敦煌所出 P.2500 号《礼记·檀弓》残卷,其中"民"字缺笔,因此可知其为初唐写本;P.3669 号《汉书·刑法志》残卷,其中"世"字作"卅","民"字、"治"字缺笔,因此可知其为唐高宗时写本(唐高宗名李治)。但唐代除避帝讳之外,在武则天称帝之后,于载初(公元 689 年)时还曾造过一批新字,即:

*曌=照	*丙(一作衁)=天	*埊=地
*囵=日	*囝=月	*○(一作埊)=星
*瞾=君	*忠=臣	*阞(一作甶)=幼
*㡛=载	*秊=年	*𠧋(一作𠃬)=正
全=仁	稐(一作稦,𥡟,又作𩈑)=授	𡦺=初
𠩄=生(一说=月)	圀(一作囝)=国	墾(一作𡐡)=圣
鑋=证	𢒀=戴	

(案:武后所造字的字数、字形,各书中的记载不同,现据《新唐书》卷七十六、《续通志》卷七十一唐武后传及明郎瑛《七修类稿》卷三十九"武后制字"条所列,加以综合汇辑如上。其前有 * 号的十二个字原见《新唐书》,《续通志》、《七修

类稿》亦转录。)

这些字除"曌"字是武后名讳外,其余各字虽都不是帝讳,而且它们使用的时间范围主要也仅是在武后建元载初及以后的十几年之内,可是根据这些异体字的使用情况,却有时可供我们考查某些唐写本卷子的书写年代。如敦煌所出现藏巴黎的 P. 2819 号《东皋子集》残卷,文中"国"字作"圀","天"字作"不",因此可知此卷是唐武后时写本。P. 5523 号《唐高宗天训》残卷,其"贞正篇"文中"与天地合其德,与日月合其明","日月"作"囝匜";"清慎篇"注引《神异经》,文中"此国之人皆如此","国"字作"圀",因此知道此卷也是唐武后时写本。

太平天国是中国十九世纪五十年代初期至六十年代中期由洪秀全等领导的农民起义政权,为了表示对清王朝封建统治的反抗,他们在其国号字体及纪年方法与用字上都有自己的特有制度。如国号"太平天国"的"国"字,都写作"囯",不作"國",并且"口"中都作"王",不作"玉"。其纪年的方法是先记国号,次记干支,再记年数。在纪年的干支用字中忌"丑"、"卯"、"亥"三字,分别改为"好"、"荣"、"开"三字。如"太平天国辛开元年×月×日","太平天国癸好三年×月×日","太平天国乙荣五年×月×日"等,即是其记载年、月、日的通行格式,在现今所见的太平天国所刻印、书写的书籍、文件中,其国号的字体及纪年方法、干支用字就都是如此的。

刻工:古籍刻本每每在版心下方附刻刻工姓名或本版字数(宋元时代的刻本中附有刻工姓名的较多,明刻本中较少,清代刻本中更少。字数亦有刻在版心上方的),根据其所记刻工姓名,不仅可知某书为某些人所刻,而且还可以根据各书所记的刻工情况,互为参证、考查其刊刻的年代。如宋刻本《东观余论》,版心所记刻工姓名有陈靖、丁明、张彦忠、李岩等,这几位刻工的姓名,又见于南宋宁宗嘉泰四年(公元 1204 年)时刻本《东莱文集》、《丽泽论说集录》两书,而《东莱文集》中所记刻工姓名,除以上五人外,还有宋琚、刘昭、罗裕等当时杭州的著名刻工名字,因此可以证明上述这几种书大约都是南宋宁宗时的杭州刻本。

有的古籍其刊刻年代虽前人有不同看法,但根据原书所记刻工姓名却可以大致推定。如杨忱序本《管子》(原藏铁琴铜剑楼,今归北京图书馆,有《四部丛刊初编》影印本),很多人都认为是宋刻本,但《管子集校》中则说:"杨忱本载有张嵲《读管子》,文中有'绍兴己未',即宋高宗绍兴九年(公元1139年),而杨忱《序》题记'大宋甲申'。考绍兴己未之后,宋孝宗兴隆二年(公元1164年)为甲申,宋宁宗嘉定十七年(公元1224年)为甲申,再次一甲申则为元世祖二十一年,南宋之亡已五年矣。此只题'大宋'而不题年号,当为元世祖二十一年之'甲申'无疑。《序》中特重尊王攘夷之义,正寓有亡国之痛。书盖开刻于宋亡之前,而序则草成于宋亡之后,仍目为'宋本',固无不可。"(见原书1956年科学出版社版《叙录》页2)可是从此书原书所记的刻工看,其中如杨谨、金昇、张通、牛实、章皎等人,他们的名字也每见于南宋早期刻本书籍所记的刻工名字中。如"杨谨"也见于南宋高宗绍兴间淮南路转运司刻本《史记集解》中;"金昇"也见于南宋孝宗淳熙间严州刻本(后经南宋理宗端平、淳祐间补修的)《通鉴纪事本末》中;"牛实"也见于绍兴三年两浙东路茶盐司公使库刻本《资治通鉴》中;"章皎"也见于绍兴二十一年临安刻本《王文公集》中;在北宋仁宗嘉祐间刻、南宋时补修的《新唐书》中有"张通"补刻的叶子等。这些人实际大都是南宋早期杭州地区的刻书良工(以上所举五人只不过是杨忱序本《管子》中所记刻工的一部分,原书所记刻工姓名不只此五人,这五个人所刻的书也不仅只是上述的几种)。而且从原书中"避讳"的情况来看,杨忱序本中所避的宋讳也只是到北宋英宗(英宗名"曙",此书中于其嫌名"属"字缺笔),对南宋高宗以后各帝的名字都不避讳,所以从各方面综合来看,这个本子的刊刻年代,还是如黄丕烈在为原书所写的题跋中所说,定为"南宋初"的刻本为近是。至于杨忱序末所题的"大宋甲申",按情理说当以是南宋孝宗兴隆二年(公元 1164 年)较为合理,因为其果如是南宋晚期的刻本,尤其是在宋亡之后由自居为"大宋"遗民而且是有意宣扬"尊王攘夷"之说的人所刻的书中,却仅避北宋讳而不避南宋讳,这种情况也是很少见的。

　　根据刻工来考查古籍的刊刻时代,这种方法还是较为实际可行的(当然也如考查避讳字一样,要注意到覆刻本书籍可能会把原底本中的刻工姓名照样覆刻;在两个历史朝代的"易代之交",有一些刻工在改换了朝代之后还在从事刻书工作,因而在其于后一个朝代所刻的书中也还会记录他们的名字等问题),所以像"古籍刊本刻工表"一类的工具书,对于从事古籍编目工作的人来说还是很需要的。但以往历史上由于旧本古籍大多是私人珍秘,因之其刻工情况一般人也就难于作比较全面、精密的考查,所以有关这一方面的专著刊布的很少,今为人所习知、易见的是:

《宋元刊本刻工表初稿》

(日)长泽规矩也编　　邓衍林译

　　　　(见《图书馆学季刊》第 8 卷第 3 期。1934 年 9 月。内容分:(一)宋刊本刻工名表初稿,(二)元刊〔本〕刻工名表初稿两部分。乃据日本静嘉堂、成箦堂等七处所藏的中国古籍,宋刻本 130 种,元刻本 73 种编成,共收宋代刻工名字约 1500多个,元代刻工名字约 750 多个。)

此表编成于近半个世纪之前,而且所收也只是限于当时日本七个公私单位的藏书,显然其内容只能是反映一部分中国古籍刻本的刻工情况。而我国在解放后,全国绝大多数的著名重要古籍书藏都已入藏于国家公共图书馆,因此也可以说现今正是编辑出能够反映我国现存古籍的绝大部分的、内容丰富准确的古籍刊本刻工表的最好历史时代,这个具有总结我国重要文化遗产意义之一个方面的任务,是应当由我们的古籍工作者、图书馆工作者等来共同完成的。

行款:即书叶版面的行数和字数。因为一般线装古籍在装订时,书叶大多是从中缝折叠,故而每一整叶(即一整块版面)在成书后又分成为前半叶和后半叶。对于古籍行款的记录,记"每叶(即每一整叶)×行,行×字"的固然不少,但只记"每半叶×行,行×字"的更为常见。

古籍的行款虽然并不直接说明原书的版刻年代,但有时却可供考查古籍的版本系统和说明版面情况、每叶大约字数等。如今所见影宋蜀刻大字本《尔雅》(收入《古逸丛书》),每半叶八行,行大字十六字,卷末有"将仕郎守国子四门博士臣李鹗书"一行;据宋王明清《挥麈录》有"后唐平蜀,明宗命太学博士李锷书《五经》,仿其制作,刊板于国子监"的记载。因此推知,宋代的官刻"八行十六字本""经书",其版刻的行款格式,可能即是沿用了自五代以来的"监本经书"刻本格式。又如明弘治、正德间无锡华氏兰雪堂、会通馆的"铜版活字印本"各书,其版框大小、行数、字数虽然不尽相同,但综合地看来,这些书的行款格式都是每半叶分为若干大行(从七行到九行),每行大字单占一行,小字则在一行之内再排成两行(即小字双行占大字一行的位置),每行的字数大小字相同(从十四字到十七字),只不过是大字字体较大占满全行位置,小字较小且字体略为瘦长,以双行并排占一行位置而各横行上下之间尚稍有余也。像这样的活字本书籍,只要熟悉其这种特有的行款格式及其那种古朴的字体等特征,则即使原书残失了牌记等记录资料,也是使人可以知道它们是明代弘治、正德间无锡华氏的"铜版活字印本"的。

以往一些著名的版本目录学家,有的在他们所撰写的古籍题跋或藏书目录中,虽然在记述书籍版本时也注意记录行款格式(如清黄丕烈《士礼居藏书题跋记》,孙星衍《平津馆鉴藏书籍记》

110

等),但专记古籍版本行款的专著,却自晚清至今仅有清江标的《宋元本行格表》一种(有清光绪二十三年,公元1897年江氏自刻本和1914年上海文瑞楼影印本)。此书编成于八十多年以前,内容大多根据各家书目题跋辑录,见闻皆有局限,而且专录宋元刻本(包括影抄、覆刻),不收其它时代的刻本,所以对于今天我们了解某些古籍的刻本行款,只能据之作一般的参考、印证。我们在古籍编目工作中,如需要了解有关某一种或某一类型古籍的版本行款情况,是还需要根据更为广博的书目文献记录和公私藏书实物来进行多方面的考查的。

2. 根据图书在流传过程中所形成的特点来鉴别版本

鉴别古籍版本,一般除根据图书本身原来所具有的(也即其在付印之前和印制过程中所形成的)特征来考查其版本情况以外,还常常根据图书在印成之后其在流传过程中所形成的某些记录、特征,诸如批校、题跋、藏章等,用以作为鉴别原书版本的重要辅助条件。古籍中如含有可以说明本书内容特点、版本质量的或具有文献历史意义的,如著名的学者、历史人物、藏书家的批校、题跋、藏章等,并应在目录中加以反映。

批校:一书印成后,在流传过程中有人常把自己阅读此书时的见解、校语等写在书上,我们有时可以根据这些批校文字来考查此本与它本在内容及版本上的特点和异同情况,尤其是一些著名的学者、藏书家们所批校的本子(即所谓"名家批校本")。由于这些批校者有的是精于某项学科的研究(如清代钱大昕之于史学,孙诒让之于经学、小学),有的是广见异本、长于校雠的专家(如清代的黄丕烈、顾千里等),在他们的批校本中往往含有具有参考价值的文献资料,所以这样的批校本,后人是很重视的。

题跋:古籍题跋是指藏书者本人或他人在某种(如借阅、借校、代为鉴定、共同鉴赏等)情况下为图书所写的题记。一般的题跋文字中常包含有:(1)对本书内容和版本特点的记载、说明;(2)

得书经过的记述;(3)提出有关本书的某些问题等各方面的内容。其对于原书内容和版本情况的记载,可供我们考查古籍版本的参考;得书经过的记述,可供考查古籍的流传情况;其所提出的有关问题也可供我们对本书以及有关图籍作进一步探讨研究时参考。著名的学者、藏书家所写的古籍题跋(即所谓"名家题跋"),常常被版本目录学家和有关的科学工作者视为重要的参考资料或依据,因此,不仅是附有名家手书题跋的原书常为人所珍视,而且有的著名人物所写的古籍题跋,还往往被后人另行抄存以至辑成专书(如清代藏书家黄丕烈所写的古籍题跋被汇辑为《荛圃藏书题识》,古籍校勘家顾千里所写的古籍题跋被汇辑为《思适斋书跋》等,皆是。顾千里和黄丕烈所写的古籍题跋,一般古籍工作者常称之为"顾黄题跋")。

藏章:是藏书者给自己的藏书所钤印的藏书印记。由现存古籍中所载的藏书印看,中国古代的藏书印记大概可以分为官印和私人藏书印两大类。

官印包括:(1)国家中央机构藏书章(如明代文渊阁的藏书加盖"文渊阁印",清代文津阁本《四库全书》加盖"文津阁宝"等);(2)地方政府印信(如清代有的州县在其所编辑刊印的本地地方志书上加盖本衙官印等);(3)封建王朝君主的内府藏书章(如清乾隆间"奉敕"鉴定、选择内廷所藏珍本古籍加盖"天禄琳琅"印等)。此外,也有一些历史上的政府藏书或为政府所搜集到的书籍,是被当时的有关机构加盖了特定意义的印记的(如明代文渊阁藏书在公元1605年清点时曾加盖"万历三十三年查讫"印记,清代乾隆时纂修《四库全书》,命令从全国各地搜求书籍,各地方官在其所搜集解送的书籍封面上盖有"乾隆×年×月×日×官×人送到×书一部共×本"印记等都是)。

私人藏书加盖藏书印章,主要有以下几种情况:(1)记本书是某人藏书(如姓名、字、号、别名、室名等章);(2)记本书曾经某人鉴定、校读(如鉴藏、校读等章);另外,也有一些藏书家常在其所珍视的藏书上加盖说明此书版本的印章(如瞿氏铁琴铜剑楼在其所藏的宋、元本书籍上加盖"宋本"、"元本"章,其实这也应属于是一种版本鉴定章,只是在印文形式上和那些"某人鉴藏"、"某人考藏"、"某人校读"等有所不同而已),有的还有以诏诫后人及借阅者要珍惜图书等文字来作藏书印文的。(如明代藏书家祁承爜的藏书印文是:"澹生堂中储经籍,主人手校无朝夕;读之欣然忘饮食,典衣市书恒不给;后人但念阿翁癖,子孙益之守勿失!"明代藏书家钱谷的藏书印文是:"百计寻书志亦迂,爱惜不异隋侯珠;有假不还遭神诛,子孙不读何其愚!")

辨识、熟悉藏书印章,可供我们从藏书者的情况来了解古籍的流传经过;其说明原书版本的藏章,可供我们识别古籍版本的参考、印证;一些手写本古籍,有时盖有著者本人的姓名、别名、室名印章,就更有助于我们分析研究原书是否为手稿本、清稿本,以至更进一步地了解著者及其著作和原书是否具有历史文物意义。

除批校、题跋、藏章等外,古籍的装订格式,如宋、元时代的蝴蝶装,元、明时代的包背装(清代的某些内府写本书籍也有采用包背装形式的),佛藏、道藏早期印本的经折装等,也可以帮助我们大致推知原书的印本早晚,但也应注意其是否经过后人在修整时的改装。

每一部古籍,其在历史上的流通情况不尽相同,因此其在流通过程中所形成的记录、特征也多寡各异,我们不仅应把这些记录、特征与原书本身的版刻情况联系起来进行综合的分析研究,而且还须经常检查使用有关的工具书,以求充实、订正我们的认识,使我们对古籍版本的鉴别更为合理、准确。

二、利用工具书来帮助鉴别古籍版本

1. 利用书目著作

在古籍版本鉴别工作过程中是经常需要利用工具书的，诸如对于人物传记、地名沿革、历史年代以及事物、语词的意义等，都需要利用工具书来帮助解决。但相对地说，对于古籍版本的识别，更为需要的是检查有关古籍及其版本情况的记载，所以在各种类型的工具书中，对于记录古籍的书目著作就更感觉其有突出的需要了。

通过书目来考查古籍版本情况，应先从了解该书的一般刊行流通情况入手，再检查其现存各种版本的情况，历史上所记此书的版本和流通情况，然后再考查我们所需要检查的本子在历史上曾否有记载；如有，则可以作为编目工作中的参考，并由此而了解此本在该书版本系统中的地位；如无，则我们所见的原书，其在内容与版刻上和历史上所记的各本究竟有何异同？有何特点？也可以供我们参考历史记载结合对原书的实际情况来加以观察，从而作出较为适当、准确的辨识。

例如我们要利用书目来考查有关某一古籍的版本记载，可以先根据此书的书名、著者、版刻情况等来检查一下《四库全书总目》，以求初步了解此书的著者生平大略、内容和昔时版本概况，此书作者有无其它著作，在其它著作的提要中有否关于此书的叙述，此书以往的存佚等各方面的一般情况（一般藏书家认为：(1)收入《四库全书》的书，一般尚有传本；(2)入于"存目"的书，传本较为少见；(3)除于例不收的和被视为不登大雅之堂的各书，如佛经、道经、野史、笔记、戏曲、通俗小说、民间文学、民间日常用书等外，而又为《四库全书总目》所未收的便大多是少见或稀见之本）。在与检查《四库全书总目》的同时，当然也要先检查一下本馆的各种藏书目录，查其是否已为复本。除此之外，还可以再查清阮元的《四库未收书目提要》和近人孙殿起的《贩书偶记》、《贩书偶记续编》以作补充；查1957年出版的《清代禁毁书目·清代禁书知见录》了解此书在历史上曾否被禁毁；还可以利用各种丛书目录（如

《中国丛书综录》以及各种《汇刻书目》、《丛书举要》、《丛书书目汇编》、《丛书书目续编初集》、《丛书目录拾遗》、《丛书大辞典》等），检查此书是否有丛书本和此本是否即某丛书的零本（曾见一明嘉靖时刻本明蔡羽：《太薮外史》，书衣有题识，盛赞此本之佳，经查丛书目录，发现原书乃是明嘉靖时袁褧所刻的丛书《金声玉振集》中的一种）。

通过利用上述几种书目，我们可以基本上查知一般古籍的版本和其它有关的大概情况，若所见的乃是较为少见的或更为具有文献意义和历史文物意义的本子，那就需要在如上述的基础之上再进一步去检查古代、现代各种公私藏书目录，以考查此书在以往各家书目中曾否著录，和它们所著录的本子与现今所见原书在版本特征上的异同。

检查各种公私藏书目录，也应先从收书比较系统、广博而又具有一定的代表性，所反映的内容项目比较完整、细密的若干种常用的公家、个人藏书目录（包括题跋集）入手，然后根据实际需要再扩大范围，去检查其它有关的书目资料及有关的历史记载资料等。

由于中国历史悠久，典籍丰富，因此现今所流传的各种公私藏书目录，其类型、数量都很多，这里我们仅略举一些已经印行和常用、著名的若干种如下：

①公藏书目录

○ 《北京图书馆善本书目》
　　北京图书馆善本部编　1959 年　中华书局版

○ 《北京大学图书馆藏善本书目》
　　北京大学图书馆编　1956 年　该馆铅印

○ 《北京大学图书馆藏李氏书目》
　　北京大学图书馆编　1956 年　该馆铅印

②个人藏书目录

○ 《读书敏求记》四卷

（清）钱曾著

（传本较多。以清管庭芬原辑、近人章钰补辑之《读书敏求记校证》较便参考，有1926年铅印本。）

○ 《荛圃藏书题识》十卷附刻书题识一卷

（清）黄丕烈著 缪荃孙、章钰、吴昌绶辑 1919年缪荃孙刻本

（黄丕烈藏书题跋有辑本数种，今仅举一种示例。）

○ 《思适斋书跋》四卷

（清）顾广圻著 王大隆辑 1935年 秀水王氏学礼斋刻本

○ 《楹书隅录》五卷续编四卷

（清）杨绍和编 1894年刻本 1912年补刻本

○ 《皕宋楼藏书志》一百二十卷，续志四卷

（清）陆心源著 1882年 十万卷楼刻本

○ 《铁琴铜剑楼藏书目录》二十四卷

（清）瞿镛编 1898年订正校印本

③知见书目

○ 《四库简明目录标注》二十卷

（清）邵懿辰编 邵章续录 1963年 中华书局版

○ 《邵亭知见传本书目》十六卷

（清）莫友芝辑 莫绳孙编

（有清宣统间铅印本，1923年上海扫叶山房石印本等数种。）

以上几种，可供从事古籍编目工作的参考使用，我们平时也应随时翻阅，以便增加对古籍的版本和其在旧日流传情况的了解，再加和各种古籍书影图谱对照参考，这样就会使我们对古籍版本情况的认识逐渐丰富、深刻。

2.利用古籍书影图谱帮助识别古籍版本

增强识别古籍版本能力的一个重要方面，就是必须在工作实践中不断经受锻炼，增加感性知识，积累经验；并在与实践的同时，坚持经常学习钻研以往和现今的有关论著、书目记载、文献资料等，以求订正、查核、总结、提高我们的实际识别能力。但以从一个单位或某一个人来说，其所收藏或见闻毕竟有一定范围，而书目或其它文献记载等，又绝大多数是文字材料，不能看到原件，因而使我们亲见古籍原状的机会受有很大局限。以往有一些版本目录学家、藏书家，把他们的所见、所藏辑为古籍书影图谱，这对于我们学习辨识古籍版本面貌，提供了一定的方便条件。

　　远在照像术尚未发明以前，中国在历史上已经有了按照原书的字体、行款格式覆刻的书籍（如元覆宋本，明覆宋、元本等），覆刻旧本，在很早的时候有的只是希图省工（节省将原文另行设计誊写上版的手续和减少因誊写产生的差误），但也有很多原意就是要保存原本面貌的覆刻，这种风气尤其是在重视考订、讲求版本的清代更为盛行。这些历史上的覆刻本书籍，从某些方面看，也有其一定的"书影"意义，但这毕竟是一书（或一组书）的覆刻，还不是有意的从各书选取样张摹刻，将之辑为一书的古籍图谱。

　　中国的覆刻古籍各书样张辑为图谱，始于清光绪间杨守敬的将其在任驻日本公使随员时所得的古籍辑刻为《留真谱》，唯惜因其为节省刻工，致使在《留真谱》中所收的各书，有很多只是每叶仅摹刻了它的行格和竖行第一行、横排第一排的文字样式，其余全作空白，因此相应地减少了其参考作用。此后，缪荃孙也曾据其藏书刻过《宋元书影》。在照像术流行之后，于1912年开始分编出版的《古学汇刊》（邓实编辑，上海国粹学报社版）中，曾附有照像铜版书影。自1920年以后，由于以照像法影印古籍的盛行，因之用照像的办法经石印或铜版、珂罗版影印成的古籍书影图谱成为通行，而木版摹刻的古籍书影图谱就少见了。自1949年全国解放以后，很多重要书藏都陆续入藏于公立图书馆，因此也给编制能够系统地反映我国古籍版本面貌、内容更为完整、质量更高的中国古籍图谱创造了优越的条件,北京图书馆编辑的《中国版刻图录》,就是在这样的基础上所产生的系统反映中国现存刻本古籍版本的大型图谱之一。这里我们也略举一般常用的古籍图谱数种如下:

①《中国版刻图录》

　　北京图书馆编　1960 年　文物出版社影印本

②《留真谱》初编十二卷二编八卷

　　杨守敬编　宜都杨氏刻本

　　(初编 1901 年刻,二编 1917 年刻。)

③《铁琴铜剑楼宋金元本书影》附识语一卷

　　瞿启甲编　1922 年　常熟瞿氏影印本

④《明刻版本图录》十二卷

　　潘承弼、顾廷龙编　1941 年　开明书店影印本

⑤《文学山房明刻集锦初编》

　　江静澜编辑　1953 年　苏州文学山房发行

以上所列几种,只不过是一般较为常用而又具有某些方面典型意义的古籍图谱举例。古籍图谱虽然可供我们考查某一种或某一类古籍版本时参考,也可供随时阅读以锻炼我们识别古籍版本的能力。但实际上可以帮助我们辨识古籍版本的书影资料是绝不限于古籍图谱的,其它诸如各种影印本的专书,各期刊、报纸中随论文、报导同时刊出的书影图片等,我们都可随时注意搜集、记录。还有值得提出的是商务印书馆编印的《四部丛刊》,这一包括初、续、三编,共收书五百零四种的著名大型古籍丛书,除具有可供阅读使用的意义之外,实际也是各种古籍影印本的汇集,因此,从这一方面来看,我们也可以把这一丛书视为一部大型的古籍图谱,在一定的程度上参考使用(因《四部丛刊》在影印制版时曾经过描补修整,有时有失真处)。

　　当然,无论是单叶的照片、书影或辑成专书的古籍图谱以至古

籍的影印本,毕竟还都不是原来的实物(只有《文学山房明刻集锦初编》是将各种明刻本原书零册拆成散叶,再将这些散叶另行编辑成书的明刻本书叶实物,但这是极为特殊的个别事例),因此,我们如只是看书影图谱,那对于原书的版本状况了解还是有差距的(诸如一般古籍图谱对原件的纸质、纸背、墨色、装订等不能反映,对刻工技艺、藏章的反映受有相当的技术局限,对原件的挖改、贴补、剪贴等情况也常是不能反映),所以我们在学习识别古籍版本时,还应力所能及地、相应争取多看实物,再以书影图谱作为研究学习的补充、参考,以求对古籍版本情况的确切了解和掌握。

三、由于不同的制版工艺方法而形成的不同版本特征

在古籍编目工作中,对于一部书籍的"版本项"的著录,其中必须包括此书的版本类别(亦即其版本是如何形成)的记录内容。古籍版本本身的形成,有的出于手写,有的是木版雕印,有的以现代印刷方法印制而成(手写本书籍虽然不是以版印成,但因也需要与其它非写本书籍同样记录其版本类别,以反映出其在版本上与那些书籍的区别,所以在古籍编目工作中,就把手写本也作为一种"版本"来对待了)。对于古籍版本的记录,要求完整、准确,如是写本书籍,还应尽可能地检查其是稿本、传抄本、还是影抄本等;如是刻本书籍,也应著明其是一般的刻本还是影刻本、套色印本、活字本等;以现代印刷方法印制的书籍也有铅印本、石印本、影印本等的区别。记录书籍版本内容,不仅有利于图籍的保管和典藏,也可以更为深入、准确地反映书籍的版本特征,便于读者参考选择利用。

古籍从其版本的形成看,大致可区分为写本和印本两大类(捶拓、钤印的图籍等,暂不计在内),我们一般接触到的以印本书籍为大多数,在印本古籍中又以木版雕刻印本为最多。

写本是用笔蘸墨在纸上书写而成的本子,这样的本子,无论其

墨色（墨色、彩色以至墨色本身的浓淡）如何，用纸（素白、彩色、印有各色行栏或款识以至纸的本身质量）如何，验看其笔触便可知是手写的。手写本的特点是不经制版印成而是直接用笔在纸上写成，所以相对地对于刻本书籍来讲，其字迹就比较流利、生动。

木版雕刻印本，一般是刻成版后在版上刷墨，再以纸覆盖在版上经压刷印成。这样的本子，其以版刻的文字、花纹和纸面接触形成的印迹和写本书的以笔在纸上直接书写而成的字迹就很不相同了。而且一般刻本书籍又常是：（1）字体比较规整（尤其自明万历间形成印刷字体以后，更多如此）；（2）书叶的行款格式皆有定型；（3）木版由于年久及经多次印刷而字迹、笔画有时模糊、残缺，边栏、行线残损不全，甚至有版片断裂的痕迹；（4）因是以纸覆版经压刷印成，所以有时在纸面着墨地方其边缘之处就比空白地方略低，微显压痕。甚至有些用生纸（即未经过矾胶等类填充，具有较大洇透性质的纸）印刷的书，纸面着墨地方由于洇湿而面积涨大，干燥后其涨大的面积又复收缩，因而在着墨处显有绉痕的。这些情况都可以帮助我们识别这样的本子乃是木版雕刻印本——即所谓“刻本”。在对古籍版本进行鉴别时，我们也可从上述情况来区分刻本书籍印成的早晚，如其字迹的锋芒棱角比较完整清晰，这说明此本印成较早（如是朱色、蓝色印本，就说明这是刻成后试印的最初印本，就是墨色带紫的印本，也可以说明它是继朱色印本之后较为初印的本子）；如原书字迹锋芒尽失以至漫灭残损、版片断裂，就说明是较晚印本。有些书在某些书叶内杂有一些与全书字体风格迥然不同的字，或一书之中杂有与全书版框大小、字体风格都不相同的叶子，那就更可以说明此书已有补字、补版，这已经是在原版刻成后经过多年多次的印刷，版片有所残失，后来又经整理补刻的晚印本了（有些书在补刻的叶子上刻有补刻的年代，也有的书版因刊印年代更为久远，曾经过几次补刻的）。

活字本虽然不是由刻成的整块木版印成，而且其所用的活字

120

也不全都是木制的,但现存活字本书籍,以木活字印本为最多,其所用活字是由雕刻而成(金属活字据说可能是铸造的),其印本乃是以活字排版经印刷而成,所以也将其暂附在这里讲述。

活字本既然是以活字排入一定的版框,组成书版,然后印刷的,所以其字迹的行列就不如刻本书籍的那样固定、整齐,有时排字稍为疏忽还会出现"横字"、"倒字"(如叶德辉《书林清话》卷八所记:"《天禄琳琅后编》二有《毛诗》四卷,……又云:宋活字本,《唐风》内'自'字横置可证,模印字用蓝色,尤稀见。"此书虽未必一定就是宋代的活字本,但据其所记却可以说明活字本书籍所可能出现的情况);又如活字的排版虽然版面一定力求平整,但终究不能像在原来就是经过刮刨的整块木版上刻字的那样平整光洁,因此其所印出的字迹着墨之处也就有时出现彼此轻重不同的地方。这些情况,都可以藉以识别其是否为活字印本。

用现代印刷方法印制的书籍,有铅印本、石印本、影印本等。

铅印本的特征是:(1)字的形体(如宋体、仿宋体、黑体、楷体等)、字的大小(如初号、1号以至5号、新5号等)以及边栏、花纹等,都有一定的型号和规律,比木刻本和旧时的活字本在制版、印刷等各方面都精密、细致得多;(2)铅印本用油墨印刷,木刻本用水墨(书画所用的墨或以墨粉、胶、水等调制的墨浆)印刷;(3)铅印本是用金属版印成,纸面所承受的压力较木刻本大,因此印成后其在字迹周围以至纸背显示的凹凸痕迹更为显著(早期的某些铅印本,有的未经打制纸型、浇制铅版,直接用铅字排版印成。这样的铅印本,其字迹行列有时不太整齐;有的校对不精,也有时出现"横字"或"倒字"的情况。其铅字未经镀铜,印数多了,铅字磨损,字迹显得模糊;有的因铅字型号不全而以其它型号的字来代替。这些情况,也是较易和木刻本书籍区别的)。

石印本是先用转写墨在药纸上书写,次将药纸上的字迹移置在石版上,然后再于版上滚刷油墨印成的(版上无字迹空白处不粘油墨），这样的印本其特征是：（1）印成后纸面平整，着墨处没有像铅印本那样的印压痕；（2）字迹一般都是手写体。

影印本是利用照像术制版印成的，有石印影印本（把书影照片的图文留在石版上印成），铜版影印本（把书影照片用药物腐蚀的方法制为铜版印成），珂罗版影印本（把书影照片制为玻璃版印成）等。影印本书籍的特征是：（1）纸面平整，印迹无印压痕；（2）石印影印本纸面上只有字迹、图纹处着墨，余处都是空白，无"网点"、"阴影"；（3）铜版影印本在纸面所显示的影像全由网点组成，所以在没有字迹、花纹的空白处也留有细微的网点；（4）珂罗版影印本其印迹是由玻璃版上的感光胶膜吸墨印成，印出的影像与照片最为近似，墨色的浓淡，纸色的明暗，都能比较完全的反映，其无字迹、花纹的空白处无如铜版影印本那样的网点，而是由原件在底片上感光所形成的"阴影"形成。

书籍的写本、刻本、活字本、铅印本、石印本、影印本等，在一般图书编目工作中都是必须加以区分和记录的（现在有的图书馆在整编平装铅印本书籍时，其版本项常是只著录其出版年、出版地和出版者而不著录其是什么版的印本，但这是由于现代出版的平装书，绝大多数都是铅印本，又因为简化编目工作，因而才在目录中略去了大量本来应当著明的"铅印本"三字的原故，实际上各图书馆对于各种非铅印本的其它书籍，一般仍是按原书版本的实际情况加以著录的）。各种版本的区别，在以文字述说时，也许觉得比较抽象，只要我们在工作实践中结合平时所学，不断加深认识、总结经验，是能够较快地掌握和辨识它们的区别的。

四、鉴别古籍版本应当注意的几个问题

1. 注意从图书内容上考查版本

鉴别一部古籍的版本，当然可以根据原书所有的序跋、牌记、题跋、藏章、纸墨、行款、字体、刻工、讳字、装订等的考查，并利用书目著作和有关文献资料来帮助考查、识别,但也有很多书籍是并不完全具有这些条件,甚至有的书籍虽然是具有如上所述某些方面的条件,而我们如不细心注意考查原书内容,就仍然会在鉴别其版本时发生错误。例如在清乾隆间纂修《四库全书》时,曾收集到一部"江苏蒋曾莹家藏本"题为宋苏过撰的《斜川集》十卷,苏过是苏轼的季子,其所著的《斜川集》世少传本,因此这个本子当然是应当受到重视的了。但后来发现此本是"但有边阑而不界每行之乌丝",后经"染纸作古色,每页补画乌丝,而伪镌'虞山汲古阁毛子晋图书'一印,印于卷末"的。据查苏过乃卒于北宋徽宗宣和五年(1123),而这个集子中却提到了南宋宁宗的嘉泰(1201—1204)、开禧(1205—1207)等年号和南宋时的周必大、姜尧章、韩侂胄等人,所谈及的时事也都是宋朝南渡以后的事。再细查作品内容,更发现此集中所收的诗与在南宋光宗、宁宗时以诗游谒江湖的刘过《龙洲集》中的诗全同。因而才明白,这不但是把"近时坊间所刊"的本子加以伪造,冒充"宋版炫俗",而且是利用北宋的苏过和南宋的刘过"二人同名为过",因"而钞出冒题为《斜川集》,刊以渔利"的(见《四库全书总目》卷一七四集部别集类存目一。案:现今《知不足斋丛书》第二十六集中所收入的宋苏过《斜川集》六卷本,是清乾隆间吴长元根据其所得的旧钞残本和据苏过本传、《东坡集》、《宋文鉴》、《播芳大全》等辑录校补的,与此处所说的伪本不同,但吴氏的辑补本当亦非宋时原本)。又如原"京师图书馆"(今北京图书馆的前身)所藏的《易林注》残本(汉焦赣撰,原书十六卷,残存八卷),是经缪荃孙鉴定为"宋刊本",并在《清学部图书馆善本书目》中收入,有着详细的记录的,可是后来经鲁迅实际考查,此书"恒字构字都缺笔的,纸质,墨色,字体都似宋,而且是蝶装","但细看内容,却引用着阴时夫的《韵府群玉》,而阴时夫则是道道地地的元人"(见鲁迅:《华盖集续编·关于三藏取经记等》)。由此可知,这部书实际可能是元代(或更晚)时的刻本,而不是"宋刊本"。再如,今浙江宁波天一阁藏书中,有一部原在藏书目录中的原鉴定系"元建安李氏建安书堂活字刻本"的《元诗》",后经专家们考查,根据"本朝人不应直称本朝国号,书籍中对于某一国号的直称常常是后代人对以前朝代国号的称谓"的理由,而"判断此书不是元刻本,应是明刻本"(在封建社会时期,各朝代所刊刻的书籍,凡遇需要在书名或文字中提出其本朝的国号时,常以"国朝"、"皇朝"、"昭代"、"皇×〔国号〕"等尊称来代替,以表示对本朝的尊奉,而对某一朝代直称其国号,就大多都是在已经改朝换代之后的后人的称谓口气了)。

一部古籍的版刻、装订等方面的情况,都是其历史时代的产物,也反映了其历史时代文化状况的某些方面,我们当然可以根据其所具有的时代特征来考查其产生的时代。但历史时代的发展,毕竟还不是像某一封建王朝之为后一封建王朝所取代之后,在国号改变上那样的判然截然,尤其是在处于两个历史朝代更替之际所刻的书籍,其在雕版风格上往往是受有前一朝代的很大影响或甚至就是相同的,再加以如前所述的:(1)有些自居为前代"遗民"的人,于其著述或所刻的书中仍沿用着对前朝的敬称和避讳;(2)覆刻本书籍中往往还保存着原本所具有的文字状况和保留着一定的原本版刻风格。这些问题都应该使我们认识到,根据书籍的版刻风格、避讳、装订等方面来鉴别其版刻年代虽是鉴别古籍版本的一个重要途径,但在没有或缺乏确切的证据之前,却只可作为识别古籍版本的辅助条件,而根据原书所反映的内容来印证、校核我们对其版本的鉴别,则是我们在古籍编目工作中必须随时注意的问题。

2. 注意伪本

古籍的主要作用在于为研究古代科学文化、发展现代科学文化提供文献史料,当然,除此之外,一些具有某些方面特点的古籍,本身还各具有其在历史文物上和艺术上的不同意义,其在社会上的流传过程中还会因其具有不同的使用价值而形成具有不同价格的商品意义,因此在旧社会时,一些投机的书商和"伪造者",为了谋求高利,曾经伪造了很多所谓"善本古籍"出售,这种古籍有的流传到现在,致使我们在鉴别古籍版本时遇到很多困难。诸如:

①以残充全

即将原来有残缺的书加以裁改修补,充作完整的书。这样的书,一般常是挖改原书卷端、卷尾的原刻卷次或裁改原书的目录叶(即从目录叶中裁去残失部分的目录,以使现存的内容与目录相符)。据记载,宁波蔡氏墨海楼所藏明嘉靖间袁褧刻本《文选》"缺卷四十一至五十,凡十卷,书估改补卷数,将五十一至六十改为四十一至五十,充足本,又将袁氏牌记悉行割去,在书口上方,补上'淳祐三年善本校刊'两行小字,篆书,充宋刊本"(毛春翔:《古书版本常谈》101 页)。又如现存舒元炜序本《红楼梦》(抄本),原书八十回,残失第四十一回至第八十回,仅存第一回至第四十回,经后人从目录叶中撕去其第四十一回至第七十九回的回目,又用原来第八十回的回目代替了第四十回的回目,以充作全书(俞平伯:《读〈红楼梦〉随笔·三十四、记吴藏本(一)》见《红楼梦研究参考资料选辑》)。

遇到这样的书,我们应先检查其全书目录和正文内容、卷次是否相符,书叶中(尤其是目录叶、各卷首尾和版心所刻的书名、卷次、叶数记录等)是否经过割裂、挖改,再根据原书的序跋、题记以及有关的著述、书目记载等来检查此书的现状是否与之符合,这样,既可辨别原书是否完整、残缺,同时也可以印证有关记述是否正确详尽,和辨识、发现不见于前人记述(或虽旧时有记而未见原书)的图籍异本。

②加盖伪章

在古籍中加盖伪刻的图章,是企图冒充原书为曾经著名人物收藏或"加工"(如批校等)的珍本。其伪充某人藏书,尚是扰乱后人对于古籍的流传授受和藏书家事迹的研究,而以加盖伪章来证明(或影射、旁证)原书所具有的批注、校订等是某人手迹等,这就更是混乱了后人对于有关人物及其著述的认识。以往在晚清吴沃尧所写的章回小说中曾描写过有人请人摹刻清代著名收藏家阮元的室名章"节性斋",用以加盖在仿明代书法家董其昌所写的手卷上,去向盐商售卖高价的故事(见《二十年目睹之怪现状》第四十五回、第四十八回)。中国历史博物馆在1952年曾在北京琉璃厂收购到解放前曾长期使用于伪作书画的,伪刻的自宋代至现代的名书画家、收藏家图章一千多枚(史树青:《曹雪芹和永忠小照辨析》,见《文物》1978年第5期),这尚仅是以往在北京一地有关伪刻著名书画作者、收藏者图章的部分情况。其关于在古籍中加盖伪章的,如现代版本目录学家陈乃乾先生记载,1920年左右开设在上海的书店"古书流通处",曾伪刻清代著名藏书家卢文弨抱经楼等藏书印,并请了三个专司抄书的人员,把伪章即加盖在其所抄的各书之上,"悉售善价"。清光绪末年开设在杭州的书店"文元堂",由于其曾因不了解情况而以平价售出过清代著名学者劳季言(格)的批校本书籍,追悔之余,"因伪刻劳氏藏印,苟得刻本稍旧而有批校者皆钤之。如是数年,钤伪印者皆得善价"等(陈乃乾:《上海书林梦忆录》)。像这样的事例在古籍的流通中虽是很突出的,但类似这样的情况在旧社会时却并不是个别的。

古籍中加盖伪章,这在平时接触古籍较少而又对一般著者、藏书家印章不熟悉的人是较难辨识的,我们从事古籍工作的初学者,应当利用平时检阅古籍的条件,随时注意历代各种公私藏章的式样、印文及其钤盖的规律(在较为熟悉的基础上,还可进一步研究各时代各种印泥的质量、颜色)等,再以之和各种书影、印谱所载以及各种书目中所记录的印章互相比较、印证,对于各著名著者、藏书家的印章更要多加注意熟悉(因为越是名家的印章,其被人所伪刻的可能性也较多),以使我们对各类型和著名人物的藏章能有较为概括的认识。在工作中遇有对之有疑问的主要藏章,最好能和前已确知为真印的对比,并经常向有经验的前辈请教,在不断地反复实践中求得识别能力的增强和提高。

③挖改描补

所谓挖改描补,即是把较晚的刻本经过挖改、描补等"加工",使之冒充为早期刻本或少见的"珍本"的作伪方法。如以明代的覆刻宋、元本书籍,撕去其明代人的序跋、书名叶,挖去其有明代纪年的刊行题记、牌记,再用笔描补其被挖割残损的边栏、行线和卷尾、版心的文字,有的还加盖伪刻的牌记或记载版刻年代的印记,用以冒充宋、元原刻即是。

经过挖改描补的"伪本"古籍,在收藏线装书较多的大型图书馆中都每每藏有,像江苏省无锡市图书馆所藏的一批"伪本"古籍(约二十多种),是旧时作伪者投合某一嗜爱搜集有关无锡的"地方文献"的收藏者而伪造的。这其中不仅有把明正德间刻本明宋濂《宋学士文集》的书名挖改为"《新刊梁溪张太史文集》"("梁溪"是无锡的别称)、著者名挖改为"无锡张筹"的伪本,有把明万历间刻本明王世贞《弇州史料后集》的书名挖改为"《皇明琬琰文录》"、著者名挖改为"梁溪高攀龙"的伪本(以上两种都是挖去原名后再补贴、加盖伪刻木戳),而且也有把明刻本明胡广等辑《书传大全》书中加盖伪刻的"至元己卯仲春泉州府儒学刻行"木印,用以冒充元刻本的伪本。而前面我们曾谈到的有人把明嘉靖间袁褧刻本《文选》的原有明代刻书牌记挖去,又在版心上方补加"淳祐三年善本校刊"字样,其作伪的方法也是与此相类似的。

我们在古籍编目工作中,尤其是在遇到一些可疑的"异本"古籍时,应查看一下原书是否有挖改描补的地方(一般经挖割的古籍,其修补的用纸,多从原书卷尾的空白处割取),其残损之处是否出于有意的伪造,纸张是否经过染色、熏旧,再检查有关的资料(诸如著者传记、书目记载等),并以之复核该书的书名、著者以至原书内容是否相符合，经过比较深入的考查，一般还是可能分辨出其真伪的。

④撕去原书序跋

旧时书商，每把宋、元之间，元、明之间，其版刻风格相近似的刻本书籍，或后代覆刻前代旧本的书籍，撕去后来朝代的序跋，藉以伪充前代旧刻古本。据记载，像山东聊城杨氏海源阁所藏的一部《大戴礼记》，经现代著名藏书家傅增湘"审定为宋刊，且云：'最为罕秘，恐世无二本'"，但经与北京图书馆所藏的"另一部同样的书核对，则另一部前有元至正甲午刘真刻于嘉兴路儒学《序》。海源阁藏本，此序已佚，遂误定为宋本"。又像宁波朱氏别宥斋所藏的残本《金佗粹编》，本来是元刻本，书首原有元陈基序，"朱氏藏本《序》已失去，遂误认为宋刻本"（上引两条皆见毛春翔：《古书版本常谈》）。

书中没有刊刻年代的记载，且又失去序跋的书，是较难判断其确切的版刻年代的，遇到这样的书，除应考查其它方面的特征外，还应参考各种书目、文献，检查有关同名书的记载，看是否即是此书和有无关于此种版本的记述，以求帮助解决，如像上面所说的，能查得原书另有其它与此版刻相同，且又未失原来序跋或具有其它年代记载的传本，那就不仅是解决了一书的版刻年代问题，而且是对此书的版本系统情况也就更有进一步的了解了。

以上所谈有关古籍伪本问题，只不过略举其较为常见、显著的几个方面，在实际工作中所遇到的问题是比这些还要复杂的。像明万历间高濂在其所著的《燕闲清赏笺》"论藏书"条中曾说：

"近日作假宋板书者，神妙莫测。将新刻模宋板书，特抄微黄厚实竹纸，或用川中茧纸，或用糊褙方帘绵纸，或用孩儿白鹿（疑当作麓＝粗）纸，筒卷用槌细细敲过，名之曰刮，以墨浸去嗅味印成。或将新刻板中残缺一二要处，或湿霉三五张，破碎重补；或改刻开卷一二序文年号；或贴过今人注刻名氏留空,另刻小印,将宋人姓氏扣填;两头角处或妆茅损,用砂石磨去一角;或作一二缺痕,以灯火燎去纸毛,仍用草烟熏黄,俨状古人伤残旧迹;或置蛀米柜中,令虫蚀作透漏蛀孔;或以铁线烧红锤(锥)书本子,委曲成眼,一二转折;种种与新不同。用纸装衬,绫锦套壳,入手重实,光腻可观,初非今物。仿佛以惑售者。"(见明高濂:《遵生八笺》)

虽其所说的是十六世纪末(《遵生八笺》高濂"叙"署"万历十九年",为公元1591年)时的情况,但对于伪造古籍旧本来说,却是很能说明其作伪的方法和具有代表性的。因此我们在古籍编目工作中应多细心观察,不断总结经验,古籍本身也和其它历史文物相似,接触既久,就会在实践中逐渐识别其真伪,在对古籍版本以至内容有了较为深入的掌握时,就在除辨识真伪以外,还能逐渐辨识原书本身的实用价值了(如以元、明本改造伪充宋本,或以残本伪充全本,若其原书内容含有具有文献意义的资料,或本来即是少见之本,则虽是经过作伪或已有残缺,但根据其本身的实用价值看,也是应当重视的)。

3. 对前人的记述应加分析研究

前人有关图书的记述(如书目、论著等)是我们考查古籍版本时经常参考利用的,但前人的记述,固然很多是经他们亲自考查的实况记录和是他们经过分析研究的论证,可是其中有时也有一些是考查未周或论断有误的。而且在以往,很多所谓古籍"善本",又大多是私人秘藏,个人所见所知有限,也难免有所失误。所以我们对于前人的有关记述,一方面由于它们为我们辨识古籍版本提供了有关的历史记录和多方面的参考文献,而应重视它们,另一方面却也要对之加以分析研究,善于运用它们,以求取得对前人的记述既能利用、依据其中的合理、正确部分,又能排除其不实、不准以至失误的成分,使我们的认识逐步达到接近准确、合理。

在以往的著名书目著作或版本学论著中,经后人考查实物,发现其记述有时有误的事例还是不少的。例如清乾隆间由著名学者彭元瑞等所"奉敕"编撰的《天禄琳琅书目后编》，在其卷二中所著录的《毛诗》，其中有一种本子据记录是："宋活字本，《唐风》内'自'字横置可证，模印字用蓝色，尤稀见。"但是这一清代内府所藏的宋活字蓝印本"毛诗"，后来于1957年间被同文书店收购到其残本一册，经过实物鉴定，证明实际乃是明正德、嘉靖间的活字本。又如叶德辉在《书林清话》卷八中曾记载其所收藏的一部《韦苏州集》，是北宋"胶泥活字板"，但此书后来售出，经后人"细细审查，知为明本"（周越然：《版本》）。

以上所举两事，都是有关活字本古籍的版本鉴别正误问题，我们在这里之所以举这两例，一则是说明我们在鉴别古籍版本的过程中，对前人的记述应当注意多加分析研究；另外还想说明的是，我们在鉴别古籍版本时也应考虑到古籍本身在历史流传上的实际情况。即如活字印刷，据宋沈括《梦溪笔谈》卷十八中的记载，在北宋庆历时已经发明，元代王祯曾著有《造活字印书法》，其中并有他曾以木活字印书的情况记载，这都证明中国在宋元时代已经有了活字本书籍的史实。但是由于年代久远，宋元时代的活字印本书籍流传至今的已很少见，现今我们所见的早期活字本书籍实物，大多是明代弘治、正德、嘉靖间的印本。所以现在我们如见到有号称为宋代或元代的活字本书籍，就需格外注意，细心观察证验，如果不是经过审慎深入的研究，才知道其确实是现今流传绝少的宋、元活字本以外，那就很可能是以前的判断有误或是原书有伪造之处了。

第四章　《四库全书总目》类目解析

第一节　经部

一、经部概述

所谓"经"是中国长期封建社会中,封建统治者"法定"的以孔子为代表的几部儒家经典而言。相传孔子收集了鲁、周、宋、杞等故国的文献整理出《诗》、《书》、《礼》、《乐》、《易》、《春秋》六部著作。在《庄子·天运篇》中提到:"丘治《诗》、《书》、《易》、《礼》、《乐》、《春秋》六经",后世"六经"的名称,是从这里开始的。但在汉代以前,这六部著作并非法定的经书。

春秋战国时,社会处于诸侯争霸的局面,反映在学术上是百家争鸣。当时各家学术都依附一定的政治势力而各显其能,没有哪一种学说思想在社会上占绝对的统治地位。秦始皇政治上统一了中国,但思想上的统一局面并未立即形成。西汉初年,封建统治者首先利用老子的学术思想作为指导社会活动的精神支柱,老子的学术不利于封建统治了,接着又利用孔子的学说来作为统治社会的指导思想。西汉武帝时,政治上中央集权统治的条件已经成熟。董仲舒为了适应当时统一思想的要求,根据《春秋》的大一统思想向武帝建议"罢黜百家,独尊儒术",以巩固封建主义的中央集权国家。得到武帝的采纳,于是非儒学的诸子百家一概被罢斥,奠定了在中国长期封建社会中儒术独尊的局面。

历代封建统治者为巩固封建统治的需要,通过对儒家经典的解说,作出统一答案,借以统一思想,如东汉章帝亲自主持了一次全国性的经学讨论会,会议记录由班固编成《白虎通德论》,这本书实际上是一部经学官方答案;唐太宗令孔颖达撰《五经正义》,又令颜师古考订《五经》文字,撰《五经定本》,这两部官书,也是经学的官方标准答案。宋代朱熹注《四书集注》,后来就成为元、明、清三朝科举取士的标准答案。经学是封建社会的官方学术,这种官方学术在各期表现形式虽有不同,但实质都是借发挥孔、孟思想而为封建统治服务的。但也有些进步思想家,通过对儒家经典的解说,阐述自己的进步思想,如清戴震《孟子字义疏证》就是这类著作。

随着封建社会的发展,由于孔子学说具有多面性的特点,在漫长的封建时代里,儒家学说总能随时变化,以适应客观的需要。随着时代的发展,儒学也相应的发展变化着,经的领域也就逐渐扩大,部分"传"、"记"著作被提升为"经"。十三经是逐步扩大而成的。最初,孔子删定六经,后《乐经》亡逸,汉人以《乐经》亡,称《诗》、《书》、《易》、《礼》、《春秋》为五经,汉武帝时,官学有五经博士。唐代分三《礼》、三《传》,合《易》、《书》、《诗》称为九经。为了适应网罗人才的需要,唐代实行多科性考试,又将九经分为大经(《礼记》、《春秋左氏传》)、中经(《毛诗》、《周礼》、《仪礼》)、小经(《周易》、《尚书》、《公羊传》、《谷梁传》)。到了宋代,又增《论语》、《孝经》、《孟子》、《尔雅》称十三经。封建时代通行的《十三经注疏》,到宋代才完成,其中古注除《孝经》为唐明皇注之外,汉人与魏晋人各居其半,义疏部分,是由唐宋人完成的。现将《十三经注疏》列表如下:

《周易正义》十卷　魏王弼、晋韩康伯注
　　　　　　　　　唐孔颖达等正义

《尚书正义》二十卷　旧题汉孔安国传
　　　　　　　　　唐孔颖达等正义
《毛诗正义》七十卷　汉毛亨传、郑玄笺
　　　　　　　　　唐孔颖达等正义
《周礼注疏》四十二卷　汉郑玄注
　　　　　　　　　唐贾公彦疏
《仪礼注疏》五十卷　汉郑玄注
　　　　　　　　　唐贾公彦疏
《礼记正义》六十三卷　汉郑玄注
　　　　　　　　　唐孔颖达等正义
《春秋左传正义》六十卷　晋杜预集解
　　　　　　　　　　唐孔颖达等正义
《春秋公羊传注疏》二十八卷　汉何休解诂
　　　　　　　　　　唐徐彦疏
《春秋谷梁传注疏》二十卷　晋范宁集解
　　　　　　　　　　唐杨士勋疏
《论语注疏》二十卷　魏何晏集解
　　　　　　　　　宋邢昺疏
《孝经注疏》九卷　唐李隆基注
　　　　　　　　　宋邢昺疏
《孟子注疏》十四卷　汉赵岐注
　　　　　　　　　宋孙奭疏
《尔雅注疏》十卷　晋郭璞注
　　　　　　　　　宋邢昺疏

　　经学在我国学术思想上占有很重要的地位,经学本身又有经今古文学派的斗争,这种斗争自汉代一直延续到清代。西汉经今文学派的经书是用当时通行隶书文字书写的,东汉古文学派的经书是用籀文书写的。今文经学派崇奉孔子,尊他为"受命"的"素

133

王",把孔子当成教主,认为孔子主张托古改制;古文学派崇奉周公,尊孔子为先师,认为孔子"信而好古,述而不作"。今文经学盛行于西汉,西晋永嘉以后就衰落了;古文经学盛行于东汉后期,两千多年来基本上处于统治地位。十三经中《春秋公羊传》、《谷梁传》、《仪礼》等是经今文学派的主要典籍;《周礼》、《毛诗》、《左传》等是经古文学派的主要典籍。在经书排列的次第上,经今古文学派也有不同看法,今文学派主张《诗》、《书》、《礼》、《乐》、《易》、《春秋》的次第,认为《六经》是孔子作以教人的,书中具有微言大义,所以按程度深浅来排列;古文经学派主张《易》、《书》、《诗》、《礼》、《乐》、《春秋》的次第,认为《六经》是周公旧典,是古代的史料,所以按时代先后来排列。《总目》经书排列的次第就是古文经学派的次第。

经今古文学派在我国学术思想上从总的方面来看,都是为当时政治服务的,他们认为经书可以"垂型万世",我们今天当然不会同意这种看法。孔子在汉武帝后被捧为圣人,与其到孔子思想里去找原因,就不如到历代政治生活中去找根据,历代统治者之所以尊重孔子,其主要目的是尊重他们自己的利益。

经书是封建文化的主体,这是不可否认的事实,但我们应当以历史唯物主义的观点对待它,经书中保存了一些有价值历史材料,为我们研究先秦政治思想、哲学、历史、文化提供了重要资料,历代封建文人对经书的研究,不少反映了当时的政治思想和社会状况,为我们研究封建社会的历史提供了有用的资料;《尚书·禹贡》托名记载了禹治水的功绩,叙述了黄河、长江两大河沿岸的山脉、物产等情况,是一部古地理志,为研究我国古代地理提供了素材;《诗经》是我国古代诗歌选集,它不仅是研究我国诗史的重要材料,而且对研究商、周二代的政治情况、生产关系和意识形态也具有参考价值。历代研究文学的学者,大都以儒家经典为依据,梁刘勰说:"盖文心之作也,本乎道,师乎圣,体乎经。"[1]还特别写了《原道》、《征圣》、《宗经》三篇,说明《文心雕龙》的写作,是以儒家经典为指导的;颜之推在分析各种文体的产生时写道:"文章者,原出五经";宋陈骙说:"《易》、《诗》、《书》、《仪礼》、《春秋》、《论语》、《大学》、《中庸》、《孟子》,皆圣贤明道经世之书。虽非为作文设,而千万世文章从是出焉。"②

　　经书的著作体例。经书著作体例最为多样,一部儒家"经典",经过后代学者的不断注释、发挥,产生几百部甚至几千部著作。如《论语》一书,这本来是一部"传",后来提升为"经",在儒家"经典"里还不是第一流的著作,但注释发挥它的著作就有三千多部,我们对经书著作体例有所了解,就会给我们对古籍的产生发展以及古籍有些什么类型的著作提供分析的线索。

　　每个时代的著作,都是用当时的语言来表达的,所以涉及到的典章制度,也容易为当时人所理解。由于社会不断向前发展,文字、典章制度逐渐有了变化。因此后代的人对以前的文字著作往往不能很好地理解,这就必须依赖注释才能顺利地阅读。远在汉代,桓谭就说:"《左氏传》于经,犹衣之表里,相持而成。经而无传,使圣人闭门思之,十年不能知。"这段话说明,读《春秋》,如果没有《左氏传》,就很难读下去。清陈澧说:"时有古今,犹地有东西,有南北。相隔远,则言语不通矣。地远,则有翻译;时远,则有训诂。有翻译,则能使别国如乡邻;有训诂,则能使古今如旦暮。"③如果没有注释古籍的书,要我们直接去读通某些古籍,是有一定困难的。

　　经书著作例体的产生和发展,是和当时学术思想紧密联系着的。汉武帝后,随着儒家思想处于"独尊"的地位,儒学成为封建文化的主体,儒家学者作了很多阐明《六经》大义的"传"和"记",如《尚书大传》、《春秋繁露》等是。西汉多治今文,解说者尚微言大义,所谓微言大义,就是根据经文发挥经义,经义的发挥完全根据政治的需要和解说者对经文的理解。有些经书的解释很繁琐,例如《书经》大师秦延君,用十万多字解释"尧典"两个字,当时就有人对这种解释经书的办法表示不满。

东汉以后,注释《经书》就逐渐转向通训诂、究名物的方向,主要是解释字义和考证名物制度。像马融、郑玄等,都是有名的注释家。郑玄注"《周易》、《尚书》、《毛诗》、《仪礼》、《论语》、《孝经》"④等书。郑玄注释,兼采今古文,清皮锡瑞说:"郑君博学多师,今古文道通为一,见当时两家相攻击,意欲参合其学,自成一家之言,虽以古学为宗,亦兼采今学,以附益其义。"⑤

魏何晏、王弼等人,基于政治原因,开清谈之风,一时名士弃经典而尚老庄,蔑礼法而崇放达。王弼用老子、庄子的思想来注释《易》,何晏用老、庄思想来注《论语》,注释的思想和汉人完全不同,影响也是很深远的。

南北朝时,因受清谈及佛教影响,盛行登坛讲经,于是就有讲疏、讲义和义疏一类的著作。梁武帝对《周易》、《尚书》、《毛诗》、《礼记》、《老子》、《孝经》、《中庸》等都作了义疏,由于统治者的提倡,此类著作极多。义疏之学,上接汉代儒生解经之风,下开唐人注疏之先声。

魏晋以后,随着音韵学的发展,音注的著作大量增加。徐邈除对儒家主要经典作了音注外,也给《庄子》、《老子》、《楚辞》作了音注。

唐代初年,统治者为了加强思想统治,对经书的注释进行了统一工作。唐太宗认为儒学多门,章句繁杂,诏孔颖达等儒家学者,撰定五经义疏,定名为《五经正义》,五经是:《周易》、《尚书》、《毛诗》、《礼记》、《春秋左传》。正义是根据汉、魏晋的注及六朝的义疏来作的。《易》用王注,《书》用伪孔传,《左传》用杜注,以上三种都是魏晋人的注;《诗》崇毛郑,《礼记》用小戴、宗郑注,所采义疏,都是南北朝人的著作。后代学者,对《五经正义》有不少看法,主要是说"正义"之学,专守一家,举一家而废百家,前人义疏方面的成就没有很好吸取。唐高宗永徽四年,颁孔颖达《五经正义》于天下,每年明经并依此考试。经书注解统一,唐太宗之措施,远胜汉代,皮锡瑞说:"汉帝称制临决,尚未定为全书,博士分门授徒,亦非止一家数,以经学论,未有统一若此之大且久者。"⑥

　　北宋仁宗以后,经学起了很大变化,当时学者抛弃汉、唐旧说,自创新注,逐渐形成了新儒学,即"宋学"。宋朝学者和东汉学者注解经书不同,宋代学者注解偏重于阐发义理,就是注释者对所注书意思的体会;东汉学者的注释偏重于名物训诂,就是对所注书作文字上的解释。这两种注释各有利弊。宋人注书,以朱熹为代表,他对《周易》、《诗经》等书都作过注释,并将《论语》、《孟子》两书,再加上《礼记》中的"大学"、"中庸"二篇,合起来定名为《四书》,给《四书》进行集注和章句,以发挥他的客观唯心主义哲学思想。

　　明代理学极盛,永乐间胡广等奉敕编《五经大全》、《四书大全》、《性理大全》,这些书为统治者所推荐,特别是《四书大全》成为科举考试的必读书,以后对《四书》进行注释、辨订、讲章之著作,真是浩如烟海。

　　清初,理学犹盛行,到乾隆、嘉庆时,考证学达于极盛,究其原因主要是当时政治的影响,文人不敢多发议论,只好埋头考证,以恢复汉学为旗帜。刘师培说:"所谓汉学者,不过用汉儒之训故以说经。及用汉儒注书之条例,以治群书耳。"清代学者根据汉人"笺注"作"疏证",对十三经都作了一番"疏证"工作。

　　我国经书著作体例,虽种类繁多,但在唐以前各种著作体例就基本齐备了,据《隋志》所载,传、故、笺、注、说、章句、微、通、条例、音、集注、集解、集释、集义、解、解说、解谊、通解、疏、讲疏、义疏、训、释、撰等都出现过。这些著作体例,唐以后基本上沿用着,但也有少量新著作体例的出现。下面就几种主要的著作体例略加说明:

　　传:有说、传述、解说等意思。唐刘知几说:"孔子既著《春秋》，而丘明受经作传。盖传者，转也；转受经旨，以授后人。或曰：传者，传也，所以传示来世。案孔安国注《尚书》，亦谓之传。斯则传者，亦训释之义乎！"⑦一种意见认为，孔子所定的书叫经，弟子所释叫传。《易》之《系辞》汉人称为《易大传》，因为大传是释经的。《论语》、《孝经》原来也是传，后来才升为经。

章太炎说："'传'者，'专'之假借。《论语》：'传不习乎'？鲁作'专不习乎'？《说文》训专为'六寸簿'，簿即手板，古谓之'忽'（今作笏），'书思对命'，以备忽忘，故引申为书籍纪事之称。书籍名簿，亦名为专。专之得名，以其体短，有异于经。郑康成《论语序》云：'《春秋》二尺四寸，《孝经》一尺二寸，《论语》八寸。'此则专之简策，当复短于《论语》，所谓六寸者也。"⑧上述看法不同，理解各异，可供参考。

传有内传、外传、大传、小传、集传、补传等多种体例。西汉解说《孝经》等儒家经典，出现了内传、外传的名称。《诗》有《韩内传》、《韩外传》。《春秋》有《公羊外传》、《谷梁外传》。《左传》有些学者称它为《春秋内传》，而称《国语》为《春秋外传》。

有关外传的解释，韦昭撰《国语解序》以为"其文不立于经，故号曰外传。"《总目》编者说："其书杂引古事古语，证以诗词，与经义不相比附，故曰外传。"⑨又云："王世贞称外传引诗以证事，非引事以明诗，其说至确"。⑩大致外传一类作品，主要是说明事理，并不是逐句去解释经典。所以说"与经义不相比附"。汉刘熙说："《国语》亦曰外传，《春秋》以鲁为内，以诸国为外，外国所传之事也。"⑪《总目》编者认为，书中明有鲁语，而刘熙以为外国所传，是错误的。

有关大传的产生及解说，《总目》编者说："《经典释文》称《尚书大传》三卷，伏生作。《晋书·五行志》，称汉文帝时伏生刜记大传。《玉海》载《中兴馆阁书目》，引郑康成《尚书大传》序曰："盖自伏生也。伏生为秦博士，至孝文时年且百岁。张生、欧阳生从其

138

学而受之，音声犹有讹误，先后犹有舛差。重以篆隶之殊，不能无失。生终后，数子各论所闻，以己意弥缝其阙，别作章句。又特撰大义，因经属指，名之曰传，……然则此传乃张生、欧阳生所述，特源出于胜尔，非胜自撰也。"⑫从这段提要分析，所称"特撰大义"，大义即大传。过去都认为伏生作《大传》，而实际为张生、欧阳生所述，非伏生所自撰。《尚书大传》内容，"其文或说《尚书》或不说《尚书》，大抵如《诗外传》、《春秋繁露》，与经义在离合之间。"⑬并且是"于经文之外掇拾遗文，推衍旁义"。认为是"六艺之支流"、"即古之纬书"。实际上这类著作是今文经学者阐发经义的著作，与古代的纬书是不同的。

小传，是一种谦虚的提法，取义于"不贤者识其小者"的意思。宋刘敞作《七经小传》，明郑友元作《易经小传》，宋税与权作《易学启蒙小传》等。其他如以小疏、小稿、小纂、小注等标名的，大都也是表示谦虚的意思。

"集传"这种著作方式，大都引诸家之说进行训释，儒家经典多有"集传"一类著作，如《诗集传》、《春秋集传》、《书集传》、《周官集传》等。"补传"与"补注"的意思相近，以补他人注解未备处。宋范处义《诗外传》自序称：文义有厥，补以六经史传，诂训有厥，补以说文篇韵。充分说明了这类著作的特征。

故："故"字也作"诂"，《说文》"诂，训故也"。段注："训诂言者，说释故言以教人，是之谓诂。汉人传注多称故者，故即诂也。毛诗云故训传者，故训犹故言也，谓取故言为传也，取故言为传，是亦诂也。贾谊为《左氏传训故》，训故者，顺释其故言也。"诂，就是以当时的语言解释古言，《汉志》著录：《毛传》以外，三家诗有《鲁故》、《韩故》、《齐后氏故》、《齐孙氏故》。这些著作都已亡佚，《毛诗故训传》仍流传到今天，是这类著作的代表作品。

训：是注释的意思。《尔雅序篇》："释训，言形貌也。"这是狭义的解释"训"字，《尔雅音义》引张揖《杂字》说："训者，谓字有意义也。"这种对"训"的解释是广义的理解。自汉代以来,对著作的解释用"训"就是用其广义,它和"诂"的意义相同,有时"训"、"诂"两字连用。汉高诱注《淮南子》,除《要略》篇外,其他各篇篇题下都标了一个"训"字。这是现有较早以"训"为注释名称的著作。

说:《说文》:"说,说释也。一曰:谈说。""说"就是说明、解释的意思。"说"这种著作体例起源也较早。《汉志》:《易》有《五鹿充宗略说》;《诗》有《鲁说》、《韩说》;《礼》有《中庸说》、《明堂阴阳说》;《论语》有《齐说》、《鲁夏侯说》;《孝经》有《长孙氏说》、《江氏说》等。

注:《说文》:"注,灌也。"贾公彦《仪礼疏》说:"注者,注义于经下,若水之注物也";孔颖达《毛诗正义》则说:"注者,著也,言为之解说,便其著明也。"贾的理解是,注释的注是灌注意义的引申,较孔说为好。

孔颖达《春秋左传正义》说:"毛君、孔安国、马融、王肃之徒,其所注书,皆称为传。郑玄则谓之为注。"从孔氏这段话中看,注释称注是从汉代郑玄开始的。唐以后注释称注极为普遍。有关注的著作,流传下来的很多,《十三经》中就有《仪礼》、《周礼》、《礼记》郑玄注,《周易》王弼、韩康伯注,《尔雅》郭璞注,《孟子》赵岐注等。

笺:《说文》:"笺,表识书也。"郑玄《六艺论》云:"注诗宗毛为主,毛义若隐略则更表明。如有不同,即下己意,使可识别。"郑玄所说"笺"的意思是《毛传》有隐晦不明的地方,郑氏加以补充,如有和《毛传》不同的见解,便记下自己的意见,因毛传而表识其傍,如今人之签记,积而成帙,故谓之笺。

晋张华对"笺"的理解,认为是魏晋时郡将用笺之意,他在《博物志》一书中说:"毛公尝为北海郡守,康成是此郡人,故以为敬。"《总目》编者认为"康成生于汉末:乃修敬于四百年前之太守,殊无

的大意的;"象辞"是解释爻辞的语句的;"系辞"是总论全部易理的;"文言"是专论乾坤两卦的;"说卦"、"序卦"、"杂卦"三篇,是杂论卦义的。这部书主要是说天地万物变化的道理,特别是"系辞"部分,包含着自发的朴素的辩证法思想。《周易》是研究儒学哲学思想的重要资料。

注解《周易》的书很多,汉代研究易的人注重象数,魏王弼"尽黜象数,说以老庄",注《周易》十卷,专重义理,于是注《周易》有象数、义理两派。他们的区别,不仅是注解的态度和方法的不同,而是代表着两种思想体系。

封建统治者对研究《易经》十分注意,如明永乐年间,胡广等奉敕撰《周易大全》,作为士子必读之书。清顺治、康熙、乾隆三朝,都对《周易》进行敕撰、御纂,如康熙《御纂周易折中》、乾隆《御纂周易述义》等。《总目》编者说:"易为四圣所递传,则四圣之道法治法具在于是。故其大旨在即阴阳往来刚柔进退,明治乱之倚伏,君子小人之消长,以示人事之宜,于帝王之学,最为切要。"⑮对《易经》的评价及作用说得十分清楚。说敕撰的书最为公正平允,"于宋易汉易酌取其平,探羲文之奥蕴,以决王郑之是非,千古易学,可自此更无异议。"⑯

《总目》本类主要是收说理一派的书,对象数一类的书有些放到子部术数类去了。《总目》编者说:"今所编录,于推演数学者,略存梗概,以备一家,其支离曼衍,不附经文,于易杳不相关者,则竟退置于术数家,明不以魏伯阳、陈抟等方外之学,淆六经之正义。"⑰说明《总目》编者分类是十分谨严的。

本类后附有易纬八种。易纬是七纬的一种,据讲纬书的人说,孔子作了《六经》,怕后人不能理解,所以又作了一些补充著作,对经而言,名之为纬,《易》、《书》、《诗》、《礼》、《乐》、《春秋》、《孝经》都有纬书,托名孔子作。与七经相对,纬书起于西汉,到唐代,书大部分遗失了,只有易纬还存在,修《四库全书》时,易纬八种,是从《永乐大典》中辑出来的。

一般多谶纬并称，其实谶是谶，纬是纬，并不是一回事。谶是迷信式的预言，诡为隐语，预决吉凶，它源出巫师和方士，西汉及以后的儒生也作了不少谶，纬书是经的支流，为附经而作，内容比较杂，这是因为汉代封建统治者对谶纬特别重视，并加以提倡和保护，汉代今文经学的特点，就是用谶纬解释儒家的经典。谶纬可以用来为封建统治阶级服务，但发展的结果对统治者又有不利的一面。因为封建统治者可以造出一些谶来维护他的统治，反对他的人，同样可以造出一些谶来反对他的政权。到刘宋大明中（457—465）开始禁谶纬，隋炀帝时更派人到各地去搜查书籍，凡是与谶纬有关的书全部烧掉，私藏这种书的，犯死罪，现存的纬书只有少数几篇是完整的，其余都是些断简残篇。

凡注释、解说《易经》之著作入本类。

书　　《书经》的原名是《尚书》，"尚"作"上"解，所谓《尚书》，就是"上古的书"。《尚书》是战国以前各时代的统治者的官方文件，相传是孔子选编的。《汉书·艺文志》说《尚书》取材的时代是"上断于尧、下讫于秦"，相传共有百篇。有些篇如"禹贡"就是后来人加进去的。《书经》在经书里是问题最多的一部书，不但有今文、古文之分，还有真书、伪书之别。历代学者，分成两派，各执一端，争论不休，直到清代阎若琚作《古文尚书疏证》，才将真伪考证清楚。

《尚书》，从它的性质来看，是我国古代的历史文件，是一部古代历史书，它所涉及的内容也是多方面的。《尧典》、《舜典》是序人事的；《禹贡》一篇，是专门谈地理的；《洪范》一篇，是讲灾祥的；《顾命》一篇是谈丧礼的等等。它保存了商、周两代的重要史料，是研究商周两代政治、历史的重要资料。

《尚书》的体裁，汉孔安国分为六体，即：典、谟、训、诰、誓、命；

144

唐代孔颖达则分为十体，即：典、谟、贡、歌、誓、诰、训、命、征、范。前一种分法较为通行，后一种分法，太拘限于篇名。这些书体，有的成了后代常用的文体，它的影响还是很深远的。

《总目》本类所收是《尚书》和注解《尚书》的书。注解《尚书》的大致分为以下几类：1.汉代人的注解，这一部分注解的书自从唐孔颖达《尚书正义》用作官方定本以后，大都失传了，清代学者作了不少辑佚工作，恢复了一部分汉人的注释，《总目》对宋以前人的注释，收得比较宽，所谓"历年久远，传本弥稀，凡有遗编，率皆采录"；[18]2.宋代人的注解书，这部分书偏重阐释义理，往往借注解发挥自己的政治思想和哲学思想；3.考证《尚书》真伪的书，这一部分书清人所作较多；4.对《尚书》中单篇的注解，如《禹贡》、《洪范》等篇，其中以注解《禹贡》的为最多。

有些注解《尚书》的书，如蔡沈《洪范皇极内篇》等。《总目》编者以为：该书虽以洪范为名，而实际上是以洛书九数推衍成文，和洪范并没有多大关系。把这类书放到子部术数类去了。

对于怀疑《尚书》有问题，而在注解时提出了自己的看法的书，如王柏、贺成大、胡一中等人的著作，都放到存目里去了。编者这样区分的目的是"庶不使旁门小技，淆乱圣经之大义"。[19]

凡注释、解说《尚书》之著作入本类。

诗　　《诗经》本来称为《诗》。相传《诗》原来有三千多篇。经孔子整理以后，选取了三百零五篇。诗本来有四家：秦汉间鲁人毛亨和赵人毛苌所传的称《毛诗》；汉初鲁人申公（名培）所传的称《鲁诗》；汉初齐人辕固生所传的称《齐诗》；西汉人韩婴所传的称《韩诗》。齐、鲁、韩三家诗均佚，韩诗仅存外传，现存的《诗经》就是《毛诗》。

《诗》三百五篇，又分为风、雅、颂三大类，"风"又名"国风"，多数是民歌，反映了当时社会的风俗民情和民间疾苦。"雅"是朝廷宴会时用的乐歌,反映了当时时代的政治情况,是叙述西周政治盛衰的诗史。"颂"是祭祀鬼神的颂词,大都是歌颂祖先的丰功伟绩。

《诗》是西周诗歌的名篇选集,它不仅在文学上有参考价值,也是研究周史的重要材料。

关于《诗经》,争论的问题很多,如大小序的作者是谁,齐、鲁、韩三家诗与毛诗的异同等问题。历代学者,争论不休,有关这方面的书不少。部分注释《诗经》名物的书,如《毛诗草木鸟兽虫鱼疏》等较有参考价值。

凡注释、解说《诗经》之著作入本类。

礼　　礼分周礼、仪礼、礼记、三礼总义、通礼、杂礼六属,按照礼书的内容分析,可以分入各类,因为已入经部,就不和其它各类相混淆。凡阐发和注释三礼的著作都入这一类。

周礼　　《周礼》最早称《周官》。《汉书》载《周官经》六篇,《传》四篇,故郑众、贾逵、张衡等所注都称《周官》,马融、郑玄所注称《周官礼》。到了唐代贾公彦作疏,开始沿用省文,称为《周礼》。

《周礼》是记载古代官制的书,此书相传为周公所作,也有人认为是刘歆所伪造,均不能视为定论。这部书当是战国时人将当时重要国家如周、鲁、宋等国官制加以整理排比的一部官制汇编。

《周礼》全书凡六篇,即:天官、地官、春官、夏官、秋官、冬官。秦以后失去冬官一篇,汉河间献王以"考工记"一篇补入。

《周礼》完备地论述了政府组织的规定,也有关于政治、经济和学术思想的阐释。我国各封建朝代的政府部门和大小官员的设置,不少是根据这本书来的。

注解《周礼》的书,现存的以宋、清人为多,宋人注《周礼》偏重于阐发经义,有些是借注解论述自己的政治主张,如王安石作《周官新义》就是为他的变法制造舆论的。清人的注解偏重于训诂,如孙诒让《周礼正义》博采汉、唐、宋以来旧说，吸取清代考证家的成果，对于古制古义，疏通证明，比较详备，是研究古代礼制的重要材料。单篇注释，以《考工记》为最多，是研究我国古代生产和经济的重要资料。

凡注释、解说《周礼》的著作入本类。

礼仪　　《仪礼》，也叫作《士礼》，今存十七篇。春秋以前，奴隶主贵族为了显示他们的特殊地位，一切行动都按照一定的规矩办事，由于等级森严，礼节就显得极为繁琐，于是他们就搞了一个节目单子，遇事就照节目单子上的规定办事，把这些节目单子汇集起来，就是《仪礼》。

《仪礼》文字佶倔聱牙，相传为周公作，又说为孔子所制定，内容主要是古代冠、婚、丧、祭等礼节。"礼"的种类，《周礼》保氏分为五种：即吉、凶、军、宾、嘉。吉，即祭祀之礼；凶，即死亡之礼；军，即军礼；宾，即朝聘之礼；嘉，即昏、冠、射、飨诸礼。

《仪礼》十七篇，丧服篇最为重要，它是封建社会宗法制度的理论基础的重要部分。从《仪礼》中，我们可以了解古代亲属关系、宗法思想、风俗习惯以及统治阶级生活享受的种种情况。

凡注释《仪礼》的书入本类，专谈丧服、丧礼的书也附在本类，如宋车垓《内外服制通释》，清徐乾学《读礼通考》等。《总目》编者认为："《仪礼》不专言丧服，而古来丧服之书，则例附于《仪礼》，盖《周官》凶礼无专门。《礼记》又《仪礼》之义疏。言丧服者大抵以《仪礼》为根柢"，[㉓]所以附在本类。

礼记　　《汉书·艺文志》称为"七十子后学所记"。西汉传礼的儒生戴德、戴圣，各自选了七十子后学讲礼的文字。后来把戴德所传的八十五篇称为《大戴礼记》，戴圣所传的四十九篇称为《小戴礼记》。《十三经》中的《礼记》就是《小戴礼记》，是一部专门谈礼的著作总集。

《礼记》是发挥礼的文字，但内容涉及到很多方面，冠义、婚义等篇是为《仪礼》制造理论的,是《仪礼》的注解;学记、经解等篇可以推见儒家教育思想;《礼运》、《乐记》等篇论述了礼乐的作用;《大学》、《中庸》两篇,阐发了儒家的政治伦理思想。

注解《礼记》的书入本类,注解《礼记》中单篇的,以《檀弓》、《月令》、《大学》、《中庸》为多,有关《大学》、《中庸》的注解书不入本类,放到《四书》类去了。《总目》编者认为:"以所解者《四书》中之大学、中庸,非《礼记》中之大学、中庸。"㉑有关《大戴礼记》的书由于渊源的关系放在本类后面。

三礼总义   凡对《周礼》、《仪礼》、《礼记》进行综合研究而不可分属的书入此,如《三礼图》、《学礼质疑》等。《总目》编者说:"郑康成有《三礼目录》一卷,此三礼通编之始,其文不可分属。今共为一类,亦五经总义之例也。其不标三礼之名,而义实兼释三礼者,亦并附焉。"㉒

通礼   以三礼为主体,进行贯通解释,重订次序,而兼辑历代礼制的书入本类,如《五礼通考》、《四礼初稿》、《礼书纲目》等。编者说:"通礼所陈,亦兼三礼,其不得并于三礼者,注三礼则发明经义,辑通礼则历代之制皆备焉。为例不同,故弗能合为一类也。"㉓

杂礼书   私人所作的关于论"礼"和谈私家仪注的书入本类,如《书仪》、《家礼》、《泰泉乡礼》等。关于国家制订的礼,因其有史料性,入史部政书类。《总目》编者说:"公私仪注,《隋志》皆附之礼类。今以朝廷制作,事关国典者,隶史部政书类中;其私家仪注,无可附丽,谨汇为杂礼书一门,附礼类之末。"㉔这是以公私著作的不同,而将同一性质的礼书分为两处。

春秋   《春秋》为编年体史书,记载鲁隐公元年(公元前 722 年)至鲁哀公十四年(公元前 480 年)共二百四十二年的史事,是我国最早的编年体史书。《春秋》文字简单,每条最长的也只有四

148

十多字,最短的只有一个字,从《春秋》所记载的文字,难以看到一件事情的前因后果,意义实在不大。宋代王安石就说它是"断烂朝报"。后来不少人对春秋进行注释,传《春秋》的有五家,即左氏、公羊、谷梁、邹氏、夹氏,后二家不传,现仅存春秋三传。宋代人胡安国写了一部《春秋胡氏传》在明代十分流行。几部注解《春秋》的书,主旨各有不同,《左传》着重用历史事实来说明春秋;《公羊传》、《谷梁传》着重阐述孔子的所谓"微言大义";《胡传》作于南宋初,感于时事,往往借《春秋》以寓意,假经文以论时政,不是所谓"师传"之作,康熙《钦定春秋传说汇纂》、乾隆《御纂春秋直解》对《胡传》大加攻击,所谓"揭胡安国传之意断傅会,以明诰天下。"⑤《胡传》也就不太流行了。

凡注解《春秋》及《三传》的书入本类。《春秋繁露》一书,编者认为:他虽是本《春秋》以立论,而无关经义的地方很多,其性质如同《尚书大传》、《韩诗外传》一样,过去都放在经解里,不符合书的内容情况,现在把它放在这一类的附录里面。还有一部分书如《左传始末》之类,认为无关经旨,放到史钞类去了。

孝经   《孝经》作者,众说纷纭。由于采用了孔子与其弟子曾参的问答体,有孔子、曾子、曾子门徒、汉人伪造几种说法。郑玄《六艺论》说:"孔子以六艺题目不同,指意殊别,恐道离散,后世莫知根原,故作《孝经》以总会之。"按这种说法,《孝经》是《六经》的根本思想体现了。其实,《孝经》所讲的是封建伦理的事亲孝道,历代封建统治者有的亲自注解这部书。晋元帝、晋孝武帝、梁武帝都注过《孝经》;唐玄宗两次为它作注,就是现存的《十三经》中的《孝经》注;清代的顺治、雍正帝也亲自御定、御纂《孝经》注,说《孝经》词近而旨远,专而致之,即愚夫愚妇可通于神明,一定要做到家喻户晓。

《孝经》也有今古文问题,历代学者,互相攻驳,注解《孝经》的书,不少是这类内容。

凡注解《孝经》的书入本类,不是注解经文的如《孝经外传》、《孝经纲目》等书入儒家类。以《孝经》为名,实际上是宣扬神怪因果之说的如明虞淳《孝经集灵》入小说类。

五经总义　　注解群经的书。《隋志》放在论语类后面,这是不恰当的;《旧唐志》立"经解"一类;《新唐志》、《宋志》沿用《经解》之名;《明志》改为"群经",界限也不十分明白;徐乾学《通志堂经解》改为:"总经解"。《提要》改为"五经总义"是得到《隋志》论语叙的启发,《隋志》叙说:《孔丛》、《家语》、《尔雅》诸书并五经总义,附于此篇。《隋志》叙中提到五经总义,《总目》据以立类。从这类所收书来看,不仅是解释五经的书,其中也收有《七经小传》、《十三经义疑》等等,类名名不符实是非常明显的。

凡注解群经的书入本类。兼注群经的书,宋代开始多起来,明以后就更多了。《总目》本类所收多是汉学训诂方面的,即所谓"征实"的书,这说明《总目》编者的偏见。至于综合汇集五经纬书材料的书如明孙毅编《古微书》等亦附入本类。

四书　　《四书》指《论语》、《孟子》、《大学》、《中庸》。《论语》、《孟子》二书,是孔、孟的门徒所记的有关孔、孟思想和言行;《大学》、《中庸》是《礼记》中的两篇,相传《大学》是曾子所作,《中庸》为子思所作,这两种是谈儒家政治伦理思想的。宋淳熙间,朱熹把四种书合起来,给它们作了章句、集注,以后才有《四书》的名称。自元祐间开始,《四书》成为科举必读的教科书。《明志》立四书一门,《总目》因之。

注解《四书》的书很多,但很大一部分是为科举考试而作的。《总目》本类所收大都是所谓先儒发明经义的著作,为科举所作的收录较少。

凡分注一书，如《论语正义》；或兼释两书，如《论孟精义》；或通释四书，如《四书集编》、《四书辨疑》等书均入本类。

乐　　相传乐经亡佚，又有人说根本没有乐经。《周礼》"大司乐章"就是儒家所传的有关乐的文字。《礼记》有"乐记"一篇，是儒生讨论乐理的。儒家很重视音乐的作用，孔子说："移风易俗，莫善于乐。"儒家的所谓礼、乐是相互为用的，用礼来分别贵贱的等级，用乐来配礼，使他们各安本分。

乐类历来都是收录音乐理论和古乐有关论著。《总目》这类所收书是"辨律吕，明雅乐"的著作，而关于乐器使用技术的书入艺术类。如《乐书》、《律吕新书》入乐类；《琴谱合璧》入子部艺术类琴谱之属。所谓"惟以辨律吕、明雅乐者，仍列于经。其讴歌末技，弦管繁声，均退列杂艺、词曲两类中。"㉟

小学　　小学二字，解释各有不同。汉儒指文字之学为小学。《汉志》说"古者八岁入小学，故《周官》保氏掌养国子，教之六书"，所以《汉志》小学类只收《史籀》等十家专讲文字的书，而将讲洒扫应对进退的《弟子职》一书附在孝经类。宋以后往往以洒扫应对进退为小学，自朱熹作小学以配大学（案：朱熹所作《小学》六篇，所录皆宋儒所谓"养正之功"），赵希弁《读书附志》遂以《弟子职》之类，并入小学，又以《蒙求》之类，相参并列。这样，小学就包括了文字学和洒扫应对进退两方面的内容。本类依据《汉志》小学类的范围收书，而将讲幼仪的书入儒家类；讲笔法的书入杂艺类；讲蒙求的书列入故事类；讲便于查阅记诵的书入类书类。

训诂　　训诂就是以当时的话解释古代的字、词、文义。孔颖达说："诂者，古也；古今异言，通之使人知也。训者，道也；道物之貌以告人也。"把诂训二字解释的很清楚。

以字义分类的字典及关于解释字义的书入本类。如《尔雅》

就是我国最早的解释字义的书,其内容包括解释古今文字文义、宗亲的称呼、古代祭祀的制度、天地山川物产及宫室器物的名称、草木虫鱼鸟兽的名称等。它可以说是解释古代词义和名物制度的总汇。"尔雅"两字的含义,是接近于正确的意思。后代训诂词典的编撰,大都仿照它的体例,名称大都离不开"雅"字,如《广雅》、《埤雅》、《小尔雅》、《尔雅翼》、《骈雅》等等。有关解释地方语言的书,如扬雄《方言》等,亦入本类。

字书　　以字形分类汉字,并加以解释及研究的书入本类。如东汉许慎的《说文解字》是我国第一部以字形分类的字典,他根据在他以前的文字学者的研究成果,总结了战国以来的文字学理论,提出了"六书"说,建立了系统的文字学理论。

《说文解字》共分十四篇,收字九千三百五十三个,分为五百四十部,使各种形体的字有类可归,这是许慎的一大贡献。它的字形分部的办法,一直为后代沿用,成为编纂字典的一种最常用的办法。《说文》是研究我国古代文字学和阅读古汉语的重要参考材料和工具书。

凡注解《说文》和依《说文》体例编纂的字书均入本类,如《类篇》、《字汇》、《正字通》等。有些书谈识别器物上的文字的,如《历代钟鼎彝器款识法帖》等也入本类。

韵书　　以字音分类汉字并加以解释及有关音韵的书入本类。如《广韵》、《集韵》、《古音标准》等。宋陈彭年等编《广韵》是我国一部较早和较系统的韵书,它收了二万六千一百九十四字,保存了魏晋以来的语音,对字义的解释很详细,缺点是注文有的显得繁琐。

较早的韵书,释义详明,实际上是按韵排列的字典。到后来,编韵书的主要目的是为了查韵,有些韵书如《礼部韵略》、《佩文诗韵》等,主要是为士子参加科举考试及作诗赋取韵而编,释义极简,不能起到字典的作用。

①《文心雕龙·序志》
②《文章精义》第一条
③《东塾读书记》卷十一
④《后汉书·郑玄传》
⑤《经学历史》五、经学中衰时代
⑥《经学历史》七、经学统一时代
⑦《史通·六家》
⑧《国故论衡·文学总略》
⑨《总目·韩诗外传》提要
⑩《总目·韩诗外传》案语
⑪《释名》
⑫《总目·尚书大传》提要
⑬同注⑫
⑭《总目·毛诗正义》提要
⑮《总目·日讲易经解义》提要
⑯《总目·御纂周易述义》提要
⑰《总目》易类案语
⑱《总目》书类存目后案语
⑲《总目》书类案语
⑳《总目》仪礼类案语
㉑《总目》礼记类案语
㉒《总目》三礼总义类案语
㉓《总目》通礼类案语
㉔《总目》杂礼类案语
㉕《总目·御纂春秋直解》提要
㉖《总目》乐类序

第二节　史部

一、史部概述

"史"字之义，是记事的意思。《说文》："史，记事者也，从又持中，中，正也。""史"又是古代的官名，周代有大史、小史、内史、外史、左史、右史等职名，老子曾做过周柱下史。史部则是指史籍而言，史部中有正史、编年、纪事本末、别史、杂史、诏令奏议、传记、史钞、载记、时令、地理、职官、政书、目录、史评十五类。史部书涉及到现代学科中的许多门类，有很多科技资料。

所谓"正史"这个类目，唐时修《隋书·经籍志》时才出现。"正史"是纪传体史书，它是用纪、传、表、志的体裁写成的史书。司马迁的《史记》首先运用这种体裁写成通史，班固仿照《史记》的体裁，写成了我国第一部断代史《汉书》。从宋代起，又开钦定各朝代史的例子。由此可见，"正史"是按封建王朝官方的规定，只能限用于某些最能代表正统观点并且经过钦定的纪传体史书，所谓"正史体尊，义与经配"。严格说，将二十一史或二十四史按纪传体裁统在"正史"下面，类例是不清楚的，清代章学诚说，过去把二十一部史书同放"正史"里面，其实类例是不清楚的。司马迁的《史记》是通史性质的书，梁武《通史》，郑樵《通志》是这一类书；《南北史》是几个朝代的史书，欧阳修、薛居正《五代史》属于这类书；《晋书》、《唐书》是官修的书，宋、辽、金、元几部史书是属于这类书。章学诚从通史、断代史、私撰、官修的角度，说明"正史"所收书类例不清是有一定道理的。

从西汉司马迁作《史记》起，史书的编写大都是私人作的，公元593年，隋文帝禁止民间撰写国史，历朝国史都改为官修。自唐

154

开馆修史以来,历代统治者如法炮制,照例开馆为前代修史。个人作史书,在资料收集上受到一定的限制,不能很好的作志、书部分,对史书来说,就显得不全面了。但个人作史书较能体现作者的政治观点,保存了一部分较有用的史料。开馆修书,能利用国家所藏的资料,能按应有的体例保有大量史料。但官修史书,出于众手,考订较疏,审查严格,充分体现了统治阶级的政治观点。唐刘知几描述官修史书的情况是:"每欲记一事、载一言,皆搁笔相视,含毫不断,故曰白首可期,而汗青无日。"在谈到封建权贵们对修史之关注时,写史的人只要有所记,则"言未出口,而朝野俱知;笔未栖毫,而缙绅咸诵"。

　　"二十四史",是历朝积累起来的一部法定历史丛书。魏晋时有"三史"的名称,唐人以《史记》、《汉书》、《后汉书》、《三国志》、《晋书》、《宋书》、《齐书》、《梁书》、《陈书》、《魏书》、《北齐书》、《周书》、《隋书》为"十三代史",宋人加《南史》、《北史》、《唐书》、《五代史》称"十七史",明人加《宋史》、《辽史》、《金史》、《元史》为"二十一史",清乾隆初年修《明史》成,加以合刻,名"二十二史",乾隆四十年(公元 1775 年)武英殿刻竣各种正史,除"二十二史"外加上《旧唐书》、《旧五代史》定名为"二十四史"。二十四史并不是二十四个朝代的历史,其中一个王朝有取二部的,如《新唐书》、《旧唐书》;也有一部书是包括几个朝代的,如《三国志》、《南史》、《北史》等。公元 1921 年柯劭忞修成《新元史》,当时政府明令列为"正史",于是有"二十五史"的名称,抗战前开明书店影印殿本,加上《新元史》名《二十五史》。1927 年赵尔巽等修成《清史稿》共为二十六种。

　　现将《二十四史》书名,作者列表如下:

　　　　《史记》　　　(汉)司马迁
　　　　《汉书》　　　(汉)班固
　　　　《后汉书》　　(宋)范晔

《三国志》　（晋）陈寿

《晋书》　　（唐）房玄龄等

《宋书》　　（梁）沈约

《南齐书》　（梁）萧子显

《梁书》　　（唐）姚思廉

《陈书》　　（唐）姚思廉

《魏书》　　（北齐）魏收

《北齐书》　（唐）李百药

《周书》　　（唐）令狐德棻

《隋书》　　（唐）魏征

《南史》　　（唐）李延寿

《北史》　　（唐）李延寿

《旧唐书》　（后晋）刘昫

《新唐书》　（宋）欧阳修

《旧五代史》（宋）薛居正

《新五代史》（宋）欧阳修

《宋史》　　（元）托克托

《辽史》　　（元）托克托

《金史》　　（元）托克托

《元史》　　（明）宋濂等

《明史》　　（清）张廷玉

编年体史书,是以时为纲的史书,这种体裁的史书在我国很早就有了。唐刘知几说:"丘明传《春秋》,子长著《史记》。载笔之体,于斯备矣。"以后便以《左传》为编年体之祖,《史记》为纪传体之祖,而编年体史书,事实上以《春秋》为最早。《春秋》作为编年体史书,文字过于简单,使人难以理解。左丘明传《春秋》,详于历史事实,编年体史书的实用价值大大前进了一步。到了汉代,荀悦作《汉记》三十卷,开根据断代纪传体史书改编为编年体史书的先例。荀悦之后，则有张璠、袁宏之《后汉记》，孙盛之《魏春秋》。但大部分已经失传了。

编年体史书，以司马光所作《资治通鉴》最为重要。《资治通鉴》294 卷，是《史记》以后的一部内容丰富的编年体通史。上起周威烈王二十三年（公元前 403 年），下迄五代周世宗显德六年（公元 959 年），凡十六代，1362 年的历史。本书取材除正史外，兼采稗官野史、百家谱录、正集、别集、传状碑志等 322 种资料，其资料的真实性在许多"正史"之上，文字也比较通俗易懂。本书除司马光负主要编辑责任外，刘攽担任两汉部分、刘恕担任魏晋南北朝部分、范祖禹担任唐代部分的编写工作。从治平二年到神宗元丰七年共花了十九年时间。

关于本书的内容和编纂目的，司马光在进书表中说得很清楚。他说："迁、固以来，文字繁多，自布衣之士，读之不遍，况人主日理万机，何暇周览？臣常不自揆，欲删削冗长，举撮机要，专取关国家盛衰，系民生休戚，善为可法，恶为可戒者。为编年一书，使先后有伦，精粗不杂。"写作的主要目的是供当时皇帝的"周览"。

司马光编定《通鉴》以外，另编《资治通鉴目录》三十卷，它用年表的形式，说明全书纲领，便于阅读。又编《通鉴考异》三十卷，说明取材及材料的异同，供读者鉴别参考。

为《通鉴》作注解的书有多种，如宋王应麟《通鉴地理通释》，宋刘义仲《通鉴阐疑》，元胡三省《资治通鉴注》等，其中以胡注为最重要。

宋代理学家朱熹，以《通鉴》为蓝本，编了一本《通鉴纲目》，对读《通鉴》能起到一定的便于省览的作用，但也充分表述了朱熹的哲学思想。

宋元以后，续、补《通鉴》的著作不断出现，排列起来可以形成一个完整的历史系统，现将重要的几部简介如下：

《通鉴外纪》十卷，宋刘恕撰。本书起自上古迄周威烈王，补

《通鉴》所未载史事。

《通鉴前编》十八卷举要三卷，元金履祥撰，补鉴前之缺。

《续资治通鉴长编》五百二十卷，宋李焘撰。记北宋太祖建隆元年迄钦宗靖康二年共一百六十余年的史事。

《建炎以来系年要录》二百卷，宋李心传撰。此书为李焘书之续，记载宋高宗一朝三十六年史事。

《三朝北盟会编》二百五十卷，宋徐梦莘撰。记载北宗末南宋初徽宗、钦宗、高宗三朝与金人结盟败盟的史事，此书可与《长编》、《要录》互证。

《宋元资治通鉴》一百五十七卷，明薛应旂撰，记宋元史事。

《资治通鉴后编》一百八十四卷，清徐乾学撰，记宋太祖建隆元年至元顺帝至正二十七年史事。

《续资治通鉴》二百二十卷，清毕沅撰，记宋至元史事。

《明纪》六十卷，清陈鹤撰，记明代史事。

《明通鉴》一百卷，清夏燮撰，记明代史事。

《资治通鉴补正》，清严衍撰，取正史所载资料补《通鉴》之遗缺。

纪事本末体史书。这种体裁的史书是以大事起讫为纲，不同于正史的以人为纲，也不同于编年史书的以时为纲。纪事本末体裁为南宋袁枢所创，袁枢平时喜欢读《资治通鉴》，感到《通鉴》过于浩博，难以读下去，他就以历史中的大事为纲，把事情的本末都连贯起来，写成了《通鉴纪事本末》。《总目》编者说："纪传之法，或一事而复见数篇，宾主莫辨。编年之法，或一事而隔越数卷，首尾难稽。枢乃自出新意，因司马光《资治通鉴》区别门目，以类排纂。每事各详起讫，自为标题。每篇各编年月，自为首尾。始于三家之分晋，终于周世宗征淮南。包括数千年事迹，经纬明晰，节目详具，前后始末，一览了然。"①这段话谈了纪传体、编年体史书的缺点和纪事本末体史书的优点。以后仿照袁枢体例来编书的人很

多,各个时期都产生了不少断代的或包括一个较长时期的纪事本末体史书,排列起来,也能成为从古至清的历史系统,其中主要的有:

《绎史》　　　　　（清）马骕
《左传纪事本末》　（清）高士奇
《宋史纪事本末》　（明）冯琦原编,陈邦瞻纂
《元史纪事本末》　（明）陈邦瞻
《辽史纪事本末》　（清）李有棠
《金史纪事本末》　（清）李有棠
《明史纪事本末》　（清）谷应泰
《清史纪事本末》　（清）黄鸿寿等

　　史书三体各有其优缺点。纪传体以人为纲。唐刘知几说:"纪以包举大端,传以委曲细事,表以谱列年爵,志以总括遗漏,逮于天文、地理、国典、朝章,显隐必贱,洪纤靡失。"② 这是说纪传体的优点,其缺点是事同而人隔其篇,刘知几说:"每论国家一政,而胡、越相悬;叙君臣一时,而参商是隔。"③ 记载一事,分散在几篇里面,如《史记》记载楚汉相争的某些事实,于高帝纪则说事在项羽纪,于项羽纪则说事在高帝纪。有的一人一事,在两篇传、纪里都有记载。如子贡,仲尼弟子列传里有记载,而在货殖传里也有记载。彼此重复,难于剪裁。

　　编年体以时为纲,以事为目。刘知几评编年体说:"系日月而为次,列时岁以相续。中国、外夷,同年共世,莫不备载其事,形于目前,理尽一言,语无重出。"④ 使读者于某个时期的大事及其与各方面之关系有较明确的了解,缺点是,一件事的始末,散于很多年之间,错列于很多事情之中,分载在许多卷里,要了解一件事的前因后果,检寻起来就感到不便,所以袁枢说:《通鉴》纪一事而隔数卷,首尾难稽。

　　纪事本末体以事为纲,每事立一标题,记载事情的始末,清章

学诚说:"司马《通鉴》病纪传之分,而合之以编年,袁枢纪事本末,又病《通鉴》之合,而分之以事类。按本末之为体也,因事命篇,不为常格……文省于纪传,事豁于编年,决断去取,体圆用神。"⑤纪事本末体对于了解一事之始末比较方便,但一标题只是记某一事的始末,同年共世的事不能并载,这件事和其他事错综复杂的关系使读者难以了解,这是纪事本末体不足的地方。

史书中有一种体裁是专门叙述典章制度的"政书",创造这种体裁的是唐代的刘秩,他作《政典》三十五卷,后杜佑根据刘秩的《政典》加以补充和扩大,编成《通典》二百卷。杜佑研究历代典章制度的沿革,主观意图是想找到解决当时政治、经济问题的办法。但《通典》一书保存了唐代以前大量有关典章制度的资料,开辟了著述政治、经济、文化专史的途径。书分食货、选举、职官、礼、乐、兵制、州郡、边防八门。每门又各分子目,上溯唐虞,下迄唐代天宝年间。每事以类相从,凡历代沿革,都一一加以记载。是我国第一部记述典章制度的通史。《通典》以后,宋末马端临在《通典》的基础上,就《通典》的内容和门目加以调整和补充,写成了《文献通考》三百四十八卷,书分二十四门,新增加的有经籍、帝系、封建、象纬、物异五门,其余十九门都是在《通典》基础上加以离析和补充而成的。其中经籍考是目录学的名著;有关宋代的制度,材料比较丰富,有很多是宋史各志所未记载的材料。

过去所谓《三通》,是指上述《通典》、《通考》,再加上郑樵的《通志》而言的。郑樵花一生精力作《通志》二百卷,是通史性质的书,书中有《略》,五十一卷,是全书的精华。名目是六书、七音、天文、地理、都邑、礼、谥、器服、乐、职官、选举、刑法、食货,艺文、校雠、图谱、金石、灾祥、氏族、昆虫草木二十略。

清乾隆时下令修《续通典》、《续通志》、《续通考》,后来又下令修《皇朝通典》、《皇朝文献通考》、《皇朝通志》。加上前面所指三通,合称"九通"。清末吴兴刘锦藻撰《续皇朝文献通考》,连同

"九通"称"十通"。我们从体例上分析,《通志》是通史性质的书,而《通典》、《通考》是考订典章制度的书。《清通志》根本没有纪传部分,只是仿郑樵《通志》的二十略,性质与《通典》相似,而名称仍叫通志,足见勉强凑合在一起了。

在史部书中,有大量的历史、地理、政治、经济、军事、文化以及典章制度的资料,只要我们认真整理,经过分析研究,去伪存真,就能发挥它应有的作用。

二、史部类目解析

正史　　正史是反映各封建朝代的正统史书,各朝的重大政治、经济措施、军事活动等,大都通过帝王将相臣僚勋贵的纪、传反映出来,我们研究各封建王朝的历史,正史是基本的参考资料。

本类除收正史,凡对正史训释音义、撮拾遗阙、辨证异同、校正字句的书都随原书入类,如《史记集解》、《史记疑问》随《史记》入类;《三国志辨误》随《三国志》入类等。

编年　　这部分史书是按时间次序排列的。有历代的编年史,如《竹书纪年》、《资治通鉴》等;有一代的编年史书,如《汉纪》、《明纪》等。

《总目》将起居注一类的书,附在本类。《唐志》起居注有专类。《总目》编纂时,起居注一类的书所存不多,编者说:"存于今者《穆天子传》六卷,温大雅《大唐创业起居注》三卷而已……不能自为门目,稽其体例,亦属编年,今并合为一。"⑥

纪事本末　　凡一书具有诸事的本末或一书仅记一事本末的书入本类。如《通鉴纪事本末》、《绥寇纪略》等;书不标纪事本末之名而实为纪事本末体裁的书也入本类,如《蜀鉴》、《三朝北盟会编》等。本类与杂史,传记类容易混淆,《总目》编者说:"若夫偶然记载,篇帙无多,则仍隶诸杂史、传记,不列于此。"⑦本类也收有不少记载农民起义和有关兄弟民族的史料,如《炎徼纪闻》、《临清纪略》等,都是从记一事之始末来归类的。

别史　　宋陈振孙《书录解题》立"别史"一目,《总目》因之,认为收"上不至于正史,下不至于杂史"的书,很是合适。

什么叫别史?《总目》编者说:"犹大宗之有别子云尔。"⑧《千顷堂书目》则说:"非编年、非纪传,杂记历代或一代之事实者,曰别史。"这种解释并不尽符合别史类收书的情况,所谈分类标准也很难掌握。所谓"上不至于正史,下不至于杂史"更使人难以理解。

别史一目介乎"正史"与"杂史"之间,与正史区分起来比较容易,与杂史区分比较困难。正史为朝廷之功令所认可,别史则是私人所作史书,未列于正史,其体例大致与正史略同,界线比较清楚。别史和杂史之间的区别,清张之洞说:"颇难分析",而"以官撰及原本正史重为整齐,关系一朝大政者入别史;私家记录中多碎事者入杂史。"⑨从解说看,记载有关国家大事的史书入别史,私人记录琐事入杂史,杂史类中似乎少涉及到一朝大政,而《总目》编者对杂史的解释就说过:"事系庙堂,语关军国"的话。杂史中同样有记载一朝军国大事的书。解释的范围不同,收书标准各异,其界线是不够明确的。

别史所收的书非常广泛,所谓"包罗既广,六体兼存"。有原为正史,而后不列为正史的书如《东观汉记》等;有纪传体史书如《通志》等;有谱牒一类的书如《天潢玉牒》等;有补正史表志的书,如《历代史表》等。

杂史　　《隋书经籍志》首先立"杂史"一目,《总目》因之。本类所收的书,《总目》编者说:"大抵取其事系庙堂,语关军国,或但具一事之始末,非一代之全编;或但述一时之见闻,祇一家之私记。要期遗文旧事,足以存掌故,资考证,备读史者之参稽云尔。"⑩从这些话分析,杂史类所收的书是十分庞杂的,凡属国家大事、个人见闻、遗文旧事都可以放到这类来,如《国语》、《战国策》、《青溪寇轨》、《使琉球录》等。

本类与别史、小说家、传记、纪事本末类均有牵连难分之处。《总目》编者说:"语神怪、供诙啁,里巷琐言,稗官所述"⑪的书,入杂家、小说家,在实际分书的过程中,事实上存在难以划一的问题。又如《明高皇后传》本是传记的书,而因为它是皇后的传,不能放在传记类,而放在杂史类。又如《平播全书》记载李化龙平定播州一事的始末,按体裁可入纪事本末类,强调其所记事情的性质,就入本类。

诏令奏议　　《唐志》首立诏令一目,《千顷堂书目》将制诰放在集部。《总目》编者认为这样不妥,应归史部,其理由是:"涣号明堂,义无虚发,治乱得失,于是可稽。此政事之机枢,非仅文章类也,抑居词赋,于理为亵。"⑫此看法是正确的。《文献通考》立奏议一门,放在集部里,《总目》认为应入史部,故并诏令奏议为一类,下分二目。

章太炎说:"诏令奏议,于古收入文集,帝王亲制,入帝王一己之集,词臣代拟,亦入词臣一己之集,陆宣公奏议入《翰苑集》。……至清则文与诏令奏议有分。盖古人奏议美富,……近世目不识丁之武夫,一为督抚,奏议亦有佳作。"⑬从章的这段话分析,古代将诏令奏议入集部,不是完全没有理由的。《陆宣公集》(即《翰苑集》),虽以集名,而所收均为陆贽在朝论谏。清代文集并不是完全没有奏议,只是有的奏议不是自己作的。从资料观点来看,不管诏令奏议如何美富,放在史部总比放在集部好。

诏令　　凡诏令专书,均入本类,如《太祖皇帝圣训》、《唐大

163

诏令》等,其排列次序以专集居前,总集居后。

奏议　　　凡奏议专集入此,如《包孝肃奏议》、《王端毅奏议》等。奏议编入本集的,以本集著录,不入本类。若一集中奏议居多,如明黄训编《名臣经济录》,其中奏议居十之八九,可入本类。

传记　　　《隋志》称传记为"杂传",下不分目,将所谓先贤传、高士传、孝子传等等都放在里面,眉目不清。宋郑樵《艺文略》将"传记"分为耆旧、高隐、孝友等十三类。《总目》又将"传记"分为圣贤、名人等五目。

"传记"是总名,分开来说,叙一个人始末的,称为传,叙一件事情本末的,称为记。封建时代能登上目录的传记,大致可分为三类:第一类是圣贤、名人、孝友、高士等人的传记,这些传记,在封建时代是受赞颂的,有所谓"正人风,杜邪说"的作用;第二类是高僧、列仙、鬼神等传记,这类传记,封建统治者是加以提倡的,因为它能起到麻痹人民群众而为封建统治阶级服务的作用;第三类是所谓"叛逆"人物的传记,这类传记,封建统治者是极力加以污蔑丑化的。

圣贤　　　封建统治者心目中的所谓"圣贤"是指孔子、孟子、周公一类人物。由于标准极严,本类只著录所谓"圣人"的传记两部即《孔子编年》、《东家杂记》(案:记孔林圣迹)。《总目》编者认为:这两部书是有关圣迹的书,类名本可以不标为"圣贤",但以存目中多诸贤之书,名统于一,所以标为"圣贤"。在存目中收有"圣人"的传记,如《孟子年谱》等书。

名人　　　所谓名人,指的是正人君子、名臣高士、孝子隐逸、道学忠义、贞女烈妇以至翰墨文章。编者说:"此类所录,大抵名世之英也。不曰名臣,而曰名人者,存目中孝子、隐逸多未登仕籍。而道学如濂溪、文章如柳州、翰墨如襄阳者,亦究未可称名臣。统以有闻于后之称,庶为兼括之通词耳。"从编者的这段话里可以看

164

出,本类原拟立名"名臣",因为其中有些人根本没有做过官,就是做了官,也够不上名臣的称号,于是就标明为"名人",用以概括多种类型的人物传记。

本类所收传记,如《杜工部年谱》、《金佗粹编》等。

总录　　一书记载很多人的传记叫总录。《总目》编者说:"合众人之事为一书,亦传类也。其源出《史记》之儒林、游侠、循吏、货殖、刺客诸传。其别自为一书,则成于刘向《列女传》。"⑭

凡收录多人传记的总传如《高士传》、《嘉靖以来首辅传》入本类。

杂录　　有关传记资料的书入本类,所收大都为记事之书,如《吴船录》,宋范成大记他由四川取水路到临安(杭州)沿途所见古迹、形胜,记载得较为详细;《入蜀记》宋陆游记他由山阴到四川夔州沿途所见。这类书,可考见作者生平活动的一个侧面。

别录　　编者站在封建统治阶级立场上,认为是逆乱人物的传记入本类。编者说:"安禄山、黄巢、刘豫诸书,既不能遽削其名,亦未可薰莸同器,则以叛臣诸传附在史末之例,自别为类。"别录所收书,一部分是统治阶级内部叛逆人物的传记,其中也有农民起义领袖,如黄巢等人的传记。

本类与"载记"、"杂史"两类有牵连不清的地方。《总目》编者说:"割据僭窃之雄,别附载记。征讨削平之事,别入杂史。"⑮这种界限含混不清,分类时应特别注意。

史钞　　史钞一类的书,《隋志》入诸杂史,《宋志》立史钞一门,《总目》因之。

史钞的种类,有专钞一史的,如《元史节要》等;有合钞众史的,如《正史削繁》等;有离析而编纂的,如《通鉴总类》等;有简汰而刊削的,如《十七史详节》等;有采摭文句的,如《史汉精语》等;有割裂词藻而编纂的,如《两汉博文》等。一部分书,虽涉及抄录多种史书，但又各有其纂述目的的，不入本类。有以下几种情况：品评一书的文字的，如《班马异同》；明一书的音训的，如《班马字类》；以及总汇文章的书，如《三国志文类》等书不入本类。这类书和类书的界线极为含混，如《史记法语》一书，摘编以备修词之用；《东汉精华》一书，摘钞以备文章议论之用，都属类书性质的书，因为它是史部书的摘钞，就归入史钞类。

载记　　《七录》立"伪史"一目，以收偏霸之书，《隋志》改称"霸史"，《文献通考》则兼用二名。《总目》编者以为："年祀绵邈，文籍散佚，当时僭撰，久已无存，存于今者，大抵后人追记而已。曰霸、曰伪，皆非其实也。案：《后汉书·班固传》称撰平林、新市，公孙述事为载记，《史通》亦称平林，下江诸人，《东观》列为载记，又《晋书》附叙十六国亦云载记，……准《东观汉记》、《晋书》之例，总题曰载记，于义为允。"⑯这段话论述了类名的根据。

《七录》"伪史"，是记伪朝国史，不问是谁作的。《总目》把后人追记的书称为载记，当时自撰的书称为伪史。"载记"一目，指割据一方的小国史书而言，所谓"立乎中朝，以叙述列国之名"，充分体现了封建统治阶级的正统观念。

本类书资料涉及面较广，有些是记载农民起义的书，如《韩氏事迹、方氏事迹》记农民领袖韩林儿、方国珍事；有些是记载兄弟民族的书，如《南诏事略》、《滇载记》记云南兄弟民族史实；有些是记中国历史上小朝代的历史的，如《南唐书》记南唐三主事；有些书是属于地理方面的，如《越绝书》、《华阳国志》等。

时令　　记录有关时令节序的书。本类只收《岁时广记》、《御定月令辑要二十四卷图说一卷》二书，存目所收，也只有十一部书。章太炎对时令别为一类，颇持异议，他说：对时令别为一类，最为可笑。时令者，于古有《夏小正》、《月令》之属，唐改《礼记·

166

月令》为唐月令,颁行全国,且以冠《礼记》之首,当时重视月令,本不足怪。宋以后即不然,至近代则是语涉气候,本不成令,而《总目》则别立一门者,清帝钦定之书,无可归类,又不可不录,故别立此门。明清时代,大都是详究农家日用、闾巷风俗等,并无政令典礼的活动。本类书与农业关系较为密切,所谓"本天道之宜,以立人事之节。"

地理　　古代的地志,主要是记载方域、山川、风俗、物产,所以《隋志》"杂传"、"地理"分为二门。《太平寰宇记》增以人物,又偶及艺文,于是为州县志之滥觞。元明以后,体例相沿。本类下分十属,它的编排次序及理论根据如下:

"首宫殿疏,尊宸居也。次总志,大一统也。次都会郡县,辨方域也。次河防,次边防,崇实用也。次山川,次古迹,次杂记,次游记,备考核也。次外纪,广见闻也。"[17]以尊宸居、大一统、辨方域、崇实用、备考核、广见闻几方面为列类次序。

宫殿疏　　晋代有宫殿疏的名目,唐刘知几《史通·表志篇》欲祖其规模别创一志。《总目》从刘知几说,将宫殿疏立为子目。

凡记载帝王所居宫殿、苑囿、门观、池馆规制的书入本类,如《三辅黄图》等。

总志　　凡内容涉及全国的志书,如《明一统志》、《大清一统志》等入本类。

都会郡县　　各省、市、县、镇地方志,如《广东通志》、《无锡县志》等入本类。

河渠　　讲水道及水利的书,如《水经注》、《治河图略》等书入本类。

边防　　凡讲海防、边防,攻守要冲及邻国形势的书如《筹海图编》等入本类。

山川　　凡讲风景名胜的书入本类。这类书主要是记名山、大湖,都是从名胜的角度来编写的,如《庐山志》、《西湖游览志》等。

古迹　　凡记载名园古刹、古城名迹、亭台楼阁的书入本类,如《洛阳伽蓝记》、《江城名迹》等。本类与"山川"一类的区别:"古迹"一类所收的书,大都为考证性质,主要是说明地物之古;"山川"一类所收之书,大都是风景游览之作,主要是说风景之美。

杂记　　凡记地理中一类或几类内容及杂记地理情况的书,如《南方草木状》、《荆楚岁时记》、《东京梦华录》等书均入本类。

本类书涉及地理内容的各方面,有谈土特产的,如《南方草木状》等;有专记某个地方风景的,如《桂林风土记》、《岳阳风土记》等;有专记某一地区的遗文轶事及古迹的,如《吴中旧事》等;有记当时都城情况、风俗及当时典礼仪卫的,如《东京梦华录》等。

游记　　凡旅游的记录,如《徐霞客游记》等入本类。本类书约可以分以下两种类型:一种是作者记亲身游历所见所闻,这类书较有参考价值,其中以《徐霞客游记》最为有名;一种是汇集游览之文,分类编辑的,如《古今游名山记》等。

外记　　记载外国地理(与专述外国历史之记载不同)的书入本类,如《佛国记》、《大唐西域记》、《职方外记》等。

本类除外国地理外,收入了不少我国兄弟民族的地理书,如《溪蛮丛笑》记武陵兄弟民族风俗;《赤雅》记广西瑶族之事;《连阳八排风土记》记连山县瑶族事。这类书都不应入外记。

职官　　凡记载职官官佐的书入本类。《总目》所收的书,大都是唐、宋以来一曹一司之旧事与儆戒训诰之词。下分官制、官箴两子目。

官制　　关于政府组织、官吏执掌及规制的书入本类,如《唐六典》、《翰林志》、《秘书监志》等。

官箴　　凡讲所谓官吏道德、做官的教条以及帝王大僚诰诫官属的书入本类,如《百官箴》、《御制人臣儆心录》等。

政书　　凡记载典章制度的书入本类。《新唐志》称"故事",明钱溥《秘阁书目》立"政书"一门,《总目》因之。

以前"故事"一类,大都收前代的事情,而且收书的范围也比较滥。本类不仅收前代典章制度的书,而且也收了清代典章制度的书。所谓"我皇上制作日新,垂谟册府,业已恭登新籍。"[⑱]再用"故事"为类名,已名不符实,所以定类名为"政书"。下分六属:

通制　　《总目》编者说:"纂述掌故,门目多端,其间以一代之书而兼六职之全者,不可分属,今总而汇之,谓之通制。"[⑲]凡记载一朝或历朝各种制度的书入本类,如《通典》、《唐会要》、《宋朝事实》、《明会典》等。

典礼(仪制)　　所谓典礼,是指以礼记吉凶行事的书,这类书大都以五礼为纲,所以凡谈谥法、典礼、庙制、礼器等仪制的书,如《大唐开元礼》、《皇朝礼器图式》等入本类。

邦计　　本类书多数是经济方面的,但也有政治方面的。凡财政、交通、盐法、钱法、冶炼、关税、救荒、垦荒以及保甲法之书入本类,如《漕书》、《盐政志》、《钱通》、《铁冶志》、《嘉靖清沅关志》、《救荒活民书》、《阳明保甲法》等。

军政　　凡论述兵制,以及有关平时养兵方法的书入本类,如《历代兵制》、《马政纪》、《历代武举考》等。

本类与子部兵家的区分:讲带兵打仗及论兵法的书入兵家类,本类所收是论养兵方法的书,不是用兵方法的书。

法令　　本类所收都是有关法律的书,如《大清律例》等。

本类与子部法家的区分:子部法家的书,是议论"法治"道理的,本类所收是国家颁布的法律条文,事相近而实不同。

考工　　凡讲建筑、造船、砖瓦、陶瓷制造等技术的书入本类,如《营造法式》、《钦定武英殿聚珍版程式》、《浮梁陶政志》等。

目录　　本类分经籍、金石两属。《总目》编者说："《隋志》以下，皆以法书、名画列入目录。今书画列入子部艺术类，惟记载金石者，无类可归，仍入目录。然别为子目，不与经籍相参。盖目录皆为经籍作。金石其附庸也。"[20]将金石放在目录类下，显然是不妥当的。

经籍　　书籍目录入本类，如《崇文总目》、《遂初堂书目》等。

我国书籍目录浩繁，从性质来分，有官书目录，如《文渊阁书目》等；有私家藏书目录，如《郡斋读书志》、《读书敏求记》等；有史书艺文志，如《隋书·经籍志》等。一般说，官书目录及私家目录所著录的书都是当时实有的，史书艺文所著录的书，有些当时已经亡佚。

金石　　金属石刻上文字的汇集、考证，如《集古录》、《金石录》等入本类。金石类与目录等类的区分："集录古刻，条列名目者，从《宋志》入目录；其《博古图》之类，因器具而及款识者，别入谱录；《石鼓文音释》之类，从《隋志》别入小学；《兰亭考》、《石经考》之类，但徵故实，非考文字，则仍隶此门，俾从类焉。"[20]

史评　　这类书所涉及的内容较广泛，有针对某书而发议论的，有综合历朝史事随笔论断的。

凡论述史书体裁、评论史事的书入本类，如《史通》、《读史管见》等。

①《总目·通鉴纪事本末》提要
②《史通·二体》
③《史通·六家》
④同注②
⑤《文史通义·书教下》
⑥《总目》编年类序

⑦《总目》纪事本末类序

⑧《总目》别史类序

⑨《书目答问》别史类说明

⑩《总目》杂史类序

⑪同注⑩

⑫《总目》诏令奏议类序

⑬《史部略说》

⑭《总目》传记类总录之属案语

⑮《总目》传记类别录之属存目案语

⑯《总目》载记类序

⑰《总目》地理类序

⑱《总目》政书类序

⑲《总目》政书类通制之属案语

⑳《总目》目录类经籍之属案语

㉑《总目》目录类金石之属案语

第三节　子部

一、子部概述

"子"字在古代有很多意义。一般说"子"是古代男子有德者之称、尊称或师称。《礼·曲礼》注:"子有德者之称";《仪礼·乡射礼》疏:"子是尊称";《仪礼·士冠礼》疏:"古者称师曰子"。子部中的"子"最初是指思想家的著作和记录思想家的著作而言,先秦的著作,大都以"子"标名,如《墨子》、《庄子》等。秦代以前,一般说,思想家并不亲自写书,大都是他们的门人后学、子孙或宾客把他的言行记下来,汇集编排起来的,为了尊重某思想家,就常用"某子"做书名。所谓"子"主要是春秋战国时期的产物。诸子的名称,大都定于刘向之叙录。诸子书的书名标示方法,不尽相同,有的标姓名如《公孙龙子》;有的只标姓,如《管子》;更有以穿着特点、居住地点来标示,如《鹖冠子》、《鬼谷子》。由于方法不一,造成诸子书中有姓存名缺、名存姓亡的情况。

先秦诸子书,涉及的内容比较广泛,按新学科分析,大都属哲学类。但书中也有教育、文学、政治、军事等方面的论述,由于多为后人所纂辑,所以纂辑的各篇章都表明一种观点。如墨翟有尚贤、尚同、兼爱、非攻、节用、节葬、天志、明鬼、非乐、非命十种观点。故《墨子》书中,有相应的篇章阐述他的主张,除用一种观点作为篇题外,其他各篇,虽非以一种观点作为篇题,但大都是围绕着他的某点观点的阐述。如《公输》篇主要阐明"非攻"的主张;《法仪》篇则论述"天志"的观点;《七患》、《辞过》篇发挥"节用"之说等等。又如《荀子》一书,有劝学、修身、不苟、荣辱、非相、非十二子、仲尼、儒效、王制、富国、王霸、君道、臣道、致士、议兵、强国、天论、正论、礼论、乐论、解蔽、正名、性恶、君子、成相、赋、大略、宥坐、子道、法行、哀公、尧问三十二篇。荀子哲学思想的主要论点是:性恶、法后王、法自然、主人治、群必有分、阶级不能无、正名、评论诸子几方面。三十二篇中,有不少篇章是围绕着主要论点发表意见的。如《不苟》、《非相》、《儒效》、《王制》几篇是论述"法后王"思想的;评论儒墨名家除《非十二子》外,还散见于《儒效》、《王霸》、《君道》、《议兵》、《富国》、《正论》、《乐论》诸篇。在《王霸》、《君道》篇中斥权谋家;《富国》、《乐论》篇中辟墨家;《正论》篇中驳法家。

子部书大致相当于今天学科中的哲学和科技两个门类。在四部中,子部书最为庞杂,这是由于学术的不断发展和引申及门类增并所造成的。最初,刘歆《七略》中有"诸子略",专收当时各学派的著作,和后来的子部内容大有差别,名实是相符的。到了《隋志》子部,内容就相当复杂了,把《七略》中的"术数"、"诸子"、"兵法"、"方技"诸略都移入子部，直到《总目》没有什么改变，只是显得更复杂了。《总目》编者对子部庞杂的内容从理论上论述其排列的合理性，编者说："儒家尚矣。有文事者有武备，故次之以兵家。兵，刑类也。唐、虞无皋陶，则寇贼奸宄无所禁，必不能风动时雍，故次以法家。民，国之本也。谷，民之天也，故次以农家。本草经方，技术之事也，而生死系焉。神农、皇帝以圣人为天子，尚亲治之，故次以医家。重民事者先授时，授时本测候，测候本积数，故次以天文算法。以上六家，皆治世者所有事也。百家方技，或有益，或无益。而其说久行，理难竟废，故次以术数。游艺亦学问之余事，一技入神，器或寓道，故次以艺术。以上二家，皆小道之可观者也。诗取多识，易称制器。博闻有取，利用收资，故次以谱录。群言歧出，不名一类，总为荟粹，皆可采摭菁英，故次以杂家。隶事分类，亦杂言也，旧附于子部，今从其例，故次以类书。稗官所述，其事末矣。用广见闻，愈于博弈，故次以小说家。以上四家，皆旁资参考者也。二氏，外学也，故次以释家，道家终焉。"①编者从"治世者所有事"，"小道之可观者"、"旁资参考者"、"外学"几个方面，将庞杂的子部各类系统地加以论述，说明各类的作用及排列的合理性。我们知道，子部古籍主要是指春秋战国诸子百家争鸣时期的著作而言，在当时，儒家也是诸子中的一家。汉武帝独尊儒术以后，儒家重要典籍被提升为经，其地位与其他诸子书就迥然不同了。编者认为"儒家尚矣"，而其他各学派"皆儒之失其本原者各以私智变为杂学而已"。②儒家和其他各家都是"救世之弊，应时而兴"的各学派。分析诸子的产生，应从当时的社会实际出发，把儒家以外各学派的产生都说成是"儒之失其本原者"。这种分析，带有明显的贬斥倾向。

子部书涉及到现代科学的哲学、军事、医、农、工、商等内容。先秦两汉诸子书，以讲哲学为主，其中也涉及到政治思想、学术思想、文学思想等等内容。子部书中还保存了不少科学技术资料和史料,其中以天文算法、农家、医家三类为最多,如天文算法类有《算经十书》;农家类有《齐民要术》(后魏贾思勰撰),《农书》(元王祯撰),《农政全书》(明徐光启撰);医家类有《素问》(相传黄帝撰),《金匮要略》(汉张机撰),《普济方》(明朱橚撰),《本草纲目》(明李时珍撰)。子部书的科技史料有时在哲学性质的著作中同样可以找到,如在杂家类《吕氏春秋》这部著作中,有"上农"、"任地"、"辨土"和"审时"等四篇,是我国最早的农学论著等。这些科技资料,正为我国的社会主义建设发挥着应有的作用。

二、子部类目解析

儒家　　儒家类的书,内容较为广泛,往往和其他类有牵连难分的情况,这是分类时应特别注意。

凡以儒家观点讲学论事以及阐明孔、孟学说的书入本类,如《孔子家语》、《二程遗书》、《朱子语类》等。

本类与经部等类的区别:凡注释经书的入经部各类,讲训诂的入经部小学类。

兵家　　我国历代有不少军事家。远在春秋战国时代,诸侯兼并,军事家活动更是活跃,汉初张良、韩信整理兵书,共得一百八十二家,其中战国兵家占多数,著名的有孙武、吴起等人。现存最早的兵书有《孙子》、《吴子》、《司马法》等。

凡讲用兵理论、军事战术、兵器以及实战记录的书入本类,如《孙子》、《司马法》、《守城录》等。有一些所谓兵书,杂以阴阳五行、占候、风云气色之说,与术数相出入,参考价值不大。

法家　　凡论法制及法制技术的书入本类,如《商君书》、《疑狱集》等。

本类与史部政书类法令之属的区别:法令之属专收记法令条

文的书，本类收论述法治理论的书。

农家　　农家是战国时期反映农家思想的学说派别，重农学派的学术著作及代表人物今不传，他们总结的农业经验，在其他著作中仍得以保存。

历代封建统治者也编些农业种植的书颁行全国。元世祖时官撰《农桑辑要》，清乾隆钦定《授时通考》都是这类书，说他们这种作法是"轸念民依之至意"。历代学者，编撰了大量农学著作，不少名作流传至今，仍有参考价值。

凡谈农业种植、农器、牲畜繁殖以及论述蚕桑等著作如《齐民要术》、《农书》、《农政全书》入本类。有关讲商业的书也附在本类，所谓"间有杂言商贾者，亦附之"。农业、商业性质根本不同而放在一类，这种分书方法是不科学的。

医家　　《汉志》医不称家，《隋志》称医方，清代《千顷堂书目》称医家，《总目》称医家，或即本此。

凡谈病理、治疗、药物、针灸、方剂的书入本类，如《金匮要略》、《铜人针灸经》、《博济方》等。关于讲兽医的书也放在本类，《总目》编者说："《周礼》有兽医，《隋志》载《治马经》等九家，杂列医书间，今从其例，附录此门，而退置于末简，贵人贱物之义也。"这种归类的办法，是不足为法的。

天文算法　　本类分推步、算书两属。编者认为："天文无不根算书，算书虽不言天文者，其法亦通于天文。"这种看法有一定的局限性。

推步　　《后汉书》杨厚传说："就冈郡郑伯山受河洛书及天文推步之术。"推步的名称在后汉已经有了。它的意思是指推算历法而言。推算历法和数学的关系很密切，所以天文算法成为一类。

凡谈用仪器及算术考测天象的书入本类，如《周髀算经》、《七政推步》等。

算书　专讲数理算法的书入本类，如《九章算术》、《夏侯阳算经》、《几何原本》等。

术数　术数类的迷信书，和封建时代的学说及统治者的推崇有关系。孔子谈天命；孟子推算"五百年必有王兴者"；邹衍造出了"五德终始说"；汉董仲舒、京房、高相等推阴阳灾异；樊英、李通、苏竟、刘瑜、廖扶等人都精于图谶。封建帝王不少是迷信的鼓吹者，汉武帝从各家迷信说中认定五行家是最好的；汉光武信重图谶；唐代瞿昙悉达奉敕撰《唐开元占经》；宋王安礼等奉敕重修《灵台秘苑》；清李光地奉敕撰《御定星历考原》等，都是封建统治者鼓吹迷信的明证。

凡运用阴阳五行相生相克之理以推论吉凶的书入本类，下分七属：

数学　这里所谓数学，不是指我们今天的数学，《总目》编者说："物生有象，象生有数，乘除推阐，务究造化之源者，是为数学。"汉代儒生用数理讲《周易》，因而数学成为儒学的一个组成部分。汉扬雄模仿《易经》作《太玄经》，宋邵雍作《皇极经世书》，都是数学著作。

占候　占候就是占星术，有所谓占天象、占物异。凡占视日月星云之变，以推知吉凶祸福的书入本类，如《灵台秘苑》、《唐开元占经》等。

相宅相墓　相宅相墓、占卜、命书相书，史志总括以五行，分开就成为三类，合并则为一类。相宅相墓，古代叫堪舆，或作堪余，又叫形家。《总目》编者说："相宅相墓，自称堪舆家。考《汉志》有《堪余金匮》十四卷，列于五行。颜师古注引许慎曰：堪，天道；舆，

176

地道。其文不甚明。而《史记·日者列传》有武帝聚会占家,问某日可聚妇否,堪舆家言不可之文。《隋志》则作堪余,亦皆日辰之书,则堪舆,占家也。又自称曰形家。考《汉志》有《宫宅地形》二十卷,列于形法,其名稍近。然形法所列,兼相人、相物,则非相宅、相地之专名,亦属假借。今题曰相宅相墓,用《隋志》之文,从其质也。"③《总目》编者详考了古来类名与收书歧异之处,确定准确的类名,以利归类。

凡相视活人住宅(阳宅)与死人葬地(阴宅)的方位、形势、建造日期,以推知吉凶福祸的书入本类,如《宅经》、《葬经》等。

占卜　　占卜是依据《易》的理论,用数来推算吉凶。用一定的物品,古代大都用龟、蓍,后来发展到用棋、钱或其它物品,随物取数,随数取卦,卦名有繇词,以推论吉凶。这类著作,如《灵棋经》、《易林》等。

命书相书　　凡讲以人的出生年月及形象、气色以推测未来命运方法的书入本类,如《李虚中命书》、《三命通会》等。

古代命书相书与相宅相墓合为一类,因为都是五行的支流。但命书相书主要是卜知未来命运,而且是命里注定的不可改变的;相宅相墓主要是说吉凶可以趋避。两者的特点又各有不同的地方。

阴阳五行　　古代认为宇宙中的一切,都具有阴阳两种特性和金、木、水、火、土五种性质,而且互相克制,甚至地域方位和日期都具有这种性质。人们在准备做某事时,先查这类书,采得合适的方位与日期以趋避吉凶。其书如《遁甲演义》等。

杂技术　　凡谈占梦(用解释梦以定吉凶),相字(用测字的方法言吉凶),脉法(以诊脉弁人贵贱吉凶)的书入本类,如《太素脉法》、《神机相字法》等。

艺术　　这里所谈的艺术,比今天所指的艺术范围较小,下分四属。

书画　　凡论书法、画法的书入本类,如《古画品录》、《书品》等。

考论书画的书,著录较多。其种类:有记载姓名,分别品第并加评论优劣的如《古画品录》、《书品》等;有讲论书法的,如《书诀》等;有书、画各为一书的,如《法书离钩》、《画史会要》等;有书、画共为一书的,如《书法名画见闻表》等。由于内容互相牵连,难以类分,所以本类的排列是以时代为次。

本类和杂家类杂品之属有牵连难分之处,如书中兼说赏鉴古器的,则分入杂品之属。

琴谱　　本类主要收弹琴的乐谱以及论琴的书,如《琴史》、《琴谱全璧》等。

编者将音乐分成雅、俗两类,所谓雅音,要放到经部乐类去,俗音才列入本类,说本类所收的书,都是山人墨客之技,识曲赏音之事,与熊朋来《琴谱》、王坦《琴旨》之类,发律吕之微,叶风雅之奏者,截然二事。所以熊、王二人的书放到经部乐类里去了。

篆刻　　凡汇集古印、印谱、论印之体例及品题篆刻印章的书入本类,如《印典》等。

编者说:"摹印本六体之一,自汉白元朱,务矜镌刻,与小学远矣。"④并说:"雕虫篆刻,壮夫不为",所以《总目》本类只收诸家品题之书,不收印谱之作,认为印谱一经传写,必失其真。

杂技　　凡讲博弈、歌舞、射法、投壶的书入本类,如《羯鼓录》、《乐府杂录》等。

编者用尊卑的标准来区分这类图书。《羯鼓录》、《乐府杂录》二书,《新唐志》入经部,编者以为"雅郑不分"把它分到本类来了。说"射义投壶,载于《戴记》,诸家所述,亦事异礼经,均退置艺术于义差允"。

谱录　　谱录一类,唐代以前没有,有关谱录的书,分入其它各类。宋尤袤《遂初堂书目》创谱录一门,《总目》因之。本书是辨体类目,编者注意的是书的体裁,而不注意书的内容,本类下分三子目,所收书按今天学科来说,涉及到生物科学、食品工业、手工业等门类。编者对本类无法说明收书范围,只说:"以收诸杂书之无可系属者。"意思是说,没有地方好放的杂书,都可以放到这里来。这种类目,可以说是极不科学的。

器物　　凡记载器物、杂器物、文具的书入本类,如《云林石谱》、《古今刀剑录》、《鼎录》等。

有些书放在本类,编者都感到勉强,如《云林石谱》一书,本不是什么器物,为了把它附在本类,编者加以论述,说:"宋以后书,多出于古来门类之外。如此谱所品诸石,既非器用,又非珍宝,且自然而成,亦并非技艺,岂但四库中无可系属,即谱录一门,亦无类可从,亦以器物之材,附之器物之末焉。"⑤

食谱(饮馔)　　凡讲茶、酒、糖、蔬食以及各种食物的原料、作法和历史的书入本类,如《茶经》、《酒谱》等。

本类书和农家类的书有牵连处,有些书本应入农家类,因有谱录一类,就搬到这里来了。如《东溪试茶录》谈茶叶产地、采茶、茶的病害,是一本茶叶种植书,本应入农家,而和着重讲品茶的《茶经》同入本类;又如《糖霜谱》一书,是谈制糖方法的,本应入农家,而归入本类。这种归类中的问题,是辨体类目所造成的。

草木鸟兽虫鱼　　凡讲动植物的书入本类,如《竹谱》、《禽经》等。

杂家　《汉志》云:"杂家者流,盖出于议官,兼儒墨,合名法。"《汉志》的杂家是指一家之言。《总目》的所谓杂家,不是兼儒墨、合名法,而是或本来是一家,而书少不能成为一类的;或著书百卷,而意旨不限于一家的;或著作内容不合封建统治者要求的,统曰杂家。所谓"杂之义广,无所不包"。这和《汉志》所指的杂家范围不同。

杂学 《总目》编者说:"以立说者谓之杂学。"⑥如《墨子》、《淮南子》、《公孙龙子》等。《颜氏家训》一书,《唐志》、《宋志》具列儒家,而《总目》编者以为此书"归心等篇,深明因果,不专为一家之言,今特退之杂家。"⑦古来分书,儒、杂两家的界线就难以划分清楚,大都决定于归类者的好恶,这本书符合于归类者的立场、观点就入儒家,不符合归类者的立场、观点就入杂家。

本类相当于《汉志》的杂家类,只是把名、墨、杂诸家并列到一起来了。编者以为:"古者庠序之教,胥天下而从事六德,六行,六艺,无异学也。周衰而后,百氏兴。名家称出于礼官,然坚石白马之辨,无所谓礼。纵横家称出于行人,然倾危变诈,古行人无是词命。墨家称出于清庙之守,并不解其为何语(以上某家出某,皆班固之说)。实皆儒之失其本原者各以私智变为杂学而已。其传者寥寥无几,不足自名一家,今均以杂学目之。其它谈理而有出入,论事而参利害,不纯为儒家言者,亦均附此类。"⑧编者认为儒家于道为最高,其他各家只不过是"儒之失其本原者"。编者的这种观点,限制了类目的合理设置。

杂考 《总目》编者说:"辨证者谓之杂考。"⑨凡考证之书大抵兼论经、史、子、集,而不限于某一类的入本类,如《白虎通义》、《容斋随笔》、《日知录》等。

杂说 《总目》编者说:"议论而兼叙述者,谓之杂说。"⑩大致相当于后来的笔记体著作,如《风俗通义》、《老学庵笔记》等。

杂品 《总目》编者说:"旁究物理,胪陈纤琐者,谓之杂品。"⑪主要是指品评书画、古玩、器物的书,如《洞天清录》、《云烟过眼录》等。

本类的书和谱录类器物之属所收的书性质相近,其区别是:凡是品评一事一物的入谱录器物之属,品评几种性质不同的物品的

180

书入本类。

杂纂　　《总目》编者说:"类辑旧文,涂兼众轨者,谓之杂纂。"[12]这类书都是摘录古书以成编,如《类说》、《绀珠集》、《说郛》等。

杂编　　《总目》编者说:"合刻诸书,不名一体者,谓之杂编。"[13]即我们现在所说的丛书,如《津逮秘书》、《昭代丛书》等。

类书　　类书是从许多图书中采辑材料,按照一定体系,分门别类编辑而成的书。此类书如何立类,《总目》以前就有人提出过意见,宋郑樵说:"类书者,谓总众类,不可分也。若可分之书,当入别类。且如天文有类书,自当列天文类,职官有类书,自当列职官类。岂可以为类书而总入类书类乎?"[14]这里郑樵提出了专门类书,各归其类的问题,也就是按内容归类。同时,也意识到综合性类书,可以于四部之外另立一类。明代祁承爜则直接提出类书与杂纂单独列于四部之后,《总目》编者在序言中说:"类事之书,兼收四部。而非经、非史、非子、非集,四部之内,乃无类可归。"[15]但又根据《隋志》列于子部,说《隋志》这种安排"当有所受之"。明知列于子部而不安,又拘泥于四部成法,沿而不改。

《艺文类聚》、《初学记》、《永乐大典》、《古今图书集成》等入本类。

小说　　汉班固云:"小说家者流,盖出于稗官。街谈巷语,道听途说者之所造也。"[16]唐颜师古说:"稗官"即"小官"的意思,统治者要了解闾巷风俗,所以立稗官,以收集"街谈巷语",其目的是供统治者的参考。这里的所谓小说,其概念不同于我们今天所指的小说,明胡应麟说:"汉艺文志所谓小说。虽曰街谈巷语,实与后世博物、志怪等书迥别。盖亦杂家者流,稍错以事耳。"[17]胡氏的分析是正确的,《汉志》中的小说,大都是些立言、记事的书,类似我们今天所称笔记文和小品文之类的著作。

明胡应麟将小说分为六类：志怪、传奇、杂录、丛录、弁订、箴规。志怪，指搜神、述异、宣室、酉阳之类的著作；传奇，指飞燕、太真、崔莺、霍玉之类的著作；杂录，指世说、语林、琐言、因话之类的著作；丛谈，指容斋、梦溪、东谷、道山之类的著作；辨订，指鼠璞、鸡肋、资暇、辨疑之类的著作；箴规，指家训、世范、劝善、省心之类的著作。从胡氏所立类及所收书情况看，是从小说"盖亦杂家者流"的观点出发的，所收书未免失之过宽。《总目》本类下分杂事、异闻、琐语三属，只相当于胡所分杂录、志怪二类。其他四类，有的《总目》不著录，如传奇之类；有的放在杂家类里，如丛谈、弁订等类。本类所收书，真正的小说，如唐人传奇《李娃传》、《霍小玉传》、《莺莺传》、《柳毅传书》等；宋人评话《大宋宣和遗事》、《新编五代史平话》等；明人小说《三国演义》等都没有著录，所收书大都是神怪、杂录、笔记之类的书，和杂家类、史部有些类目牵扯不清。

杂事　　这类书近似笔记，如《唐摭言》记载唐代贡举制度特别详细；《南部新书》"所记皆唐时故实，兼及五代"；《涑水纪闻》记宋代的旧事，从宋太祖起到神宗止。

本类书有些属其他类的，如《云溪友议》（唐范摅撰）一书，诗话属十之七八，其性质与孟棨《本事诗》相同，而《本事诗》入诗文评，《云溪友议》入本类。有些书按内容属史部的，也放到本类来了。《总目》编者也说到："纪录杂事之书，小说与杂史最易相淆，诸家著录亦往往牵混。今以述朝政军国者入杂史；其参以里巷闲谈词章细故者，则均隶此门。"[18]

异闻　　带有神怪性质的小说入本类，如《搜神记》、《江淮异人录》等。

《山海经》一书，编者说它："侈谈神怪，百无一真，是直小说之祖耳。"编者这种看法有局限性。《山海经》是一部先秦古书，内容并不完全荒诞。它是我国古代的一部地理书。

182

本类收《太平广记》一书,这书为小说之渊海,是一部小说总集,但就其编排体例看,又属于类书了。

琐语　　小品文之类的书如《博物志》、《酉阳杂俎》等。

释家　　收有关佛教的书,如《宏明集》、《广宏明集》等。但《总目》不收佛教经典。《总目》编者说:"今录二氏于子部末,用阮孝绪例。不录经典,用刘昫例也。"[19]

道家　　本类收古代道家及道教的书,如《老子注》、《周易参同契》等。但《总目》不收道教经典。

①《总目》子部总序
②《总目》杂家类杂学之属案语
③《总目》术数类相宅相墓之属案语
④《总目》艺术类序
⑤《总目·云林石谱》案语
⑥《总目》杂家类序
⑦《总目·颜氏家训》提要
⑧《总目》杂家类杂学之属案语
⑨同注⑥
⑩同注⑥
⑪同注⑥
⑫同注⑥
⑬同注⑥
⑭《校雠略·编次之讹论》
⑮《总目》类书类序
⑯《汉书·艺文志》小说家序
⑰《少室山房笔丛》
⑱《总目》小说家杂事之属案语
⑲《总目》释家类序

第四节　集部

一、集部概述

　　"集"《说文解字》的解释是"群鸟在木也"。引申为集合、汇集、聚集等意义。"集部"的形成有一个过程,《汉志》有诗赋略,专收诗赋。晋荀勖《中经新簿》分四部,其中丁部所收图书有诗赋等书。梁阮孝绪《七录》有文集录,立楚辞、别集、总集、杂文四类。分类法中文集之名,起始于《七录》。唐代编《隋志》,将丁部标为集部,下分楚辞、别集、总集三类,而略去《七录》文集录中杂文一类。

　　集部书大都带有汇集、综合性质。个人作品综合集称为别集;诸家作品综合集称为总集。

　　自编别集始于六朝,唐末已有专集刊版印行,汇编别集,依时代先后有前集、后集之分;依分量多少有全集、选集之分;依作品精粗有正集、外集之分;依作品体裁有诗集、诗赋集、文集、诗文合集之分。一集中还有内集、外集;内编、外编;正编、续编等编排办法。对内、外集等概念如何理解,并无统一的可遵循的标准,这是因为各种集子反映同一概念的内容并不相同。下面我们结合实例对某些概念进行一些分析:

　　内集、外集问题　　　唐柳宗元《柳子厚集》,将《非国语》六十余篇列入集中之别集,而将应试及代笔等文字列入外集,唐以后一集中分别集、外集;内集、外集的办法经常使用着。我们从集部书中的实例考察分析,对内集、外集的情况,可以从两方面来理解。一方面是要和作者的学术观点联系起来,如释家所称内集、外集和儒家所称内集、外集意义完全不同。释家以佛典为内学,以儒书为外学。释家所编别集，都以无关佛理之诗文为外集，而以有关佛理之语录、偈语、禅文等为内集，如清释敏膺撰《香域内外集》十二卷，内集五卷，皆有关佛理之语录、偈语；外集七卷，皆无关佛理之诗文。明释方泽撰《冬谿外内集》二卷，上卷为外集，下卷为内集，以诗为外，以文为内。因诗多涉文字，而文皆属禅文。宋释道灿《柳塘外集》、明释宗泐《全室外集》，书名直标外集，所收为诗文，都寓有释氏以佛经为内学，以诗文为外之意。释氏集中，内集、外集之分是十分严格的。儒家学者区分内、外集，其标准和释家恰好相反，如金赵秉文《滏水集》，以不乖儒理者为内集，以主张释老者别为外集。宋杨杰《无为集》、明宋濂《未刻集》、杨士奇《东里集》中，凡为释、道所作的文字，皆别为卷帙，附于一集之后，这都是以"内吾儒而外二氏"的思想进行编排的。另一方面是以作者所长区分内、外集，文家集中存有少量诗或骈文的，将诗或骈文编为外集；诗家集中有少量文者，将文编入外集。如明吴鼎《过庭私录》七卷、外集一卷，作者以散体之文为主，而以诗为外集。清施闰章《学馀堂文集》二十八卷、诗集五十卷、外集二卷，其外集所收为砚林拾遗、试院冰渊，是施所作杂记，为有别于诗文，故编为外集。

　　除上述二方面情况外，还有：一、以后来所收集的遗诗、剩稿为外集，如刘禹锡《刘宾客文集》三十卷、外集十卷，宋次道哀其遗诗四百七篇、杂文二十二首编为外集。明皇甫涍《皇甫少玄集》二十六卷、外集十卷，皇甫涍死后，其子皇甫枢等哀辑剩稿，得诗八卷、赋及杂文二卷，编为外集。二、以挽诗、墓碑、行实文字为外集，如元刘鹗《惟实集》四卷、外集一卷，外集是作者裔孙刘于廷等所辑前人序记、挽诗有关作者生平之文字。明郑心材《郑京兆集》十二卷、外集二卷，其外集二卷，为墓碑、行实之类文字。从上例可以看出，外集不仅有作者自己所作的文字，也杂有他人所作的文字。

　　有的个人集子，在内容编排时，由于重道学而薄事功，外集所收内容，越出封建时代编别集的常理之外，因而引起非议。如侯铨编陆陇其《三鱼堂文集》，将奏议、条陈、表策、申请、公移、诗列入外集，就是越出常规之外的作法。侯铨之所以要如此编排，主要意图在突出陆陇其是道学家，强调道统之继承。《总目》编者对这种编排办法极表不满，说"铨等乃以奏议、公牍确然见诸行事者别为外集。夫诗歌非陇其所长，列之外集可也。至于圣贤之道，本末同原。心法治法，理归一贯。《周礼》皆述职官，《尚书》皆陈政事，周公、孔子初不以是为粗迹。即黄榦编朱子诗文，亦未尝薄视论政之文，挥而外之。铨乃徒知以太极论冠篇，欲使陇其接迹周子，而以其循绩别为外集。尊空言而薄实政，是岂陇其之旨乎。"奏议、条陈与当朝政治有关，而列入外集，因而《总目》编者在提要中着重"纠其编次之陋"。

　　别集问题　　这里所说的别集，不是与总集对称的别集，而是别集中的别集。在个人别集中又有分出别集另标卷数的情况。如明张时彻《芝园定集》五十一卷别集十一卷；清金德嘉《居业斋文集》二十卷别集十卷等。一书中又分出别集，主要是内容编排上产生的问题。别集所收篇章内容，和主要部分所收内容有明显的不同。别集所收内容，一般有以下几种情况：一、突出作者专长，以非专长之篇章列入别集。唐人编李白、杜甫诗，以李、杜所作文为别集，因李、杜以诗而见长。明归有光《震川文集》三十卷别集十卷，归以文著称于明末，别集所收主要是他的诗。二、补遗材料。这种情况一般是重刻时，将作者过去刻本未收的篇章补刻进去，列为别集。如宋范仲淹《文正集》二十卷别集四卷补编五卷，其中别集即重刻时所补范作诗文。三、以学术观点区分。如清潘耒《遂初堂诗集》十五卷文集二十卷别集四卷，别集所收，是潘氏为释、道所作文字，也是内吾儒而外二氏之意。

　　附录问题　　别集有附录，较之有外集、别集更为普遍。附录中的文字涉及面比较广，大致有以下几种情况：一、收行状、神道碑、墓志等资料，如宋陈傅良《止斋文集》五十一卷附录一卷，宋柳

186

开《河东集》十五卷附录一卷,其中附录均收有行状、神道碑、墓志铭等资料,这些传记资料,对了解作者生平是有参考价值的。二、附收他人著述。附收他人著述有二种情况,一种是附收亲人的著述,另一种是编者意欲附骥而行,将自己的诗文附刻于他人别集之后。如清徐倬《蘋村类稿》三十卷附录二卷,附录所收是徐倬子徐元正所作诗文,这是父集附子作例;元洪希文《续轩渠集》十卷附录一卷,附录所收是洪希文父洪严虎诗,这是子集附父作例;宋罗愿《鄂州小集》六卷附录二卷,附录所收是作者哥哥罗颂、弟弟罗颀侄似臣之文,这是附收同辈及晚辈文字例;清朱璘编《诸葛丞相集》四卷,末一卷所收是朱璘及其子朱瑞图诗文,这是通过编诸葛亮集来传扬自己的文字,也就是封建时代所谓的附骥而行。三、以所作佛学文字入附录。如清边连宝《随园诗集》十卷附录一卷,附录所收曰禅家公案颂,是作者晚年喜佛学所有关佛学的文字,作者对经学深有研究,所作诗是以儒家思想为指导的,有关佛学的文字自然列之附录。四、附录他人所题诗文。如宋刘过《龙洲集》十四卷附录二卷,附录所收为宋以来诸人所题诗文。

从附录所收文字分析,原书作者所写文字较少,多数文字为他人所作,从他人所作内容分析,涉及作者生平有关的文字较多,对了解作者生平还是有参考价值的。

外集、别集、附录所收内容,有些是相同的,如有关为释道所作的篇章,既有编入外集、别集的,也有编入附录的。我们既要了解外集、别集、附录部分所收内容的一般情况,但在分析具体书时,应从实际出发去了解某部分所列入的具体内容。

个人别集汇集成书,有作者自己编的,但更多的是后代、门人及后学所编,由于封建伦理思想的影响,引起集名的多种多样。古代人认为直接用作者的名字作集名是一种不尊重别人的行为,因而在古籍中直接用作者姓名做集名的为数极少,这就不能不根据种种因素来定集名。我们综合分析过去的别集,集名的依据大体有以下一些情况：

一、用作者本名作集名。如唐杜审言诗集称《杜审言集》；唐李商隐诗称《李商隐诗集》。

二、用"字"为集名。如汉刘歆，字子骏，集称《刘子骏集》；唐欧阳詹，字行周，集称《欧阳行周集》。

三、用"号"为集名。如宋秦观，号淮海居士，词集称《淮海词》；宋苏轼，号东坡居士，集称《苏东坡集》。

四、用官衔作集名。有以下几种办法：

1. 初官。汉班固初除兰台令史，集称《班兰台集》。

2. 终官。梁何逊官至水部员外郎，集称《何水部集》。

3. 谪官。汉贾谊谪为长沙王太傅，集称《贾长沙集》。

4. 赠官。宋魏野追赠秘书省著作郎，集称《东观集》。

五、用谥号作集名。有二种情况：

1. 官谥。清张玉书死后，朝廷给他的谥号是"文贞"，集称《张文贞集》。

2. 私谥。非朝廷所给谥号称为私谥，元吴莱死后，其门人宋濂等私谥为渊颖先生，集称《渊颖集》。

六、用封号为集名。宋韩维封南阳郡公，集称《南阳集》。

七、用封号、谥号为集名。魏曹植黄初六年封陈地为王，死后谥"思"，集称《陈思王集》。

八、用籍贯为集名。封建时代重视地望，以地名称人是表示尊敬。宋曾巩是江西南丰人，集称《曾南丰文集》。

九、用住地为集名。宋陈襄居侯官县古灵村，集称《古灵集》。

十、用所爱之地为集名。宋陆游在蜀多年，离蜀后心未尝一日忘蜀，因而把他平生所作的诗题集名为《剑南诗稿》。

十一、用斋室名为集名。元舒頔名其所居曰贞素斋，集称《贞素斋集》。

十二、用统治者所赐诗、文为集名。这是封建时代表示荣遇的一种办法。宋赵鼎监修神宗、哲宗二朝实录，书成后，宋高宗亲书"忠正德文"四字赐鼎，因以名集为《忠正德文集》；清吴震方，以所辑朱子论定文钞进呈，康熙御书白居易诗赐给吴震方，吴因摘诗中"晚树"二字以名其楼，并标集名为《晚树楼诗稿》。

十三、表志向。宋陈仁子，宋亡不仕。集名标为《牧莱脞语》，是说他放牛于草莱之间，以示他对宋朝的忠心。

十四、据典故。三国董遇说，读书要用三馀时间，三馀指"冬者岁之馀，夜者日之馀，阴雨者晴之馀"。宋黄彦平集名为《三馀集》，即用董遇好学之典故。《论语·季氏》有"鲤趋而过庭"一段，是说孔子教训孔鲤的事，后来就用"过庭"二字，指受教于父亲。明吴鼎《过庭私录》，是他儿子遵晦所录，故以过庭为名。

十五、表时间。白居易《白氏长庆集》、宋曾巩《元丰类稿》，长庆、元丰均为年号，表示时间。

十六、用古文字句为集名。宋卫泾《后乐集》，节取范仲淹《岳阳楼记》中"先天下之忧而忧，后天下之乐而乐"句作集名；清杜诏《唐诗叩弹集》，节取陆机《文赋》中"抱景者咸叩，怀响者毕弹"句作集名。

别集取名的办法，我们虽条列出上述十几点，但并不完善。有些别集的取名，是从作者所处的实际情况而取，一般很难从集名中看出它的意义，如《鲸背吟集》，作者朱晞颜序称"至元辛卯，泛海至燕京，舟中成七言绝句三十馀首，诗尾各以古句足之。其末章云：早知鲸背推敲险，悔不来时只跨牛。因名鲸背吟。"《倚松老人集》，作者饶节在政治上不得志，去当和尚，曾作偈云：闲携经卷倚松立，试问客从何处来。遂号倚松道人，因以名集。《小畜集》，作者王禹偁，官至翰林学士。为人敢于直言，三次受到贬谪，作了一篇《三黜赋》以表示不满。他编好了自己的集子，用《易》来进行卜筮，卜得乾之小畜卦，因以小畜名集。这类书名，大都与作者的政治境遇、生活经历、个人爱好有关。

上述各种取名办法,除少数几种外,大都带有封建伦常的烙印,如用作者籍贯作集名,是因为作者名声大,用籍贯作书名以增加地方的声望。用谥号、官称作书名,无非是作者的门徒或后代以显示其先师或祖上的"盛名",用以抬高他们的社会地位等等。由于封建文人从不同角度来取集名,造成一个人的集子名目繁多,如宋文天祥的集子就有《文山全集》、《文山先生全集》、《文忠烈公全集》、《文丞相全集》、《庐陵文丞相全集》、《文信国公集》、《文山集》、《文山别集》、《文信国公杜诗》等。针对书名的巧立名目、争奇吊诡,清章学诚评论说"人心好异而竞为标题,固已侈矣。至于一名不足,而分辑前后,离析篇章,或取历官资格,或取游历程途,富贵则奢张荣显,卑微则酝酿寒酸,巧立名目,横分字号。遂使一人诗文,集名无数,标题之录,靡于文辞,篇卷不可得而齐,著录不可从而约;而问其宗旨,核其文笔,黄茅白苇,毫发无殊。"①章氏分析了集名复杂的原因及其弊病,这是对的。但转而要把这些书"概付丙丁",则未免是过激之论了。

　　我国历史悠久,集部书的数量相当多,集部书的内容也相当庞杂,我们不能把集部书理解为和现在的文学作品一样,在集部书中有不少是经、史、子的内容。造成这种情况,是由以下几方面原因造成的:一、《汉志》"诗赋略"专收文学作品,后来总集、别集盛行,编别集有的把一生的作品汇集在一部书里,古代文、史、哲并无严格界线,一个人同时研究经书、诸子、诗文、史书的固属不多,但研究经书又研究诸子或研究经书又研究历史的实属不少,至于诗文,在封建时代一般文人均能有所述作,因而个人别集中就出现大量论学的、记事的、抒情的篇章;二、汇集很多人作品的选集,渐渐扩充为收集个人历史或轶事的史料性的诗文总集;三、文学批评一类书,也扩充而记本人事迹及有关掌故的文学史料。

　　清章学诚认为,文集内容之多,是由于"学不专家"所造成,他分析说:"经学不专家,而文集有经义;史学不专家,而文集有传记;立言不专家,而文集有论辨;后世之文集,舍经义与传记论辨之三体,其余莫非辞章之属也。"②章氏了解到集部中有经、子、史的内容,这本来是著作体例随着时代的发展、学术研究范围的扩大和深入的必然结果,这应该看做是种进步,不是什么"子史衰而文集之体盛,著作衰而辞章之学兴"。集部书里,经、史、子的内容所占比例,从《清代文集分类篇目索引》一书中就可以看出来,该书收近三百年学者别集四百二十八种,总集十二种,分三部:学术文之部,传记文之部,杂文之部,而其中学术文之部又按四库分类法分类,而这一部分文章占了索引的绝大部分。

集部书的内容涉及面广,资料也十分丰富,只要我们正确利用,就能充分发挥它的作用。编纂总集,因有网罗遗佚、巨细必登的一种编纂办法,保存了不少无专集作者的作品,就是有专集的作者,往往从总集中能发现少量诗文为专集所未收。《总目》编者在《文苑英华》提要中说:"李商隐《樊南甲乙集》,久已散佚。今所存本,乃全自是书录出。又如《张说集》,虽有传本,而以此书所载互校,尚遗漏杂文六十一篇。则考唐文者惟赖此书之存,实为著作之渊海。"③个人别集中,有的可补史书之不足,有的可订正史书记载之讹,有的真实反映了作者所处时代的历史情况等等,都极有参考价值。在总集、别集中,有部分传记文作品,大都是哀辞、祭文、赠序、赞颂之类的文字,其中或可给我们提供部分资料,但在使用时,必须加以分析。

在使用别集时,应了解作者研究的重点以明别集中的主要内容,以便参考利用。清张之洞说:"国朝文集有实用,胜于古集。方苞、全祖望、杭世骏,……集中多碑传志状,可考当代掌故,前哲事实;朱彝尊、卢文弨、戴震、钱大昕,……集中多刻序跋,可考学术流别,群籍义例;翁方纲、孙星衍、严可均、洪颐煊,……集中多金石跋文,可考古刻源流,史传正误。"④张的分析,给我们使用清代别集提供了一个线索。

二、集部类目解析

楚辞　　楚辞是楚国文学,屈原的《离骚》、《九歌》,宋玉的《招魂》,都是用的楚国方音,到汉代部分文人写了些类似作品,楚辞就成为全国性文学了。

汉时,刘向辑屈原《离骚》、《九歌》、《天问》、《九章》、《远游》、《卜居》、《渔夫》;宋玉《九辩》、《招魂》;景差《大招》;贾谊《惜誓》;淮南小山《招隐士》;东方朔《七谏》;严忌《哀时命》;王褒《九怀》;加上刘向自己作的《九叹》,共为《楚辞》十六篇。东汉王逸在刘向《楚辞》的基础上,加上他自己作的《九思》和班固的二篇叙,编成《楚辞章句》,逐篇加以注释。宋洪兴祖撰《楚辞补注》,在王逸注的基础上,一一加以疏通证明补注于后,对王逸的注多所阐发。"于楚辞诸注之中,特为善本"。宋朱熹作《楚辞集注八卷、辩证二卷、后语六卷》,亦多取洪兴祖之说。对王逸原定《楚辞》篇数,有所增删。朱熹以王逸章句及洪兴祖补注均详于训诂,未得意旨,朱注则不重训诂,而着意阐发意旨,这和理学家注经的精神是一致的。

《楚辞》的注解,有些是注《离骚》中所提到的草木的,如《离骚草木疏》等;有些是谈协韵的,如《楚辞协韵》等;有些是对某一篇进行注解的,如《天问补注》等。凡属对楚辞进行注释、研究考证的书均入本类。

别集　　个人作品综合集叫别集。别集始于东汉,《隋志》云:"别集之名,盖汉东京之所创也,自灵均已降,属文之士众矣。然其志尚不同,风流殊别。后之君子,欲观其体势而见其心灵,故别聚焉,名之为集。辞人景慕,并自记载,以成书部。"《总目》编者同意《隋志》意见,亦云:"集始于东汉"。清章学诚则认为东汉无文集之名,章氏认为范晔《后汉书》、陈寿《三国志》所写文士诸传

"识其文笔,皆云所著诗、赋、碑、箴、颂、诔若干篇,而不云文集若干卷,则文集之实已具,而文集之名犹未立也"。并说《隋志》"别集之名,东京所创"之说,"盖未深考"。章氏以为"自挚虞创为《文章流别》,学者便之,于是别聚古文之作,标为别集,则文集之名,实仿于晋代"。

别集有自编、门人后学编、后人及亲朋编几种情况。自编别集,一般说比他人所编为谨严。如清陈讦自编《时用集》,凡四十岁以前所作都删去不收;朱彝尊自编《竹垞文类》亦有悔其少作,自为删汰之举。但自编别集,也有于一生作品只字不遗的作法,如许汝霖自编《德星堂文集》就是这种办法。

别集编辑体例:有分集编订、分类合编、编年等办法,这是编别集常用的几种方法。但有的作者每官一地,即为一集;有的别集,于总目之后仿《史记・自序》、《汉书・叙传》之例,每篇各为之序,述所以立言之意,这是编别集之特例,仿照这种办法的极少。

在内容编排方面,部分别集有不合理的地方。如有的别集文以寿文为冠、诗以寿诗为冠,又以词置赋之后,诗之前;有的别集以祭文、青词,冠经义、论策之前,编排次序,颠舛无绪;部分别集,以歌颂帝王之颂、序等作冠之卷首,以志荣遇,这实际上是封建时代别集内容编排之俗套。

别集资料来源有种种情况,作者自编及近亲、门弟子所编,内容大都较为精粹而完整。部分作者,原别集散佚,后来人重为编辑,多有依据总集材料进行编排的,如唐刘蜕《文泉子集》一卷,为明末韩锡所编,实际是从《文苑英华》等书采出;宋孙复《孙明复小集》一卷,乃从《宋文鉴》、《宋文选》诸书抄撮而成。

马端临《文献通考》别集一类,分诗集、歌词、奏议三小类,《总目》编者以为"诗集亦属别集,必欲区分,则有文无诗者将又立文集一门,弥滋繁碎"。以"奏议皆关国政",将奏议与诏令合为一类,放入史部,这是很正确的。但认为"歌词体卑而艺贱",从《通考》之例,别立词曲一类,以为"体卑艺贱",而斥之别集之外,这种分析,显然是不对的。《总目》本类所收有诗集、文集、诗文合集等别集。

总集　　诸家作品综合集,称为总集。我国文学的总集起源很早,《诗经》、汉王逸辑《楚辞》,就是诗歌、楚辞一体的总集。

《隋志》说总集始于挚虞,《总目》也说:"三百篇既列为经,王逸所衷,又仅楚辞一家,故体例所成,以挚虞《流别》为始。"这是指各体综合性总集而说。在《流别集》前后,尚有杜预的《善文》、李充的《翰林》、刘义庆的《集林》等,各书均已失传。《流别集》分体选集古今文章并按文章论其优缺点,明张溥《汉魏六朝百三家集》,清严可均《全上古三代秦汉三国六朝文》均有记载。

挚虞以后,梁昭明太子萧统编了一部《文选》(亦称《昭明文选》),他选择文章的标准是注重文采,他在自序中说:"事出于沈思,义归乎翰藻。"就是说,凡是经过深沉的艺术构思,用华丽词藻表达的文学作品才收录。凡是"以立意为宗,不以能文为本"的,都不在他收录之列。先秦诸子之文,就被排斥在《文选》之外。《文选》收录的文章,上起周代,下至梁朝,各种重要文体,大都选上了。我国古代的总集,按其性质,可以分为两类,一类是着眼在网罗宏富,偏重于保存文献;一种是选录部分文章,加以品评,意在去芜存精,《文选》是属于后者。

《文选》一书对后世影响很大,研究它、注释它的书很多,形成专门的"文选学"。《文选》重要注本有两种,唐李善《文选注》和唐《六臣注文选》(六臣指吕延济、刘良、张铣、吕向、李国翰五臣注,合李善为六人),李注在先,五臣注在后,南宋以后,有人将两种注合在一起,称为六臣注。后来注释《文选》的著作很多,只是注释的主旨各有不同,如《文选句图》、《文选纂注》、《选诗约注》、《文选章句》、《文选尤》、《文选瀹注》、《昭明文选越裁》、《选诗定论》、《文选音义》等。后代编纂历代文章或一代文章总集的,大都参照继承了《文选》的体例。如宋李昉等编《文苑英华》一千卷,所录诗文,起于梁末,用以上续《文选》。其分类编辑,体例与《文选》大致相同,只是门目分得更细。《文选》以下所编总集,收文章都偏重于文采,到了宋代理学盛行,编总集不免受到理学的影响。宋理学家真德秀编了一部《文章正宗》,分辞令、议论、叙事、诗歌四类,录《左传》、《国语》以下至唐末之作。这是纯粹理学家所选总集的代表作,他以"穷理致用"的文章为正宗,否则就不是正宗,他在序言中说:"夫士之于学,所以穷理而致用也,文虽学之一事,要亦不外乎此,故今所辑,以明义理切世用为主,其体本乎古,其旨近乎经者,然后取焉,否则辞虽工而不录。"他所选《文章正宗》的标准和《文选》的"事出于沉思,义归乎翰藻",完全相反,有意识地与《文选》对立,并企图取代《文选》的地位。真德秀的这套理论,受到道学家兼选家的赞扬,并依《文章正宗》标准,进行总集的编选工作,如金履祥《濂洛风雅》、蔡世远《古文雅正》、刁包《斯文正统》等都是《文章正宗》系统的总集。但《文章正宗》也受到部分学者的非议,顾炎武说:"真希元《文章正宗》所选诗,一扫千古之陋,归之正旨。然病其以理为宗,不得诗人之趣。……必以防淫正俗之旨严为绳削,虽矫昭明之失,恐失国风之义。六代浮华固当刊落,必使徐、庾不得为人,陈、隋不得为代,毋乃太甚,岂非执理之过乎。"《总目》编者说:"德秀虽号名儒,其说亦卓然成理。而四五百年以来,自讲学家以外,未有尊而用之者,岂非不近人情之事,终不能强行于天下欤。"⑤《文章正宗》的收录标准,开后世坊刻古文收录《左传》、《国语》等文章的先例。

总集大致可分以下十余种类型:

1. 历代各体总集,如《文选》、《文章正宗》等;

2. 历代诗总集,如《玉台新咏》、《御定四朝诗》等;

3. 历代文总集,如《御定古文渊鉴》等;

4. 历代一体文总集,如《历代赋选》等;

5. 一代诗文总集,如《唐文粹》等;

6. 一代诗总集,如《全唐诗》等;

7. 一代文总集,如《宋文选》等;

8. 一代一体文总集,如《国朝骈体正宗》等;

9. 唱和题咏总集,如《松陵集》、《西昆酬唱集》、《千叟宴诗》等;

10. 族姓总集,如《文氏五家诗》等;

11. 程式总集,如《大全赋会》等;

12. 地方总集,如《新安文献志》、《宛陵群英集》等;

13. 诗派、文派总集,如《瀛奎律髓》、《古今诗删》、《二冯评点才调集》、《唐宋八大家文钞》等;

14. 专题总集,如《声画集》、《古今岁时杂咏》等;

15. 人物总集,如《宋遗民诗》、《薛涛李冶诗集》、《释总集》等。

诗文评　　论文品诗的书入本类,如《文心雕龙》、《诗品》等。

我国诗文评的著作起源很早,曹丕《典论论文》、陆机《文赋》都各自发表了自己的文学见解;《文心雕龙》是系统全面的文学评论著作;《诗品》一书,专论汉魏以来五言诗。唐宋以后,诗文评的著作增多。这类著作,大致可分以下几种类型:

1. 研究文体流源而评论其优缺点的,如刘勰《文心雕龙》等;

2. 评品作者而考究其师承关系的,如梁钟嵘《诗品》等;

3. 论诗的技巧的,如严羽《沧浪诗话》等;

4. 专记遗文轶事的,如计有功《唐诗纪事》、厉鹗《宋诗纪事》等;

5. 搜集作者故实的,如唐孟棨《本事诗》等。

词曲　　《总目》编者对词曲大加贬斥,说"词曲二体在文章、

196

技艺之间。厥品颇卑,作者弗贵。特才之士,以绮语相高耳。"对于曲,编者认为更是"卑下",所以《总目》只录品题论断的书,而不录曲文。

词集　　　词的别集入本类,如宋晏殊《珠玉词》、李清照《漱玉词》等。

词选　　　词的总集入本类,如后蜀赵崇祚编《花间集》,宋周密编《绝妙好词》,清朱彝尊编《词综》等。

诗变为词,开始于中唐,而盛于宋代,唐时词没有专集,大都附在诗集里。后蜀赵崇祚《花间集》是较早的词总集。宋以后词的创作达到极盛,词集也较多。到清代对词进行了总汇工作,如《历代诗余》、《词综》等。

词话　　　论述词的源流和品评词作的书入本类,如《乐府指迷》等是。早在南宋就有词话的专著,重要的有三部:张炎《词源》,其书分词源、制曲、句法等十四篇,论述音律和作词方法;王灼《碧鸡漫志》,详细论述了曲词的来源;沈义父《乐府指迷》主要是谈作词方法。明代词话著作较少,清代词话著作最多。由于《总目》编者对词的看法错误,因而对词话的著作也不重视。

词谱、词韵　　　讲词的谱式及填词押韵的书入本类,如清万树《词律》、清仲恒《词韵》等。唐宋两代没有词谱的专书,"盖当日之词,犹今日里巷之歌,人人解其音律,能自制腔,无须于谱。"⑥到明清两代词谱著作才逐渐增多。

南北曲　　　曲是由词演变出来的,词、曲都是配合音乐的长短句。词由民间通俗文学开始,逐渐成了文人的专利品,失去了生命力,于是曲就在民间慢慢的产生了。到了元代,曲成为元代文学的主要内容。

曲有南曲北曲的区别。北曲又有杂剧和散曲的分别。杂剧是长篇的曲子,有科白,是元代的歌剧。散曲是零星的曲子,没有科白,与词相同,元关汉卿、马致远、王实甫、白朴是杂剧的四大家,他们也都作有散曲。元代张可久则专作散曲不作杂剧。

词有词调，曲也有曲调。曲韵也另有韵部，不同于诗词韵部。谈曲韵的书，如元周德清《中原音韵》等。谈曲谱的书，如康熙间《钦定曲谱》等。

封建统治者对曲一类的作品极不重视，说："自宋至元，词降而为曲。文人学士，往往以是擅长。如关汉卿、马致远、郑德辉、宫大用之类，皆藉以知名于世，可谓敝精神于无用。"[7]他们一方面攻击别人"敝精神于无用"，而对他们自己编的《钦定曲谱》，又说可以"用以铺陈古迹，感动人心，流芳遗臭之踪，聆音者毕解。福善祸淫之理，触目者易明。大圣人阐扬风化，开导愚蒙，委曲周详，无往不随事立教。"[8]对人对己完全是两种标准。

①《文史通义·繁称》
②《文史通义·诗教上》
③《总目·文苑英华》提要
④《輶轩语》
⑤《总目·文章正宗》提要
⑥《总目·钦定词谱》提要
⑦《总目·张小山小令》提要
⑧《总目·钦定曲谱》提要

第五节 《四库全书总目》分类法评述

《四库全书总目》200卷，凡著录图书 10,254 部 172,860 卷（内《著目》收 3,461 部 79,309 卷；《存目》著录 6,793 部 93,551 卷，内 410 部无卷数）。①

《总目》编者要将 10,254 种图书进行分类，首先必须考虑编制一个分类表，这个分类表既要在体系上符合当时政治的需要，又要符合自古以来图书产生发展的实际情况。从总的情况看,《总目》分类法在当时来说是成功的。下面我们就《总目》分类法的优缺点作一简略的分析。

建立了较为完善的分类体系　　《总目》是修《四库全书》时所产生的目录,它是一部丛书目录。《总目》中的分类法,当然不能说是针对所有书的。但从《总目》收书的情况分析:元代以前的著作,著录是比较全面的;明代的著作,重要的基本著录了;清代前期的重要著作,也大致著录了。针对万余种图书而制定分类表,在当时来说是一种创举。《总目》分类法的体系及类目设置,分析了《汉志》以后各种分类法的利弊,系统总结了以前的分类理论,提出了一个有理论说明的、符合当时客观情况的分类法。《总目》分类法分部、类、属三级,计分四部:经部分十类,史部分十五类,子部分十四类,集部分五类,共四十四类六十五属。别集一类,因图书较多,以时代先后进行排列:分汉至五代;北宋建隆至靖康;南宋建炎至德祐;金、元;明洪武至崇祯;清初至乾隆六段,虽没有标明是小类,实际是暗分子目。

《总目》分类法极大的影响着以后图书的分类及分类理论的探讨。直到今天,部分馆仍在使用它或在它基础上增删的分类表。

研究了分类方面的具体问题　　《总目》在凡例、类序、案语及提要中都较为系统地提出和研究了分类方面的一些具体问题。从凡例、类序、案语中提到的分类问题,查找比较方便。这里着重谈某些书的提要里所谈到的分类问题。提要中论述分类,一方面考证某书过去的分类情况,另一方面说明改入某类的理由。由此可见,《总目》编者在写提要时已经考虑书的分类问题。如《道院集要》提要就写到"《文献通考》列之别集门中。今检其书,乃语录之流,实非文集。改隶释家,庶不失其旨。"在目录类某些书的提要中,有时集中分析某书目类目设置的利弊,分书的当否。如在《遂初堂书目》提要中,编者论述了《遂初堂书目》设立"谱录"一类"为例最善",并就《锦带》等书的分类提出不同意见。在《千顷堂书目》提要中,集中论述了类目设置的问题。《总目》编者说:"既以《四书》为一类,又以《论语》、《孟子》各为一类,又以说《大学》、《中庸》者入于三礼类中。盖欲略存古例,用意颇深。然明人所说《大学》、《中庸》皆为《四书》而解,非为《礼记》而解。即《论语》、《孟子》亦因《四书》而说,非若古人之别为一经,专门授受,其分合殊为不当;乐经虽亡,而不置此门,则律吕诸书无所附,其删除亦未允也。……簿录一门,用尤袤《遂初堂书目》之例,以收《钱谱》、《蟹录》之属古来无类可归者,最为允协;至于典故以外,又立食货、刑政二门则赘设矣。……墨家、名家、法家、纵横家并为一类,总名杂家,虽亦简括,然名家、墨家、纵横家传述者稀,遗编无几,并之可也。并法家删之,不太简乎。……别集以朝代科分为先后,无科分者则酌附于各朝之末。视唐、宋二志之糅乱,特为清晰。体例可云最善;惟制举一门可以不立。明以八比取士,工是技者隶首不能穷其数。即一日之中,伸纸搦管而作者,不知其几亿万篇。其不久而化为故纸败烬者,又不知其几亿万篇。其生其灭,如烟云之变现,泡沫之聚散。虞稷乃徒据所见而列之,不亦慎耶。"《总目》分类法四书、杂家、乐等类目的设置,都和提要中所述观点是一致的。在《述古堂书目》提要中,集中讨论了具体书的分类问题。《总目》编者说:"杨伯嵒《九经补韵》乃摭九经之字以补《礼部韵略》,非九经音释,而列之于经;《玉篇》、《龙龛手镜》、《篇海》、《从古正文》皆字书也,而列之韵学;《啸堂集古录》乃《博古图》之类,而列之六书;《东观馀论》乃杂编题跋,《宝章待访录》乃搜求书画,而列之于金石;《班马异同》、《两汉刊误补遗》、《后汉书年表》乃正史之支流,《两汉博闻》乃类书,《唐阙史》乃小说,而列之杂史;《资治通鉴》入正史,而所谓编年一门乃收《甲子纪元》之类;《政和五礼新仪》入礼乐,而《大金集礼》入政刑;《五木经》李翱所作,本为博戏,《禁扁》王士点所作,杂记宫殿,而均入之营造;

《东国史略》之类入外夷,而《高丽图经》、《真腊风土记》、《安南志略》、《越峤书》、《西洋番国志》又入别志;《漱水志》本地理,而入之于掌故;《释名》本小学,而入之杂子;《伯牙琴》本别集,《入蜀记》本传记,而入之小说;《土牛经》本五行,而入之鸟兽;《帝范》唐太宗作,而入之疏谏;《容斋五笔》本说部,《群书归正集》本儒家,《沧海遗珠》本总集,而入之类书;《诗律武库》本类书,《沧浪吟卷》本别集,而入之诗话;《文章轨范》本总集,而入之诗文评。"《总目》编者对《述古堂书目》三十八种书的分类提出异议并指出了应归何类的意见,这些意见基本上是正确的。因为编者对原书审核极严,较之钱曾所分可靠得多。钱曾分类之所以粗疏,皆因"但循名目,不检本书"所致。《总目》编者表述的分类方面的具体问题和意见,至今仍有参考价值。

丰富了图书分类的理论   我国古代书目的优良传统之一是有类序。清代以前书目如《汉志》、《隋志》等书目的类序,主要是说明学术源流及图书情况。《总目》类序,内容有所发展,它不仅说明学术源流及图书情况,而且在分类理论上有所探讨。在有些类序中,论述了立类的依据、某些类表存在的问题、过去分书的谬误以及《总目》解决的办法等等。值得我们注意的是,《总目》在凡例及案语方面阐述的分类理论较之类序更为丰富。凡例中有专门的条目论述分类问题。《总目》有案语165条,其中书后案语92条、类后案语73条。案语涉及到分析学术源流、排列、收书范围、分类等方面的问题,其中以分类问题的案语为最多。这类案语,谈到了注解书的归类、按内容归类、类目的来源、类目的涵义及收书范围诸方面的问题,提供了分类知识,丰富了分类理论。我们要研究古代分类理论,《总目》的凡例、类序,特别是案语,是不可忽视的重要参考资料之一。

总结了一些可行的分类规则   《总目》编者从分类实践中,获得了分类经验,丰富了分类理论,研究了前人在分类方面存在的问题,条理出了一些可行的方法。《总目》编者说:"古来诸家著录,往往循名失实,配隶乖宜。不但《崇文总目》以《树萱录》入之种植为郑樵所讥。今并考校原书,详为厘定,如《笔阵图》之属旧入小学类。今惟以论六书者入小学。其论八法者不过笔札之工,则改隶艺术。《羯鼓录》之属旧入乐类。今惟以论律吕者入乐。其论管弦工尺者不过世俗之音,亦改隶艺术。《左传类对赋》之属旧入春秋类,今以其但取俪辞,无关经义,改隶类书。《孝经集灵》旧入孝经类,《穆天子传》旧入起居注类,《山海经》、《十洲记》旧入地理类,《汉武帝内传》、《飞燕外传》旧入传记类,今以其或涉荒诞,或涉鄙猥,均改隶小说。他如扬雄《太玄经》旧入儒家类,今改隶术数。俞琰《易外别传》旧入易类,今改隶道家。又如《倪石陵书》名似子书而实文集。陈埴《木钟集》名似文集而实语录。凡斯之流,不可殚述,并一一考核,务使不失其真。"②这则凡例,集中论述分类问题。当然,其中有些论述并不恰当,但编者注意到了图书分类的多种问题。

1.不能按书名分类　　《倪石陵书》一书,从书名看,像是子书,而实为宋倪朴个人文集,其所以不称"集"而称"书",因书中有《上高宗书》一篇,认为是本书重点,故书名称《倪石陵书》。《木钟集》宋陈埴撰,书名取"善问者如攻坚木,善待问者如撞钟义"故名《木钟集》,虽以"集"称其书,但并非个人诗文集,而实际是语录,这些语录都是有关儒家思想的,所以入儒家类。

2.按图书内容归类　　《太玄经》一书,是汉扬雄拟《易》而作,但并不解释易义,而是术数著作,旧入儒家,今改入术数。《易外别传》,此书纯为道家之说,作者俞琰在后序中说"名之曰《易外别传》。盖谓丹家之说虽出于《易》,不过依仿而托之者,非易之本义。"虽以《易外别传》为书名,不能依《易》归类。据书中参同契炉火之说,入之道家类。《孝经集灵》一书,专门收辑孝经灵异之事,宣扬神怪因果之说,并非注释《孝经》之作,不入孝经类,依据其内

202

容入小说类。

有关具体书按内容归类的说明，在有些书的案语中分析较多，某些书的分析及论述比较准确。如《平播全书》案语说："此书虽载文而不记事，然其文全为平定播州而作，实具斯一事之始末，其载文即纪事也。又虽冠以奏疏，而仅三之一，不可入奏议。虽出一人之手，而大抵书记吏胥之所为，不可以入别集。故从其本事，入之杂史类焉。"编者分析了该书奏议少，不能以文体分入奏议。书虽为文，但大抵书记吏胥所为，又不宜以编书体载入别集。分析书之内容，其文全为平定播州事而作，可以分入杂史。《马端肃三纪》，本书从体裁分析是传记，宜入传记类中，但所记三件事都是明代的较大的军事行动，作者马文升参与其事，所记实朝廷之事，非文升一人之事，所以入杂史。《孙威敏征南录》记载孙沔与狄青平定侬智高事，宜入杂史，然此书内容着重表彰孙沔之功，非记侬智高之变，所以分入传记类中。上述数书，分析较为深刻，故归类亦较精当。

3. 依作者著书主旨归类　　儒家经典为封建时代士子必读之书，为查找方便，产生不少据儒家经典编纂的类书，如《左传类对赋》、《六经类聚》、《春秋内外传类选》等，这类书并不直接注释原书，而是分类编排资料，如《六经类聚》摘录《六经》之语，分为十八门；《春秋内外传类选》，该书以《左传》、《国语》各标题目分为二十三门，作者编这类书的主旨，是但取俪辞，无关经义，仅供翻检资料之用，故入类书类。

但有部分图书归类的说明，还不符合图书的实际情况，如《山海经》一书，《隋志》以后多将它归入地理类，《总目》编者以为书中所记述山水，其中涉及神怪故事，案以耳目所及，百不一真，所以改入小说类，其实这种看法并不正确。《山海经》的某些记述有荒诞的地方，但书中所记山水、药物、矿藏、动植物都是可以考知的，书中关于部族的记载，是研究中国原始社会的重要参考资料。根据

《山海经》所记载的内容看,它是一部古地理书,分入地理类还是正确的,改入小说类就不恰当了。

《总目》分类法,虽有它的优点,但也存在一定的缺点。以下我们就它不足之处提几点看法。

排斥其他学派　自《七略》以来,史志分类表及官书目录分类表都是以儒家经典列于首位。私家目录虽有不以四部分的,但儒家经典列于首位还是一致的。这也是封建时代分类法的一大特征。对儒家经典的评价自然也是很高的,《总目》编者说:"经秉圣裁,垂型万世。删定之旨,如日中天。"③这种评价可以说是达到高峰了。封建时代,有维护儒学纯洁性的问题,反映到分类法及分类工作中,就有怎样对待儒学中的不同思想及其他学派的问题。《总目》编者在这方面表现是不够公允的。我们以杂家为例来分析这一问题。

《汉志》诸子略说:"杂家者流,盖出于议官。兼儒墨,合名法。"班固承认杂家为一学派。代表作品有《吕氏春秋》、《淮南子》等书,《隋志》也认为"诸子为经籍之鼓吹",是"为治之具"。在分类表中仍列有名、墨、纵横等家。到了《总目》所立的杂家概念,变成了"杂之义广,无所不包"④并在"杂家"类下立杂学、杂考、杂说、杂品、杂纂、杂编六属。《汉志》中的"杂家",在《总目》中变成了"杂学"。在分析"杂学"的产生时,《总目》编者说:"周衰而生,百氏兴。名家称出于礼官,然坚石白马之辨,无所谓礼。纵横家称出于行人,然倾危变诈,古行人无是词命。墨家称出于清庙之守,并不解其为何语(以上某家出某,皆班固之说),实皆儒之失其本原者各以私智变为杂学而已。其传者寥寥无几,不足自名一家,今均以杂学目之。"⑤编者的这段话,完全否定了名家、纵横家、墨家是一家之学,而且都是学儒没有学好,"各以私智变为杂学而已"。再加上"谈理有出入","论事参利害",认为不是纯粹儒家言论的著作都属于杂学。从《总目》杂学类收书情况及提要中的评述进行分析,编者对儒学中掺有其他学术思想的著作评论极严。著述中有佛、道、纵横、墨家等思想的自然是"掊击必严"。就是偶然在著述中涉及到非儒学思想的也在"屏斥必力"之列。对于有佛学思想的明代姚江学派的著作,其评价大都是"混儒释而一之"、"以禅机立论"、"以禅为宗"、"阳儒而阴释"、"援儒入墨,纯属狂禅"等语。对于一般涉及其他思想的,其评价大都是"堕于虚渺"、"实以杂学佐雄辩"、"多杂二氏之学"、"持论亦多紕谬"等语。对于著作中所涉的历史人物的评论,往往是评价著作重要标准之一。如明郑晓在其《古言》一书中说:"公孙宏胜司马光。谓王安石远过韩、范、富、欧。谓王通胜董仲舒。谓柳宗元胜韩愈。谓张子胜程子。"⑥这种评论,已越出《总目》编者的标准之外,因而说郑晓是"务为高论而不近理"。这种观点的著作,只能放到杂家存目里去。在图书归类时,对于某一著述,究竟是入儒家还是杂家,往往是以归类者的好恶来决定。如明顾应祥《惜阴录》,《明志》入儒家,《总目》编者认为书中"颇及杂说,不专讲学",⑦又分入杂家。清孙钟瑞《圣学大成》,《总目》编者认为书中"所引皆讲学之语,当列于儒家。以其中杨起元辈俨然自号比丘者亦厕简牍,则其流不一矣。故改录之于杂家。"⑧明杨起元的学术,编者认为是变乱先儒,流毒及于经义。因而又影响到《圣学大成》,不能入儒家。章学诚指出:"后世著录之人,更无别出心裁,纷然以儒杂二家为蛇龙之菹焉。凡于诸家著述,不能遽定意指之所归,爱之则附于儒,轻之则推于杂。"⑨杂家之所以成为"无所不包",实际上是和《总目》编者排斥其他学派的思想分不开的。

类目界限不明   一个分类表,类目之间的界限一定要明确,才便于应用。没有明确的标准,在实际分书过程中,必然产生歧异。《总目》每类都有类序,某些类后或某书提要后还有案语,但有些类的收书标准及类目之间的界限不清楚。造成这种情况的原因是同一性质的书,有所谓"正"和"别"、"雅"和"俗"、"妍"和

"媸"、"薰"和"莸"之分,这就必定要在类目区分上分等级,编者在类序及案语上虽然加以说明,明确界限,但仍存在问题,在实际分书时容易产生歧异。下面我们举例谈谈类目界限不明的问题。

经部书论其收书范围,应该是除了儒家经典外,再就是解释儒家经典的书。但经解方面的书,由于有"论人而不论其书"的原则,有些书虽不是直接解释某经的,但著者"人品高尚",因而他的书要入经部。

经部乐类,顾名思义,应该是收有关音乐的书。由于是经部,编者认为将筝琶演奏一类书放在经部,有失经部尊严,故将乐书分为雅、俗二部分。《总目》编者说"以辨律吕,明雅乐者,仍列于经,其讴歌末技,弦管繁声,均退列杂艺词曲两类中。用以见大乐元音,道侔天地。非郑声所得而奸。"⑩雅、俗一分,同一性质的书就分散了。清王坦《琴旨》一书,因书中论及琴音之律吕,和一般讲指法的不同,就入乐类;《松风阁琴谱》认为没有谈及雅乐,所以就入艺术类。

子部谱录类,这是辨体类目。宋尤袤《遂初堂书目》创立谱录一门,《总目》因之。编者认为有了这一类,就能"别类殊名,咸归统摄",于是沿用谱录一类,"以收诸杂书之无可系属者"。⑪也就是说,凡是没有地方好归类的杂书,都可以放到这里来,这个标准根本就不明确。因而本类"器物"之属所收品评器物的书和杂家类的"杂品"之属所收品评器物之书,实际上界线就难以区分清楚。编者说:"今于其专明一事一物者,皆别为谱录,其杂陈众品者,自《洞天清录》以下,并类聚于此门。"⑫也就是说,谈一种器物的书,入谱录类器物之属,谈多种器物的则入杂家类杂品之属,同一内容就分为两处。

以上几例可以看出,《总目》有些类目之间的界线是不十分明确的,部分类目的收书范围也是不清楚的。

分类偏见较深   《四库全书》是钦定的书,清高宗亲自参与

206

其事,所谓"每进一编,必经亲览。宏纲巨目,悉禀天裁"。《总目》的编纂,也自始至终经过清高宗的审查和督促。修《四库全书》的目的,清高宗在《文渊阁记》一文中说得很明白,他说:"予搜四库之书,非徒博右文之名,盖如张子所云:'为天地立心,为生民立道,为往圣继绝学,为万世开太平。'"故《总目》的分类,有崇儒重道的偏见,编者说:"前代藏书,率无简择,萧兰并撷,珉玉杂陈,殊未协别裁之义。今诏求古籍,特创新规。——辨厥妍媸,严为去取。其上者悉登编录,罔致遗殊;其次者亦长短兼胪,见瑕瑜之不掩;其有言非立训,义或违经。则附载其名,兼匡厥谬;至于寻常著述,未越群流,虽咎誉之咸无,要流传之已久,准诸家著录之例,亦并存其目。"⑬把图书分成四等,所谓上者、次者自然是在著录之列,有利于"万世开太平"之需要。言非立训,义或违经及流传已久寻常著作则入存目。认为这种区分办法是"等差有别,旌别兼施。"到底怎样去"等差有别,旌别兼施"呢? 编者说:"今所采录,惟离经畔道,颠倒是非者,掊击必严;怀诈狭私,荧惑视听者,屏斥必力。"⑭对于具有民主思想和所谓"离经畔道"的著作,大都打入存目,即使个别著作收入著目,在分类上也是放在他们认为应该放的类里,而在提要中大加抨击,如汉王充《论衡》一书,被分入杂家类杂说之属,编者说"其言多激,刺孟、问孔二篇,至于奋其笔端,以与圣贤相轧,可谓诽矣。又露才扬己,好为物先。"⑮王充不过议论了一下孔、孟,于是就受到"掊击"。唐刘知几《史通》是我国重要的史学史著作,因为书中有疑古、惑经诸篇,而编者说他:"性本过刚,词复有激,诋诃太甚,或悍然不顾其安。疑古、惑经诸篇,世所共垢。"⑯这就是编者所谓的"荧惑视听"行为,因此就极力"屏斥"。他如《逃虚子集》、《钤山堂诗》皆以作者人品不佳而分入存目,《羯鼓录》、《乐府杂录》被认为是俗乐不入经部而入杂技之属,这些都是以一定的政治观点和艺术观点来进行分类的。

①据 1965 年中华书局影印《四库全书总目》所记数字

②《总目》凡例

③《总目》经部总序

④《总目》杂家类类序

⑤《总目》杂学类案语

⑥《总目·古言》提要中所引

⑦《总目·惜阴录》提要

⑧《总目·圣学大成》提要

⑨《校雠通义·内篇》

⑩《总目》乐类类序

⑪《总目》谱录类类序

⑫《总目》杂家类杂品之属案语

⑬《总目》凡例

⑭同注⑬

⑮《总目·论衡》提要

⑯《总目·史通》提要

第五章　古籍分类

第一节　图书馆整理古籍使用分类法概况及分析

一、我国古籍分类的基本情况

解放以来，我国图书馆古书工作者，对浩繁的古籍进行了系统的整理，基本上能满足读者从各方面提出的要求。回顾一下建国以来古籍分类的一些情况，分析一下古籍分类存在的问题，对搞好古籍分类工作，是有一定现实意义的。

目前我国图书馆古籍分类情况大致如下，有的馆沿用《总目》分类法；有的馆在《总目》分类法的基础上增删了一些类目，一般的情况是增多于删；有的馆用解放前所编的分类法；有的馆自编古籍分类表，这种表的类目名称，颇多沿用《总目》分类法，但增有新类目并编有号码；有的馆用解放后编的新分类法，如《人民大学图书馆图书分类法》（以下简称《人大法》）、《中小型图书馆图书分类表》（以下简称《中小型表》）、《中国图书馆图书分类法》（以下简称《中图法》）等。

《总目》分类法产生于封建时代末期，它总结了我国古籍分类的理论，吸取了前人在分类方面的有用经验，并在分类实践过程中，增删了在它以前的"四分法"的类目，《总目》分类法可以说是集"四分法"之大成。在类叙及某些类和某些书的案语中，不仅阐明了学术流别,还总结了分书方法,有些分书方法,至今仍有借鉴价值。它刊行以后,促进了古籍分类的渐趋一致,实际上起到了典型作用。但《总目》分类法是封建时代的产物,因而具有较强烈的道统观念,这种道统观念在类目、类叙及案语中都有所反映。在分类体系、某些类目设置以及部分分书方法上都存在着局限性。我们今天仍使用它,就必须进行分析,作必要的增删,以为权宜之用。

主张用什么分类法来类分古籍,无疑的,都有各自的理论根据。主张用《总目》分类法的同志认为:1. 分类法是时代的产物,一个时代的分类法,是它所处时代的经济制度的产物和反映,《总目》分类法是封建经济基础的上层建筑,用《总目》分类法来类分封建时代的图书是最合适的;2. 用新分类法分古籍,有些书归类很难,倒不如《总目》分类法简便;3. 使用古书的读者,对《总目》分类法还比较熟悉,不存在使用不便的问题。

主张古籍用新分类法来分的同志认为:1. 解放后所编几种较通行的新分类法,都是以马列主义、毛泽东思想为指导编制出来的,分类体系胜于旧法;2. 图书分类的目的,不是单纯的整理藏书,而更主要的是帮助读者按照分类体系来利用图书和指导阅读;3. 新的分类体系,有分析的容纳了《总目》分类法中某些可用的类目,历史唯物主义地对待过去的分类法,这就为用新分类法类分古籍创造了一定的有利条件。

解放后编制的几部主要分类法,在编制原则中都论述了新书古籍统一分类问题。《人大法》1954 年初稿,在“分类法的对象和任务”一段说明中,主张新旧图书分别分类。其理由是:新书旧书,并列一起,使读者观点模糊、思想混淆。很明显,编者是从图书宣传教育的角度进行分析的。1955 年增订本,在说明中有“增订的重点”一节,谈到增订的五种类型,其第一种即“适应新旧图书统一分类”,第十七大类中增加中国经籍,很明显,编者已改变初稿时“主张新旧分别分类”的观点。《中小型表》在编制原则中说:

"类目的范围必须要相当广泛,适合综合性图书馆的要求,也就是说,要能够照顾过去的图书,适应当前的需要,便利将来的发展",再结合类目设置的情况分析,编者是主张新书、古书统一分类的。《科院法》1958 年版说明中写到:"我们为了使全院各种文字的新旧图书都能利用一个分类法来类分图书,因此,在编制本表之初,就特别注意到这个问题。一般说来这个表可以解决这个问题。"这段话说明编者是主张新书、古籍统一分类的。《中图法》编制原则第二条写到:"分类体系要符合科学性的原则,以辩证唯物主义和历史唯物主义为依据,以科学分类为基础,采取从总到分,从一般到具体的逻辑系统。同时要考虑图书分类的特点,力求做到思想性、科学性、实用性的统一。既要能容纳古代的和外国的图书资料,又要充分反映新学科和新事物。"从这段说明可以看出,编者是主张新书、古籍统一分类的,编者还从理论上论述了新书、古籍统一分类的必要性和可能性。

从上述几部分类法的论述看,对新书、古籍统一分类的认识,从不一致到一致,从初步认识到可能性,进而从理论上阐述它的必要性。这充分说明广大图书馆工作者对新书、古籍统一分类问题,从实践到理论,认识逐步深化,为用新分类法类分古籍打下了良好的思想基础。

二、新分类法分古籍之优点

1. 破《总目》分类法以儒家经典为专类的传统体系。我国历史上流行的封建时代的分类法,它反映的是封建时代的意识形态,儒家经典列为首类是很自然的。我们今天对待儒家经典,应当就书分析内容,按内容归类。儒家经典成为一大类,是就其重要性而设置的,就儒家十三部经典的内容进行分析,它们并不是同一性质的图书,如《易》、《论语》、《孟子》、《孝经》是哲学性质的书;《尚书》、《左传》、《公羊传》、《谷梁传》、《周礼》、《仪礼》、《礼记》是历史性质的书;《诗》是文学性质的书;《尔雅》是语言文字的书。由此可见,经部的书,不是按内容集中的,而是按重要性集中的。图书分类的一条重要原则是按书的内容归类,只有这样,才便于读者利用。《总目》分类法由于它本身体系的限制,要按内容去分儒家经典事实上有困难,只有用新分类法,才能按儒家经典的内容各归其类。如上述十三部书,按内容各入哲学、历史、语言、文学诸类。如果是整套的儒家经典丛书,当然没有必要拆散分类,可以分到综合性图书类去。

　　2. 摒弃《总目》分类法不妥当的辨体类目。《总目》分类法立类方法有二:一是辨体;一是辨义。辨体立类,就是按书的体裁设置类目,辨义立类,就是依据图书内容设置类目。辨体类目,在《总目》分类法以前,就已经运用过,到《总目》分类法,辨体类目加多,如史部的正史(正史一类所收书,为封建统治者所认可的代表某朝或数朝的史书,正史全为纪传体)、编年、纪事本末,子部中的谱录等即是。辨体类目的归类,主要按著作体裁,这就产生了以下两种情况:一种情况是,同一内容的书因按体裁分入各类而不能集中,如同是记载宋代史实的历史书,《宋史》入正史类;《续资治通鉴长编》入编年类;《宋史纪事本末》入纪事本末类;《隆平集》(纪宋太祖至英宗五朝事)入别史类;《钱塘遗事》(纪南宋一代事)入杂史类。更有甚者,同为纪传体,有的入正史,未入正史的纪传体史书,又分入别史类,如《东观汉纪》、《通志》等是。另一种情况是,不同内容的书,因按体裁分又集中到一类来,如谱录一类就是如此。谱录类收了谈刀剑古物、茶经、酒史、食品、草木虫鱼等等内容的书,《总目》编者批评《隋志》以《竹谱》、《钱谱》等书入谱系类,《唐志》以《钱谱》、《相马经》等书入农家,《文献通考》以《香谱》入农家,认为他们是"明知其不安,而限于无类可归,又复穷而不变,故支离颠舛,遂此于斯"。编者仿照尤袤《遂初堂书目》立谱录一类。谱录类究竟收些什么书呢? 编者说:"以收诸杂书之无可系属者。"编者认为使各种不便归类的杂书集中在谱录类里,能够"别类殊名,咸归统摄",说这样安排是"变而能通"。其实编者对《文献通考》等书目的批评并不完全正确,如《唐志》农家类收《相鹤经》、《相马经》、《相贝经》诸书,还是按内容归类的。《总目》编者将上述诸书按体裁入谱录类,反而不得要领。此类问题,在《总目》分类法中并不少见。因此,必须摒弃《总目》分类法中不妥当的辨体类目。辨体类目,新分类法中也有,不能说《总目》分类法中的辨体类目都不合适,我们说要删除的是某些不妥当的辨体类目。

《总目》分类法中的辨体类目以及辨体类目所收图书,在新分类法中得到了合理安排。以《中图法》为例:史书中纪传、编年、纪事本末三体史书,主要按朝代集中,但也照顾了各体史书的特点,如《宋史》、《续资治通鉴长编》、《宋史纪事本末》、《隆平集》、《钱塘遗事》均先入宋史,然后再分体裁,这样安排,较之《总目》分类法合理而科学。又如谱录类的书,涉及多门学科,应按内容各入其类,如《焦山古鼎考》入考古类;《酒史》入酿酒工业类;《饮膳正要》入饮食调制技术类;《糖霜谱》入制糖工业类;《蛇谱》入生物学类;《砚笺》入文具制造类,等等。"谱录"这一类目,根本可以删除,《中图法》就是这样处理的。应该说,这种安排方法,既有利于组织图书,更有利于利用图书。

3. 删除有封建道统观念的类目。《总目》分类法有封建道统观念问题,但也不能说它一无是处。《总目》分类法的某些类目,仍可有分析的吸取作为新分类法的类目使用,解放后几种主要新分类法就是这样做的。但《总目》分类法中有些类目,今天再不宜继续使用,因为这类类目是不利于类分古籍和读者使用的,下面举例谈谈。

史部中"载记"一类,《总目》编者在类序中写到:"《后汉书·班固传》称撰平林、新市、公孙述事为载记。《史通》亦称平林、下江诸人《东观》列为载记。又《晋书》附叙十六国亦云载记。是实立乎中朝以叙述列国之名。"从序言分析,"载记"一名来自《东观》、《后汉书·班固传》,《晋书》沿用,把前赵、后赵、前燕、前秦、夏等十六国的历史以"载记"统括之,站在晋统治者的立场上看,这些国家是"僭伪"。至于《东观》载记所列平林、下江诸人,是指与农民起义有关的人。所谓"载记",是站在封建统治阶级的正统立场上,指所谓"偏方割据"的历史。《总目》所收书,如《南唐书》、《吴越春秋》、《越绝书》、《华阳国志》、《蛮书》等。这种类目,我们今天是不能再用的。解放后新编分类法,"载记"一目,就删除了,原"载记"类所收图书,应按内容各归其类。

《总目》史部"传记"一类,下分圣贤、名人、总录、杂录、别录五属,一望而知,这种列类的标准,部分是按照被传人等级来分的。所谓"圣贤"是指孔孟的传记;"名人"是指大臣勋贵等人的传记;至于"别录",所收书是封建统治者认为大逆不道的人物。新分类法将古人传记以被传人等级为标准所立类目一律删除,这显然是有利于宣传图书,教育读者的。

三、新分类法容纳古籍类目分析及有待解决的问题

在谈到用新分类法类分古籍时,有的同志存在种种疑虑,主要有两方面的问题:一是对新分类法在体系上怎样容纳古籍,还不十分清楚;二是使用新分类法类分古籍还感到困难。下面谈谈新分类法在体系安排上可以容纳古籍以及一些有待解决的问题。

我们从现行几部较为通行的新分类法来考察,原《总目》分类法的类目,除了一些有道统观念的类目及一些必须剔除的辨体类目外,其余类目在新分类法中都有所反映。《总目》分类法类目在新法中的安排有以下几种情况:

1.《总目》分类法原有类目,在新法中以同一类名设置类目。如经部的易、书、诗、四书诸类在新法哲学、历史、文学类中以同一类名设置类目;史部中正史、编年、纪事本末、杂史、诏令奏议等类

214

在历史类中以同一类名设置类目；子部中类书在综合性图书类以同一类名设置类目；集部楚辞类在文学类以同一类名设置类目等。

2.《总目》分类法原有类目，以注释的办法在新法某些类目下加以注明。如《总目》分类法仪礼、礼记类，在历史类"古代礼制"类（《中图法》）或古代风俗制度类（《科院法》）下加以注明仪礼、礼记等入此。

3.《总目》分类法原有类目，改用新类名立目，用括号注明原类名。如语音（音韵学）、词汇、词义（训诂学）。

4.《总目》分类法原有类目，不再标出，原类目之图书按内容各归其类。如别史、载记、谱录等。

运用上述几种方法，将《总目》分类法在新法中作了必要的安排，对利用新法类分古籍创造了有利条件，但为了使古籍工作者更有效地用新分类法类分古籍，就要求新分类法在类目设置和注释方面更进一步完善。我们这里所说的完善，不能是将《总目》分类法类目无保留地都反映到新分类法中来，更不能要求新分类法对重要古籍都设置专类，只能是从新的学科体系出发，历史唯物主义地兼顾历史上出现过的学科。从分析现行几种新分类法看，有以下几方面的问题尚待完善：

1.列目不合古籍发展源流及图书的实际情况。如各体文学的理论与批评的下位类，有赋及其他韵文、骈文等。赋及骈文的产生远在词曲之前，今反列目于词曲之后，似不切合古籍发展源流的实际情况。

2.仿分不够准确。我国各类型古籍的产生时代不一致，研究的内容也不尽相同，因而在确定仿分时必须对各类研究的内容进行分析，内容相同的可以仿分，不同的应以另行标类为好。如词的理论与批评类仿诗律、诗法、诗韵等类分，词的理论批评所研究的问题，有些和诗的研究问题相同，如诗有诗律，词亦有词律；诗有诗话，词也有词话等。但也有不同的研究问题，完全按诗律等仿分，某些书的分类就可能产生困难。

3.《总目》分类法中界说不清之类目,不宜作为某些类目之注释文字。《总目》部、类各有序言,某类或某书后有时有案语,说明类目收书范围,但有些类目界说,仍不十分明确,有的甚至自相矛盾。新分类法不宜以此类类目作注释,即或是用,亦应以通俗文字解说之。如杂著一类,下注杂说、杂品、杂纂等,概念均不易理解,应举例说明之。

4.立类太粗,不便使用。如词,有关词的批评和研究均入此类。我国有关词的批评和研究,著作是大量的,词类下应列词话、词谱、词韵等类,以便归类。

5.部分不易了解内容的类目应举例说明,以明概念而便分类。如综合性图书类旧经籍下各类、中国风俗习惯下有关类等,均宜举书例说明之。

6.糟粕书的类目不应太详。我国古籍,有部分书是糟粕内容,这类书在封建时期本来就较少,经过时代的淘汰,所剩有限,对这类书列类不必太详,如迷信术数一类,详列阴阳五行说、占卜、命相、堪舆、通感术、巫医巫术等类,所列似乎过详,为使古籍工作者及读者了解"旧时代迷信"内容,"阴阳五行说"等内容可以注释方法说明之。

现行几种主要新分类法,无论在体系、类目设置及注释说明方法均远胜《总目》分类法,上述问题的提出,只说明需要进一步完善,以便更好地类分古籍和利用古籍。我国古籍工作者在实际工作中,已经总结了不少用新分类法类分古籍的宝贵经验,在理论上也有所阐发。"为了符合科学分类的要求和便于读者检查,拆散了旧有的四部分类法,按照书籍的内容,把各种书分到各个专门学科的大类下面。因为目前利用图书一般是按照哲学、文学、历史等大类,而不再是经、史、子、集。"[①]从发展的观点上看,"今后使用古籍的人大都将从知识门类的新概念去找书,所以,还是《中小型表》便于使用。"②武汉师范学院 1976 年上半年用《中图法》改编了七万五千四百七十多册线装书。建立起新体系以后,读者利用感到方便。

根据我国目前古籍分类的实际情况看,历史较老的图书馆用《总目》分类法及修订《总目》分类法的比较多。新、旧两法并用是客观实际情况,这种现象,可能还要继续很长一段时间。用新法类分古籍,还有不少理论上及方法上的问题有待于讨论解决,新分类法从体系上如何合理的容纳古籍还要进一步完善。

①《古籍目录·说明》 天津师范学院图书馆编
②《关于县市图书馆整理古旧图书的几个问题》 广东中山图书馆方法研究部 《图书馆》62.1 期

第二节 使用新分类法及《总目》分类法类分古籍应注意的问题

使用新分类法类分古籍,要求对所类分的古籍有所了解,包括了解古籍的编纂体裁和具体内容。同时,也要求对古籍的传统分类法特别是《总目》分类法的体系和各类目的涵义及收书范围有所了解;对新分类法,则要求了解新分类法体系以及容纳古籍类目的情况,新法和《总目》分类法对照的情况,类目设置的大致安排。

在分书过程中,重点在了解图书内容,应抓住内容重点,而不为一些枝节内容所拘束,为了使归类能按照分类法的要求做到准确无误,应用层层深入的分析方法。既要通观全部,又要细看其局部,这样就能够抓住主要矛盾然后决定应归入某一类。切忌粗枝大叶,既不分析图书内容,又不分析分类法的体系及类目涵义,看上不看下,看前不看后,见此而不见彼,不善于触类旁通,不考虑究竟应该怎样归类最为恰当,而粗略的看到某个似是而非的类目,就草率地据以归类,这样做的结果,就常常导致分类错误。

类分古籍,不必要全部进行细分,造成类号过于冗长,给使用带来不便。因此在类分古籍,一般只要适应地细分即可,对部分代表学术门类的重点古籍,可考虑进行细分。关于粗分细分的界限,应结合图书馆类型、服务对象、藏书的数量和质量等因素进行考虑。

由于我国的古籍,一般都具有很广泛的内容,古代文、史、哲不分,作者所研究的问题往往极为广泛,一部著作有时虽有其重点部分,但旁涉其他学科的内容亦复不少。儒家十三部经典著作,除有社会科学的内容外,自然科学的内容亦不在少数,为了充分揭示古籍的内容,某些书,除给以基本分类号外,可适当地给以完全分类号,这样做,可以扩大古籍的使用范围,充分发挥古籍的作用,但值得注意的是,不能过于冗滥。

由于新分类法主要是解决新书分类而编制的,不能要求新分类法对各种体裁的古籍以及重点古籍都设置专类。因而,利用现行新分类法来类分古籍,有时会感到难于归类,这一方面有类目粗放和类属不清的问题,但更主要的是对古籍的内容缺乏了解,不能完全归咎于新分类法。这就要求在归类时,要按照书的内容性质来决定其大类,再根据具体情况分入细目。这样就有可能使古籍在新分类法中合理归类,最大限度地发挥新分类法容纳古籍的作用。

从《总目》分类法与几种主要新分类法对照的情况看,《总目》分类法类目在新法中都能相应的有所安排,而且类目安排合理而细致。为什么还会产生新法分书困难的意见呢?从分类的实际情况看,类目越粗分类越简便,参考书目越多分类越顺手,用《总目》分类法分书正是这种情况。新分类法类目较细,用新法分的古籍目录极少,在分书过程中,常常要分析古籍内容才能归类,这自然比用《总目》分类法分困难了。我们今天正需要通过对古籍内容的分析使古籍各入其类，以供读者充分利用。

现将新分类法容纳古籍的主要类目简单作一介绍，以《中图法》为例。

哲学类主要收有经部、子部图书，收经部《易经》、《孝经》和《四书》等著作；收子部中诸子哲学、术数、封建伦理道德、佛道等著作。政治类法律部分收史部法令著作。军事类收子部兵家史部军政等著作。经济类主要收史部邦计类著作。文化、科学、教育、体育类主要收子部儒家有关教育的著作。语言文字类主要收经部小学类训诂、字书、韵书著作。文学类主要收经部诗类、子部小说类、集部楚辞、总集、别集、诗文评、词曲类著作。艺术类主要收子部艺术、书画、琴谱、篆刻；经部乐类有关著作。历史、地理类主要收经部书类、礼类、春秋类；史部正史、编年、纪事本末、别史、杂史、诏令奏议、传记、史钞、载记、地理、职官、政书、目录类金石、史评等类著作。数理科学和化学类主要收子部算书类著作。天文学地球科学类主要收史部时令类、子部天文算法类推步之属等著作。生物科学类主要收子部谱录类草木鸟兽虫鱼之属等著作。医药卫生类主要收子部医家类著作。农业、林业类主要收子部农家著作。工业技术类主要收史部政书类考工之属、谱录类器物、食谱之属等著作。综合性图书类主要收经部有关群经合辑、群经总义著作；史部目录类著作；子部杂家类杂说、杂品、杂纂、杂编、（丛书）、类书类著作。

类分古籍和类分新书，在基本原则上是一致的，现就用新分类法类分古籍提出一些注意之点。以《中图法》为例：

一、应注意分析图书内容，不能凭书名分类。如唐陆龟蒙《笠泽丛书》，以其内容"丛脞细碎"而取名为"丛书"。但不是合刻诸书为一书的丛书，此书是个人集子，应入别集类而不应直据书名入丛书类。清余集《秋室百衲琴》，此书虽以百衲琴名书，而本书内容是集六朝人诗句为己作，是诗集，而不是琴书，应据内容入文学类而不入艺术类。唐张鷟《龙筋凤髓判》，从书名看，似与法律有关，从编辑体例看，实为隶事之书，应入类书类，而不入法律类。

二、就一书的某些篇章单独进行研究的，依该篇章之内容归类，不随原书分，如《夏小正》本是《大戴礼记》的一篇，《夏小正》应入天文类时令，不随《大戴礼记》分入历史类古代礼制。

三、个人别集依内容分，不全入文学类，如《陆贽集》多为奏议，反映了唐代德宗时各方面情况，宜入唐代历史，不入文学。《胡林翼集》多为奏议、书信，胡为镇压太平天国的刽子手，其所作奏议、书信多与太平天国历史有关，宜入历史，不入文学。

四、各代三体史书先入各代史，再按体裁分，如《宋史纪事本末》先入宋史，再依体裁分入纪事本末。

五、通过评论史书而阐述自己历史观的著作入史评。如范祖禹《唐鉴》、王夫之《读通鉴论》、《宋论》均入史评。

六、哲学家某方面之学术著作，依著作内容归类，不全入哲学家专类。如晋葛洪为晋代道家，他所作《抱朴子内外篇》为哲学著作，可入哲学类；其所作《肘后备急方》为医书，应入医药类；《神仙传》为谈神仙故事之书，应入文学类，而不入哲学类葛洪专类。

七、哲学类某哲学家专号只收哲学著作，不收个人作品综合集，如《柳河东集》、《焚书》、《续焚书》入文学类，不入哲学类。

八、以注释某书为名，而实际上是阐述自己哲学思想的著作，依作者入各代哲学，如戴震《孟子字义疏证》、王夫之《读四书大全说》入清代哲学，而不随《孟子》、《四书》归类。

九、各类纬书依原书归类，如《易纬坤灵图》随《周易》归类。

十、综合研究群书之某部分，依所研究之部分之内容归类，不随原书分，如《六经天文编》入天文类，不入综合性图书类。

十一、考证一书某部分内容，依所考证部分之内容归类，如《诗地理考》入地理类，而不入文学类。

十二、类编某书典故、名物者，按类编书性质归类，不随原书分,如《四书类典赋》入类书,不入哲学。

十三、以"集"名书者,不全入文学类。古籍以"集"名书者,多见于别集、总集,用新法分,入文学类。除文学类外,其他类亦有以"集"名书者。如《疗马集》、《痊骥集》是兽医著作;《黄门集》、《隆平集》是历史著作;《根黄集》、《诸律武库前后集》是类书;《卫生集》为医学著作;《中都四子集》、《眉公十集》是丛书;《敬止集》、《循沧集》是地理著作;《疑狱集》是法律著作。从上例可以看出,各类书均有以"集"名者,故凡以"集"名之著作,应据内容各入其类,不全入文学类。

十四、注意分析书名概念的涵义。有些词汇,有不同意义。同一个词汇,古、今运用时,各有其不同意义。如"经济"一词,我们现在常用的是指社会生产关系的总和。在古籍中"经济"是指经世济民。如《经济文集》、《经济文辑》、《经济文钞》、《经济言》、《经济宏词》、《经济录》、《经济类编》、《经济文衡》等著作,书名所称"经济",都是用的经世济民的意思。我们分类时,不能和我们今天所指"经济"的意义等同起来,否则,分类就不可能准确。

更值得注意的是,古籍中有些著作,虚张以经世济民为务,而所收内容,并非经世济民的论述,因而造成同以"经济"为书名,而内容涉及到各类。如上述《经济文衡》一书,是取朱熹文集,语录分类编次,以"经济"为名,是不符书的实际内容的;《经济言》,是辑诸子名言,分类标题,供科举考试之用,并非经世济民之论述,而是类书。我们既要区分"经济"一词在书名中的涵义,又要分析古籍中以"经济"标为书名,而实际内容无关经世济民的情况,也就是名实不相符的问题。

《总目》分类法分类原则,在《总目》类序、凡例及案语中均有所论述。凡例及类序中有关分类的论述,多为原则规定,而案语中谈到一些分类的"变通"说明。这样既有原则性,又有灵活性。所谓"变通",并非突破原则规定,而是为了更好地贯彻原则规定。

下面我们分析一下"变通"问题。

《总目》编者说："文章德行，在孔门既已分科，两擅厥长，代不一二。今所录者，如龚诩、杨继盛之文集，周宗建、黄道周之经解，则论人而不论其书。耿南仲之说易，吴开之评诗，则论书而不论其人。凡兹之类，略示变通。一则表章之公，一则节取之义也。至于姚广孝之《逃虚子集》、严嵩之《钤山堂诗》，虽词华之美，足以方轨文坛，而广孝则助逆兴兵，嵩则怙权蠹国，绳以名义，匪止微瑕。凡兹之流，并著其见斥之由，附存其目，用见圣朝彰善瘅恶，悉准千秋之公论焉。"①在这条凡例中，《总目》编者提出了三条原则：一是论人而不论其书；二是论书而不论其人；三是见斥之由，即附存其目的标准。

"论人而不论其书"，就是说书的内容并不太高明的，而因其人在"忠节"之例，则书的身价要提高，分类也要设法显示其身份。到底什么样的人可算是"忠节"之列，乾隆四十一年钦定《胜朝殉节诸臣录》已详为纪录，本书将明代历朝抗节死难的人物，"皆胪列姓名、考证事迹"——加以表扬。对于"立身始末，卓然可传，而又取义成仁，搘拄名教"的人物，给他们以"专谥"，这种人有三十三人。对于"生平无大表见，而慷慨致命，矢死靡他"的人物，汇为"通谥"，这种人有一千五百零五人。"至于微官末秩、诸生韦布、及山樵市隐，名姓无徵"的人物，不能够都给他们谥号，用"并祀于所在忠义词"的办法来表彰他们，这种人共有二千二百四十九人。这三千七百八十七人中，有些是有著作的。对于他们著作的评价及归类，都要另眼相看，略示变通。如明黄道周，《总目》中著录了他所著《易象正》、《三易洞玑》、《洪范明义》、《月令明义》、《表记集传》、《坊记集传》、《缁衣集传》、《儒行集传》、《春秋揆》、《孝经集传》、《榕坛问业》等书，部分书因内容过于不符著目的要求而推入存目，部分书虽内容不尽符合要求，但有可自圆其说之处，则尽量入之著目。在归类上，有些书以内容论，本不应入之经部，而为

222

了突出作者归入经部。如黄道周之礼论五篇,本意不是解经,而是借以纳谏,本不应入经部,而编者强调他"不失圣人垂教之心"虽然不是"解经之正轨,而不能不列之经部"。编者在黄道周《易象正》一书后加案语说:"此及倪元璐《儿易》,有缪辖于易外者,犹有据经立义,发挥于易中者,且皆忠节之士,宜因人以重其书。故此二编仍著录于经部,非通例也。"黄道周为明代忠臣,抗清而死,乾隆乙未年赐谥忠端;倪元璐亦为明代忠臣,顺治时赐谥文贞。明代的忠臣,受到清代的表扬,从道理上看似乎不好理解。其实清统治者的意图是很清楚的,他们要表彰的是"死不忘君,无惭臣节",是要他们手下的臣民,像明代臣子忠于明代统治者那样忠于他们。所以他们的著作,即使有缪辖于经典之外的,也破例可以列入经部。

"论书而不论其人",就是说作者人品不好,但其书可取,也要破例加以录取。编者以耿南仲、吴开为例,著录了耿著《周易新讲义》;吴著《优古堂诗话》。编者在耿书提要中说他"与吴开沮战守之说,力主割地",认为耿的"经术之偏,祸延国事";在吴书提要中说他"与耿南仲力主割地之议,卒误国事。又为金人往来传通意旨,立张邦昌而事之。"像这种人品本不足道的奸臣,在政治上批判之后,认为他们的著作的内容颇有可采之处,略其所短,取其所长。《总目》编者对著作的取舍,一般是时代远的较宽,时代近的较严。耿、吴二人虽涉宋、金关系,但编者的立场还是明确的,直接批判了他们政治上的错误。

"附存其目",入"存目"的书原因很多,但其中重要的一条是政治原因,《总目》编者说姚广孝"洪武中以僧字沥荐,选侍燕邸。燕王谋逆,资其策力居多",说严嵩"怙宠擅权"。他们"词华之美,足以方轨文坛"。但"究非他文士有才无行,可以节取者比",所以打入"存目"以"明彰瘅之义"。清统治者贬斥明代奸臣,其用意是要他的臣下要以明代奸臣为戒而尽忠于清统治者。

有关用《总目》分类法分书应注意的问题请参阅第四章。

①《总目》凡例

第六章　古籍目录组织、藏书组织与古籍保管

第一节　古籍目录组织

古籍经过著录之后,需将已著录的各种不同的款目,按照一定的方法排列起来,组织成各种不同的目录。这是古籍编目工作的第二步,也就是组织目录的工作。考查一个图书馆古籍目录质量的优劣,目录的组织排列与古籍的著录一样,具有同等重要的意义。目录组织得合理、准确、适用,可以更有效地揭示藏书,宣传藏书;既便于读者借阅,又利于图书馆员各项业务工作的开展。只有这样,才能充分发挥古籍文献资料为实现四化服务的作用。

组织目录又是一项比较细致的、技术性较强的工作。由于古籍大多使用繁体字,就为排列组织目录更造成一定的难度。编目人员必须以认真、细心的态度予以对待并应熟练地掌握各种目录排检方法来做好这一工作。

本节内着重讨论目录组织的几种主要方法。

古籍目录的组织方法,基本上可以分为字顺组织法和分类组织法两种。

一、字顺目录组织法

字顺目录是将著录的款目标目,按所采用的检字法排列先后

次序组织起来的目录。由于汉字的检字法种类很多,因此,字顺目录排列的方法也多种多样。一般图书馆内常用的主要有两种方法。

1. 笔画笔形法:按款目标目首字的笔画多少为顺序,笔画少的字在前,多的字在后;笔画相同时,再按笔形排;首笔相同时,按第二笔排;第二笔相同时,再按第三笔排。依此类推。使用这种方法,应该掌握汉字笔画笔形结构的一般规律,注意笔画的准确计算,笔形的起笔顺序以及繁简字的对应,如用简化汉字,一定要遵照国家颁布的简化汉字为准。笔形的种类也有多种,一般为点、横、竖、撇,有的加曲分成五种,有的分点、横、竖、撇、捺五种。笔形的次序也有不同,有以点起笔,有以横起笔,确定采用哪一种后,需严格遵循始终,不要因起笔次序的不同,造成目录的混乱。

2. 号码法:将汉字的字形结构,编成数字号码,再依数字大小来排列成目录。如四角号码法,它是将汉字的四角形状,划分为十组,每组给一个数字符号,四角号码取号的顺序是左上、右上、左下、右下。为了便于记忆,有以下的口诀来帮助:"1 横、2 竖、三点捺,4 叉、5 串、方框六,7 角、8 八、小是九,点下有横变零头。"这种取号方法直观性强,容易掌握,容易排列。但是取角不能固定,不易规范化,号码长,重号多,需有辅助方法相配合。

此外,还有笔形法、部首法等排列方法。图书馆组织古籍目录,最普遍采用的是笔画笔形法和四角号码法。

古籍字顺目录,又可分为书名字顺目录和著者字顺目录。下面分别谈谈它们的组织方法。

1. 书名字顺目录:是按各馆所采用的检字法来组织书名款目。排列时,应严格遵照检字法的规定。其具体的组织方法是:

(1)将各书名款目按书名第一个字,依所采用的检字法排成先后顺序。第一字相同,再比第二字、第三字,依此类推。

(2)书名完全相同时,按著者姓名顺序排。

226

（3）同一书的不同版本，按出版时代顺序排（反纪年或顺纪年，应再做具体规定）。

（4）书名前有"新镌"、"评点"、"绣像"、"御纂"、"钦定"等冠词，排片时，可不计算，用括弧括起来，按后面的第一字排。

为了便于读者使用目录，提高检索效率，在目录内应设置指导片。指导片可以指示笔画、笔形、四角号码，也可以指示单个字，几个字或词组。

笔画笔形指导片的排列方法，可用全开导片标写笔画，排在最前面。用二分之一导片标写同一笔画中的不同笔形，用三分之一导片标写该笔形中的单个字；在同一字所属卡片太多时，还可以用四分之一或五分之一的导片标写两个字或两个以上的字或词。

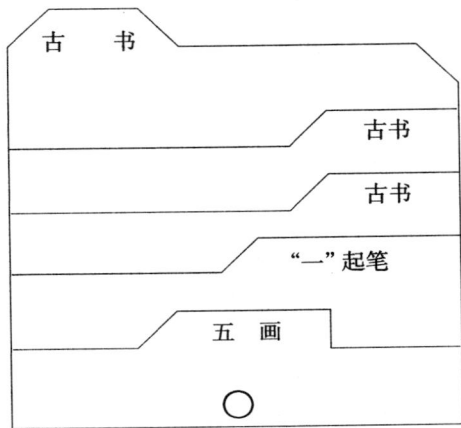

书名字顺目录例：（按笔画笔形排）

古小说精华九十五种

古方选注四卷

古夫于亭杂录六卷

古午亭诗五卷文二卷附菁山诗钞一卷

古月轩集

古玉图二卷

以上书名第一字相同,按第二字笔画笔顺排。

古玉图二卷

古玉图考

古玉图录初集四卷

古玉图谱一百卷

古玉辨

以上书名第二字相同,按第三字笔画笔顺排,第三字相同,再按第四字笔画笔顺排。依次类推。

四角号码指导片的编制方法是先用二分之一的导片标写四角号码的四位数字为 1000,2000……,同位数卡片太多时,用四分之一或五分之一的导片细标明 1100,1200,1300……等号码数字。为便于查检,号码后再用"字"做导片。

2. 著者字顺目录:是按所采用的检字法依著者字顺排列目录。著者字顺目录的组织原则和方法与书名字顺目录基本相同。其具体方法为:

(1)将各种著者款目的著者姓名,依首字字顺排列起来,首字相同,按第二个字排,第二个字相同,按第三个字排。

(2)同一著者的书,按书名顺序排列。

(3)同一著者同一书的不同版本,按出版时代排列(反纪年或顺纪年再做具体规定)。

(4)著者姓名相同,而并非一个人时,按书名顺序排,或者按著者时代排。

(5)外国著者,用统一后的译名排列。

著者目录指导片的编制与排列原则,与书名目录相同。

著者字顺目录按笔画笔顺排列举例:

第一字相同,按第二字笔画笔形排:

任大椿

任中敏

任可澄

任兆麒

任其昌

任承恩

同一著者的不同书,按书名顺序排:

小学钩沈十九卷

清任大椿　撰

字林考逸八卷

清任大椿　撰

燕禧堂五种

清任大椿编

二、分类目录组织法

分类目录是按所采用的某一分类体系,把古籍著录的款目组织起来,使代表性质相关的款目排列在一起,概括地指出各书所属的门类。采用新分类法体系的款目,按代表类目的分类号的先后顺序排列。采用《总目》分类体系时,可直接依类目名称的顺序来排列款目。

分类目录内,一个类目或一个分类号,只代表一类性质的书,而不代表一本具体的书。相同性质的书,它们所属的类目或分类号是相同的,相同性质书不只一本时,款目的排列方法,各图书馆也不尽一致。可以根据本馆实际情况确定一种方法,然后严格遵循,保持始终,不发生前后矛盾或混乱的现象。采用新分类体系排列时,目前各馆的具体方法主要有:

1.凡同类的书,按著者姓名排,同著者的书再按书名排。著者姓名可按字顺排,也可按四角号码或拼音排。也有的图书馆对同类的书按著者时代排,同时代的著者再按姓名字顺或生卒年排列。

2.同类内的书,按到馆或分编先后顺序排列。可以在每一类下面,一种书给一个顺序号;或直接用到馆先后的财产登记号即大流水号顺序排列。

3.同类书内,按书名顺序排列,书名顺序可以用笔画笔形排,也可用四角号码或拼音排列。

4.其它还有用出版时代排、地区排等等,这种情况针对某些专题书目比较可行,如地方志,就需按地区排列,比较科学。

目前,全国大多数图书馆的古籍多采用《总目》分类体系来分类,其分类目录的组织,也是按《总目》分类体系进行排列的。经、史、子、集四大部类各小类相同的书,一般排列规律是先按著作的类型排,再按著者排。

如经部,白文在前,注本在后,依次排列,其次是注疏合一本,注疏、释文合一本,然后是其它研究、阐发经义之著作依次排列。

例:经部

 礼类

  仪礼属:

   仪礼十七卷

    (汉)郑玄注

   仪礼疏五十卷

    (唐)贾公彦疏

   仪礼注疏十七卷

    (汉)郑玄注(唐)贾公彦疏

   仪礼注疏十七卷

    (汉)郑玄注(唐)贾公彦疏

    (唐)陆德明音义

   仪礼图十七卷

    (宋)杨复撰

仪礼要义五十卷

　（宋）魏了翁撰

仪礼逸经传二卷

　（元）吴澄撰

仪礼节解十七卷

　（明）郝敬撰

仪礼郑注句读十七卷　附监本　正误

石经正误二卷

　（清）张尔岐撰

又如集部内别集类的排列,先按朝代排,同一朝代内,再按著者所处的年代排。

例：

集部

别集类

秋崖集四十卷

　（宋）方岳撰（绍定五年进士）

至正集八十一卷

　（元）许有壬撰（延祐二年进士）

青城山人集八卷

　（明）王璲撰（洪武中举浙江乡试）

于忠肃集十三卷

　（明）于谦撰（永乐辛丑〈十九年〉进士）

归田稿八卷

　（明）谢迁撰（成化乙未〈十一年〉进士）

古城集六卷

　（明）张吉撰（成化辛丑〈十七年〉进士）

吴文肃公摘稿四卷

　（明）吴俨撰（成化丁未〈二十三年〉进士）

方简肃文集十卷

　（明）方良永撰（弘治庚戌〈三年〉进士）

天马山房遗稿八卷

　（明）朱澔撰（嘉靖癸未〈二年〉进士）

苏门集八卷

　（明）高叔嗣撰（嘉靖癸未〈二年〉进士）

遵岩集二十五卷

　（明）王慎中撰（嘉靖丙戌〈五年〉进士）

　　目前,中国善本书总目编辑组根据《总目》的分类体系,编辑了《分类编排顺序(试行办法)》,目的是为解决好全国善本书总目的编排组织,对于一般图书馆按类排列古籍目录的顺序,可以作为参考。今摘引于后:

经部

　　总类：　按五经、九经、十三经为顺序,白文在前,注疏本
　　　　　依次排入,其它辑、著之书,按著者、辑者时代前后
　　　　　排列。

　　易、书、诗、礼、春秋、孝经、四书白文在前,其次加"注"
　　　　本,单疏本注疏合一本,注疏、释文(陆德明《经典释
　　　　文》)合一本。其它研究、阐明经义之作,皆系于各经
　　　　之下,按作者时代前后排。

　　乐、群经总义、小学

　　　　依上例,无注疏者,按作者时代先后排。

史部

　　纪传、编年、纪事本末、杂史

　　　　按所纪史事之时代先后排,同时代史,按作者先
　　　　后排。

　　诏令奏议

　　　　诏令,按时代先后排;奏议,按作者时代(及科名)先

232

后排(参照别集类作者顺序)。

传记:总传、别传、家传

按所记人物时代为顺序。

年谱、日记

按谱主生年和日记记事年月为顺序。

贡举、职官录

按年代排。

家谱

按姓氏笔划排,每一姓氏下,按修谱时代为序。

地理: 总志

按成书时代先后排。

　方志

各省之下,按(嘉庆)"清一统志"府,道州,县次序排,村镇志查明所属何县,排在所属县之下。同一地方历次所修志书,按纂修时代及增修、增补情况顺序排。

杂志、山水、水利、古迹

先分地区,地区之下按作者先后顺序排。

(地区顺序与方志同)

宫殿、游记

按作者时代先后顺序排。

外记

先分国别或地域,再各依作者时代排。

职官

(1)官制,官箴,暗分明不分。

(2)官制按书中时代和内容分,同时代,内容性质也同的,再依作者先后排。

政书:通制

按内容时代分排(先通代,后断代,暗分明不分)。

典礼

按作者时代排。

邦记

先按内容性质分,如盐政、漕运财赋(钱粮)、税收、救荒、施政方针……等,再依各项中作者时代排(暗分明不分)。

法令、军政、考工、公牍档册等

按作者或记事时代先后顺序排。

时令按作者时代排。

金石、目录、史评

按作者(或收藏者)时代排。

史抄

按内容纪事时代排(先通代,后断代)。

子部

总类:按编者时代排,编者不明的,参照所收诸子时代排入。儒家、兵家、法家、农家、医家、天文算法、术数,按作者时代先后排(每类下所分子类照此)。

艺术

书画

先按书中内容分"书画合编",单纯"书"或"画",依次顺序排(暗分明不分),各项中,再按作者时代先后排。"画谱"按编者或绘者时代,排在"画"后。

琴谱、棋谱、篆刻

按作者时代先后排。

杂技

先分项目(如打马、投壶等),再各按作者时代排(暗分明不分)。

谱录

　器物

　　　先分内容项目,如文房谱(墨、笔、纸在此项
　　　下)、器物(鼎彝、石谱、陈设等),再依作者时
　　　代排(暗分明不分)。

　食谱

　　　先分内容项目,再依著者时代排(如上)。

杂家、小说家、类书

　　　按作者时代先后排。

　释家

　道家

　宗教

集部

　楚辞

　　　白文在前,有注者,以作注人时代顺序排,研究或考
　　　证者按作者时代依次排。

　别集

　　　各代别集按作者时代(科第先后)顺序排。

　汉魏六朝

　唐:参考《全唐诗》顺序。

　五代

　宋

　金元

　明:以科第年代先后排,同时代无科名者,排在科第
　　　之后(参考《千顷堂书目》)。

　清:与明代规律同,清初作者,以前明有科第者在前,
　　　无科第在后,再依清代科第顺序排(参考《晚清

籨诗汇》)。

总集

丛编

（1）按通代、断代分好，各以所收入作品时代为顺序，并参照编辑者及版刻年代排（如《建安七子集》排在《六朝文集》之前）。其它地方艺文（如《江左三大家诗钞》、《毗陵六逸诗钞》）及家集类丛编，集中排在一起，暗分明不分。

（2）地方艺文按地区排，同一地区以编辑者时代为序。

通代、断代

选集中诗文具收者在前，纯系"诗选"次之，纯系"文选"又次之（暗分明不分），余参照上条。

词类

丛编、总集

按上述"总集"编排原则排。

别集、词话、词谱、词韵

按作者时代为顺序。

诗文评

按作者时代排。

曲类

各类皆按作者时代排。

丛书类

汇编：按编者（或作者）时代先后排。

地方：先按地区分，同地区内，按编者时代先后排。

家集：按所收作品作者时代先后为顺序，所收作品属于通代者，以时代晚者为准。

自著：按作者时代先后排（或照别集类作者先后顺序）。

236

古籍分类目录内也需编制指导片,以利揭示分类目录的结构及其逻辑体系,揭示各类目的内容,以及突出揭示各类中的重要著作。

分类目录指导片,一般有三种:1. 表示分类目录的结构和该类书和类目名称和类号的一般指导片;2. 表示同类书的分组情况的分组指导片;3. 推荐重要著作或著名著者的特殊指导片。分类目录指导片的编制原则基本和书名字顺目录、著者字顺目录的指导片的编制方法是相同的。

最后,再谈谈古籍书本式目录的组织方法。书本式目录是各图书馆编制古籍藏书经常采用的方法,它的优缺点在第一章内已经提及,这里不再赘述,只就其具体组织的原则和方法作一介绍。

书本式目录与卡片式目录在著录的内容上并没有什么不同,只是形式上有所区别。

书本式目录,要求著录内容各项记载的位置整齐、紧凑、清楚分明,各种目录内标目要突出,书名要明显,其它各项要清晰。标目字体应该大于其它事项的字体。

书本式分类目录以类目为标目,类目要表示类系与类别的关系,不同级的类目用不同的字体表示,同列的类应用同一字体。书名可用大号字体,索书号一律印(或写)在左边,自成一栏,或者印(写)在著录的末尾。

书本式字顺目录以检字法所要求的笔画笔形或其它标志作为分节标目。在书名字顺目录内,相同的笔画笔形标目下,依书名逐字排列。对于一书异名、改名的不同版本,可统一在原来的书名之下,并在字顺排列中作参照。

著者字顺目录内,在相同的分节标目下,将各种著录依著者姓名先后排列。在著者名下也可加注简单的生平事略,各条著录应该系统化。

书本式各目录内部组织可仿照卡片目录办理。

第二节　古籍藏书组织

　　每一个图书馆在对古籍图书进行登记、著录、分类、编目、加工等工序之后，还需把全部藏书按一定的方法组织到书库中去。

　　由于古代图书装订形式与一般平装书籍不同，绝大多数图书馆均采取分库保管的方法。

　　藏书组织得合理、适用，能使读者的需要得到满足，馆员的工作效率得到提高；既利于古籍文献资料的作用得到充分发挥，又利于馆员了解馆藏、研究馆藏、补充馆藏，从而保证本馆的藏书质量，延长古籍寿命。更具体地说，组织藏书，应尽量考虑到古籍的特点，本馆的方针、任务以及读者对象等因素，做到便于取书、归架；便于宣传馆藏、利用馆藏；充分利用书架，节约书库面积。

　　过去有的单位，限于人力、馆舍条件等原因，对收藏的古籍图书只注意保存，不注重流通、利用，把古籍当做一批古董收藏起来；有的长期堆放在库房或只是粗粗摆到架上。这对于发掘古代文献资料为四化建设事业服务是非常不利的，这种现象应逐渐得到改变。组织好藏书的目的不应只是为了保存，而应考虑到流通与利用。保存古籍其主要目的也是为了更好的利用古籍。总之，应处理好藏与用的关系。

　　古籍藏书经过组织之后，要在书架上按照一定的次序排列起来。这项工作叫做古籍的藏书排列。

　　为了便于藏书排列，必须在书上作出标记，馆员可以根据标记进行古籍的排列。这种标记就是索书号，也叫排架号。读者与馆员可依据索书号来取阅、归架。索书号的作用是指出一部古籍在架上的确切位置，因而它又是藏书组织、排架、出纳和清点的依据。索书号一般采用数码组成，也可采用文字或其它符号组成。有的

238

图书馆古籍藏书来源于多方面,为了保存某些专藏的系统,往往沿用原来的排架号码(索书号),或单独编号上架,有些则因没有力量使之重新组织排列,而保持原有排架号,因而造成一个图书馆内的古籍藏书索书号并不统一而是多种多样。

在长期的实践中,图书馆组织古籍藏书采用着多种形式的排列方法。大致归纳一下,主要有两种类型:一种是从古籍的内容方面来排列;一种是从古籍的形式方面来组织排列。按内容排列的,主要是分类排列法;按形式排列的,主要是固定排列法。

下面分别介绍各种排列的方法。

一、按古籍内容排列法:按内容排列,主要是分类排列法,把古籍分门别类依其分类号顺序排列上架。采用新分类体系类分古籍时,其类目配有号码,采用《总目》分类体系类分古籍时,没有配号码,于是有的图书馆直接用类目名称顺序排列,有的馆自己配上号码代表类目名称,如用阿拉伯数字,或用干支甲、乙、丙、丁,或用汉字数码一、二、三、四等等。

同类书排列的方法也有多样,如分类种次号法、分类著者号、分类书名号以及出版时代号、分类登记号法等等。

1.分类种次号排列,是将古籍按所依据分类体系的类目顺序和分编先后顺序组成。同一书的复本、译注、阐述、研究等著作,在种次号后面再加上其它符号。这种方法的索书号由分类号(类目名称)、种次号、复本号或其它符号所组成。

2.分类著者排列,是把古籍由分类号和著者号组成索书号(排架号)。同一著者的书在这一类内就集中在一处了。另外,再用其它符号表示同一著者同一著作的复本、不同版本等等,由这些符号组成索书号。

3.分类书名排列,把书先按分类顺序排列,再按书名顺序组成索书号。具体由分类号、书名号、复本号、不同版本符号组成的分类书名号排列的索书号。

此外,按分类登录号排列、分类出版时代排列等等基本原则与上述几种方法是一样的。

分类排列古籍的主要优点是,同一类的书及其复本、不同版本等可以集中放在一起,使藏书排列有一定的逻辑体系,便于按内容系统取书、还架,推荐、利用。它的缺点,是每类书后,必须留有一定空间,以备新书上架,不能节约书库面积,如果计划不周,某一类书增多,书架没有余地,容易造成倒架的麻烦,耗费人力和时间。此外按分类排列时,索书号容易造成冗长,给工作带来不便。

但是古籍是历史上遗留下来的著作,品种与数量已基本不会增加(不包括古籍新印)。因此,大部分图书馆的古籍排列是采用这种方法的。

二、按古籍形式排列:主要是固定排列法,具体又可分为:

1. 直接采用登录号作为在架上的排列顺序。一书的索书号也就是登录号,用以作为取书、还架的依据。

2. 将书按到馆先后顺序(或分编整理顺序)放在书架的固定位置上,书在这个固定位置不变。给固定位置一个标记,用这个标记代表索书号,依此来排列古籍藏书。如 $14\frac{3}{8}$,就是第 14 架第 3 层,第 8 部书。$14\frac{3}{8}$ 就是该书的索书号。这种方法,在藏书不多,而且比较完整的情况下,比较适用。

此外,还可以用书名或著者姓名的顺序来排列古籍藏书,或用出版时代、地区等方法排列。

形式排列简单、易行;上架、还架迅速;清点、管理方便;能节约空间,充分利用书架,不存在倒架的困难。如果与完整的目录制度相配合,形式排列还是有其优点的。但是它的缺点也很突出。形式排列过于机械、简单,同类书和一书的复本以及不同版本不能集中放在一起,不能反映藏书系统,不便于流通与利用。这种方法,对流通量不大的图书馆,可以考虑采用。

第三节　古籍保管

　　较大的图书馆大都设有收藏古籍的部门,它的职能:一是通过藏书为读者提供古代文献资料;二是保存古代文化典籍。总的来说,就是保证藏书安全,完整而长期地为社会主义建设服务。

　　我国的古籍历史悠久、数量众多、学科内容丰富、制作技艺高超,是我国文化遗产中的一份宝藏,在整个人类文化史上占有重要的地位。就其作用来说,对于我国的现代化建设,古籍仍能提供许许多多有用的经验和资料,只要我们认真研究,深入发掘,那么,我们祖先的聪明才智,就能重放光彩。

　　古籍是历史的产物,它不会再有大量增加,即使再影印出版,而原书所具有的各种时代特征,如装订、纸张、墨色等,也难以完全保存下来。而且,在长期的流传过程中,古籍经历了不少自然灾害和人为的破坏,有的书,所剩很少,有的书成了孤本,有的书只剩下残篇断简,但即使是片纸只字,往往也是研究我国古代学术思想、生活习尚及历史事迹的重要资料。

　　古籍的保护和利用是对立统一的关系,我们既要反对只讲保护不讲利用的倾向,也要反对只讲利用不讲保护的倾向。为了保护古籍,秘不示人,这就失去了保护古籍的意义,但只强调利用而忽视保护也是错误的。我们应该做好古籍保护工作,因为这对满足读者需要是有深远意义的。

　　要做好古籍保护工作,必须研究造成古籍损毁的原因,只有这样,才能做到"防重于治",才能有的放矢地采取相应的保护措施,以达到延长古籍使用寿命的目的。

　　造成古籍损毁的原因,归纳起来有两个方面:一是社会原因,一是自然原因。社会原因除了政治动乱给古籍造成的巨大损失之外,还包括以下方面:(一)坏人的盗窃或破坏;(二)读者的不良读书习惯,如折角、划线、污损等;(三)规章制度不严或工作人员工作中的缺点所引起的丢损现象等。自然原因就是指种种物理因素、化学因素以及生物因素给古籍带来的损毁。古籍时代久远,在空气、阳光、温度、湿度、灰尘、环境等条件影响下,纸张、墨色等常因条件不良而发生变化。虫蛀、鼠害等也时常威胁着古籍的安全。水灾、火灾给古籍造成的巨大的损失更是难以估量,历史上许多汗牛充栋的藏书楼都因水、火之灾而毁于一旦。以上都是影响古籍寿命的不利因素。

针对上述不利因素,古籍保护应从规章制度、防火、防水、防潮、防高温、防虫、防鼠、清洁卫生、装订修补等方面开展工作。

一、建立、健全保护古籍的规章制度

规章制度在古籍保护工作中有着十分重要的意义。从对象来分:有馆员必须遵守的规章制度,有读者必须遵守的规章制度,两者是相辅相成的,缺一不可。从内容来分:有借阅制度和安全保卫制度等。目前藏有古籍的图书馆,大都有相应的规章制度。如有的图书馆借阅制度规定:读者阅读古籍时,不得折角、划线、污损等;摘录资料一律使用铅笔,不得使用毛笔、钢笔、圆珠笔等,这些都是切实可行的。安全保卫制度应严格规定入库手续;防火、防盗的具体措施;夜间、假日值班制度等。

二、防火

火灾,是对古籍保护的最大威胁之一。一旦出事,珍贵的古籍就可能付之一炬,我们决不可掉以轻心。要防止火灾,须做好以下工作:

(1)书库及附近建筑宜用砖石结构;

(2)书架宜用钢、铁等金属材料;

（3）书库严禁吸烟、烤火，严禁存放易燃品；

（4）防止漏电起火，要经常检查书库线路开关；

（5）书库屋顶要安装避雷装置；

（6）书库应设置灭火器、沙包等消防用品，有条件的图书馆可设置自动灭火装置和自动报警仪器。

三、防水、防潮、防强光、防高温

潮湿、强光、高温对古籍十分有害，这些因素会加速纸张老化，并对纸张中的纤维发生腐蚀作用，过于潮湿，还会导致霉烂和虫害。要防水、防潮、防强光、防高温，须做好以下工作：

（1）要注意书库的通风，库内保持一定的湿度和温度。陈恩惠同志按 c 氏表记录出的温、干、湿、干湿相差各度中提出的最低和最高度数，温度：最低 14 度，最高 29 度。干度：最低 59 度，最高 85 度。湿度：最低 54 度，最高 80 度。干湿度相差：最低 44 度，最高 93 度[②]。这个数据可供参考，各地情况可能稍有差异。最好在建筑书库时，就要考虑书库建成后的通风问题。

（2）书库窗户宜安装毛玻璃、百叶窗或遮阳板。窗帘宜用布料、塑料的，不宜用竹帘，这样可以防止太阳直射，因为直射阳光光线较强，易使书纸变黄变脆。

（3）保持书库周围水道畅通无阻，以防积水。发生漏水，要及时修理。

（4）用复印机复印古籍要慎重，善本书不宜用复印机复印，因复印机工作时温度很高，容易使纸质变脆，影响古籍的长期保存。

四、防虫、防鼠

各种有害生物如蠹鱼、白蚁、老鼠等对古籍的破坏也是非常严重的。古代藏书家在防虫方面创造了一些可行的办法，如用芸草、鱼石子、角蒿、黄柏、椒纸防蠹，这些办法，我们今天仍可借鉴。现

在运用科学的方法,研制出了一些防虫、灭鼠的药品,但使用时要慎重,以免产生副作用。防虫、防鼠,可做好以下工作:

(1)做好通风、除尘、防潮工作,除去虫害滋生繁殖的条件;

(2)库内可放置防虫药物和捕鼠器;

(3)不带食品入库;

(4)由外地运来的书籍,不宜直接搬入书库开箱,以免把箱中虫鼠带入书库。

五、清洁卫生

灰尘不但玷污古籍,而且也是昆虫和微生物借以藏身和繁殖的场所,还直接危害馆员的身体健康。除尘是保护古籍和创造良好工作环境的重要措施。这是一项经常的但又是十分繁重的工作。清洁卫生,宜注意以下工作:

(1)库内要经常打扫,扫地要用锯屑或松毛湿扫。

(2)古籍可配上书套,既可防尘,也可防虫蛀鼠咬,取拿搬动也不易拖散。但古人有"藏书断不可用套"之说,因套上有浆糊,容易发霉生虫。这种看法,过于武断。中国南方有些地方过于潮湿,用书套宜慎重,北方地区用书套则无副作用。现在胶合剂广泛使用,做书套可不用浆糊,因浆糊而产生之副作用亦可消除。

(3)善本书最好用书柜书橱存放,以防灰尘并能杜绝鼠咬,但要经常注意检查和通风。

(4)书库周围要精心绿化,净化空气。

(5)有条件的图书馆可备置吸尘器,用以吸取书架上的灰尘;建立消毒室,对入藏古籍进行消毒。

六、装订修补

库藏古籍要经常清理检查,发现虫蛀断线、破烂残缺的书,要及时装订修补。装订修补时要力求保持原样,做到整旧如旧。

244

①《分类编排顺序(试行办法)》 全国善本总目编辑组编 油印本
②《谈谈善本书的保管工作》 陈恩惠 《北图通讯》 一九七九年二期

附录一

《四库全书总目》分类法与《中国图书馆图书分类法》对照表

四库法			中图法	
部	类	属		
经	易		B221	易
	书		K221.4	古代史籍
	诗		I222.2	诗经
	礼			
		周礼	K224.6	史料
		仪礼		
		礼记	K892.9	古代礼制
		三礼总义		
		通礼	K892.96	通礼
			K892.97	礼制通考
		杂礼	K892.98	专类礼制
	春秋		K225.4	古代史籍
	孝经		B828.3	家庭道德
	五经总义		Z126.2	群经总义
	四书		B222.1	四书
	乐		J6	音乐
	小学	训诂	H13	语义、词汇、词义（训诂学）

246

四库法			中图法	
部	类	属		
史		字书	H171	古代方言
			H12	文字学
			H16	字典、词典、古代字书
		韵书	H11	语音(音韵学)
	正史		K204.1	纪传体史书合刻
			K204.2	纪传
			K23	封建社会史
	编年		K204.3	纪年
			K23	封建社会史
	纪事本末		K204.4	纪事本末
			K23	封建社会史
	别史		K206	史料
			K204.2	纪传
			K23	封建社会史
	杂史		K204.5	杂史
			K23	封建社会史
	诏令奏议	诏令 奏议	K206.5	诏令奏议
			K23	封建社会史
	传记	圣贤 名人 总录 杂录 别录	K82	中国人传记
			K204.4	史钞
	史钞		K23	封建社会史
			K23	封建社会史
	载记		K29	地方史志
			P193	季节、时令

四库法			中图法	
部	类	属		
史	时令		K892.18	四季节令
	地理	宫殿疏	K928.7	历代名胜古迹
		总志	K290.1/.7	各代总志
		都会郡县	K291/297	各省、市区史志
		河渠		
		边防		
		山川	K928	专类地理
		古迹	K928.7	历代名胜古迹
		杂记	K28.9	旅行、游记
		游记		
		外纪	K928	专类地理
			K93/97	各国地理
	职官	官制	D691.4	人事制度（职官）
		官箴	K23	封建社会史
	政书	通礼	K892.96	通礼
			K892.97	礼制通考
		典礼	K892.98	专类礼制
		邦记	F129	中国经济史
		军政	E292	中国军事史
		法令	D929	中国法制史
		考工	TS	轻工业、手工业
			TU－092	中国建筑史
	目录	经籍	Z8	图书目录、索引
		金石	K87	中国考古
	史评		K092	中国史学史
			K207	研究、考订、评论
			K23	封建社会史

四库法			中图法	
部	类	属		
子				
	儒家		B2	中国哲学
	兵家		E892	中国古代兵法
	法家		B2	中国哲学
	农家		S	农业、林业
	医家		R2	中国医学
	天文算法	推步	P1	天文学
		算书	O112	中国古典数学
	术数	数学	B992.1	阴阳五行说
		占候	B992.2	占卜
		相宅相墓	B992.4	堪舆（风水）
		占卜	B992.2	占卜
		命书相书	B992.3	命相
		阴阳五行	B992.1	阴阳五行说
		杂技术	B992.9	其他
	艺术	书画	J2	绘画
			J29	书法篆刻
		琴谱	J63	民间音乐理论与方法
			J64	中国音乐
		篆刻	J29	书法篆刻
		杂技	G89	文化活动
	谱录	器物	K87	中国考古
			TS	轻工业手工业
		食谱	TS972	饮食调制技术
		草木鸟兽虫鱼	Q94	植物学
			Q95	动物学

四库法			中图法	
部	类	属		
子	杂家	杂学 杂考 杂说 杂品 杂纂	B2 Z4	中国哲学 论文集、杂著
		杂编	Z12	中国丛书
	类书		Z22	中国类书
	小说	杂事 异闻 琐语	I242	古代作品
	释家		B94	佛教
	道家		B95	道教
集	楚辞		I222.3	楚辞
	别集		I212/217	各时代作品集
			I22/29	诗歌、韵文等
	总集		I211	作品综合集
			I22/29	诗歌、韵文等
	诗文评		I206	文学批评和研究
	词曲	词集 词选	I222.8	词
		词话 词谱、词韵	I207.23	词
		南北曲	I207.24	散曲
			I23	戏剧

《四库全书总目》分类法与
《中国科学院图书馆图书分类法》类目对照表

四库法			科院法	
部	类	属		
经	易		98.1	易
			13.11	易经
	书		22.212	三代史
			98.2	书
	诗		44.31	诗经
			98.3	诗
	礼	周礼	22.215	周
			98.41	周礼
		仪礼	26.709	古代风俗制度
			98.42	仪礼
		礼记	26.709	古代风俗制度
			98.43	礼记
		三礼总义	98.46	三礼总义
		通礼	26.709	古代风俗制度
			98.4	礼
		杂礼	26.7	风俗习惯、民俗学
	春秋		22.216	春秋
			98.5	春秋
	孝经		17.0399	封建道德
			98.6	孝经
	五经总义		98.8	群经总义
	四书		13.121	四书
			98.7	四书
	乐		48.9	音乐

四库法			科院法	
部	类	属		
经	小学	训诂	41.22	词汇、训诂学
			41.26	方言
			98.94	尔雅
		字书	41.24	文字
		韵书	41.21	音韵学
史	正史		22.11	纪传
			22.2	各代史
	编年		22.12	编年
			22.2	各代史
	纪事本末		22.13	纪事本末
			22.2	各代史
	别史		22.16	史料
			22.2	各代史
	杂史		22.14	杂史
	诏令奏议	诏令 奏议 }	22.16	史料
			22.2	各代史
	传记	圣贤 名人 总录 } 杂录 别录	26.12	中国人物传记
	史钞		22.17	史钞
	载记		22.2	各代史
			22.5	地方史
			22.6	地方志
	时令		55.19	时间、历法

四库法			科院法	
部	类	属		
史			26.71	节令
	地理	宫殿疏	22.79	名胜古迹
		总志 都会郡县 }	22.6	地理志、地方志
		河渠	22.769	江河、湖泊
			86.8	水利工程
		边防	22.73	边疆、防务
		山川	22.75	山
			22.76	水
		古迹	22.79	名胜古迹
		杂记 } 游记 }	22.8	游记、杂记
		外记	24－25	各国史
	职官	官制 } 官箴 }	22.2	各代史
	政书	通制 } 典礼 }	22.16	史料
			22.2	各代史
		邦计	28.28	中国经济史
		军政	36.204	军事史
		法令	35.204	中国法制史
		考工	85	轻工业、手工业及生活供应技术
			86.042	中国建筑史
	目录	经籍	91	书目、索引
		金石	26.329	金石学
	史评		22.03	史学
			22.18	研究、考订、评论

四库法			科院法	
部	类	属		
子	儒家		13.12	儒家
			13.21/.7	各代哲学
	兵家		36.192	中国古兵法
	法家		13.16	法家
	农家		65.09	古农书
	医家		62	中医、中药学
	天文算法	推步	55.042	中国天文学史
		算书	51.12	中国古算经
	术数	数学		
		占候		
		相宅相墓		
		占卜	49.9	术数
		命书相书		
		阴阳五行		
		杂技术		
	艺术	书画	48.3	书法、绘画
		琴谱	48.932	中国乐器
		篆刻	48.21	篆刻、刻印
		杂技	39.99	文娱活动及游戏
	谱录	器物	85	轻工业、手工业
		食谱	85.93	饮食的调制技术及设备
		草木鸟兽虫鱼	58.8	植物学
			59.1	动物学
	杂家	杂学	13.14	墨家
			13.15	名家
			13.17	纵横家
			13.18	杂家
			13.19	其它先秦诸子

四库法			科院法	
部	类	属		
子			13.21/.7	各代哲学
		杂考 杂说 杂品 杂纂	13 96	中国哲学 论文集、杂著
		杂编	97	丛书
	类书 小说		92	百科全书、类书
		杂事 异闻 琐语	44.53	笔记
	释家 道家		49.3 49.9	佛教 道教
集	楚辞 别集		44.32 44.2 44.3	楚辞 别集 诗歌、韵文
	总集 诗文评 词曲		44.1 43.2	总集 文学理论与批评
		词集 词选 词话 词谱词韵	44.371 44.372 43.2375 43.2371 43.2372	词别集 词总集 词话 词律 词韵
		南北曲	43.24 44.4	戏曲、戏剧 戏曲、戏剧(剧本)

附录二

主要分类表举例

(一)《汉书·艺文志》

六艺略:(1)易(2)书(3)诗(4)礼(5)乐(6)春秋(7)论语(8)
　　　孝经(9)小学

诸子略:(1)儒(2)道(3)阴阳(4)法(5)名(6)墨(7)纵横(8)
　　　杂(9)农(10)小说

诗赋略:(1)赋:屈原以下赋,荀卿以下赋,陆贾以下赋(2)杂
　　　赋(3)歌诗

兵书略:(1)兵权谋(2)兵形势(3)兵阴阳(4)兵技巧

术数略:(1)天文(2)五行(3)历数(4)蓍龟(5)杂占(6)形法

方技略:(1)医理(2)经方(3)房中(4)神仙

(二)《晋中经簿》

甲部:(1)六艺(2)小学

乙部:(1)古诸子百家(2)近世子家(3)兵书(4)兵家(5)术数

丙部:(1)史记(2)旧事(3)皇览簿(4)杂事

丁部:(1)诗赋(2)图赞(3)汲冢书

(三)《七志》

经典志：纪六艺　小学　史记　杂传
诸子志：纪今古诸子
文翰志：纪诗赋
军书志：纪兵书
纬阴阳志：纪阴阳图
图谱志：纪地域及图书

(四)《七录》

经典录：易部　尚书部　诗部　礼部　乐部　春秋部　论语
　　部　孝经部　小学部
记传录：国史部　注历部　旧事部　职官部　仪典部　法制
　　部　伪史部　杂传部　鬼神部　土地部　谱状部　簿
　　录部
兵　录：儒部　道部　阴阳部　法部　名部　墨部　纵横部
　　杂部　农部　小说部　兵部
文集录：楚辞部　别集部　总集部　杂文部
术技录：天文部　谶纬部　历算部　五行部　卜筮部　杂占
　　部　刑法部　医经部　经方部　杂艺部
佛法录：戒律部　禅定部　智慧部　疑似部　论记部
仙道录：经戒部　服饵部　房中部　符图部

(五)《隋书·经籍志》

经：易　书　诗　礼　乐　春秋　孝经　论语　纬书　小学
　　（共十类）
史：正史　古史　杂史　霸史　起居注　旧事　职官　仪注
　　刑法　杂传　地理　谱系　簿录（共十三类）

子:儒　道　法　名　墨　纵横　杂　农　小说　兵　天文
　　历数　五行　医方(共十四类)

集:楚辞　别集　总集(共三类)

道经(附)

佛经(附)

(六)《通志·艺文略》

经类第一:(分九家)

(一)易:古易　石经　章句　传注　集注　义疏　论说　类
　　例　谱　考证　数　图　音　谶纬　拟易(共十六种)

(二)书:古文经　石经　章句　传注　集注　义疏　问难
　　义训　小学　逸篇　图　音　续书　谶纬　逸书(共十
　　六种)

(三)诗:石经　故训　传注　义疏　问辨　统说　谱　名物
　　图音　纬学(共十二种)

(四)春秋:经　五家传注　三传义疏　传论　序　条例　图
　　文辞　地理　世谱　卦繇　音　谶纬(共十三种)

(五)春秋外传国语:注解　章句　非驳　音(共四种)

(六)孝经:古文　注解　义疏　音　广义　谶纬(共六种)

(七)论语:古论语　正经　注解　章句　义疏　论难　辨正
　　名氏　音释　谶纬　续语(共十一种)

(八)尔雅:注解　图　义　音　广雅　杂尔雅　释言　释名
　　方言(共九种)

(九)经解:经解　谥法(共二种)

礼类第二:(分七家)

(一)周官:传注　义疏　论难　义类　音　图(共六种)

(二)仪礼:石经　注　疏　音(共四种)

(三)丧服:传注　集注　义疏　记要　问难　仪注　谱　图

五服图仪(共九种)

(四)礼记:大戴　小戴　义疏　书钞　评论　名数　音义
　　中庸　谶纬(共九种)

(五)月令:古月令　续月令　时令　岁时(共四种)

(六)会礼:论钞　问难　三礼　礼图(共四种)

(七)仪注:礼仪　吉礼　宾礼　军礼　嘉礼　封禅　汾阴
　　诸祀仪注　陵庙制　家礼祭仪　东宫仪注　后仪　王
　　国州县仪注　会朝仪　耕籍仪　车服　国玺　书仪(共
　　十八种)

乐类第三:

　　乐书　歌辞　题解　曲簿　声调　钟磬　管弦　舞　鼓吹
　　琴　谶纬(共十一种)

小学第四:

　　小学　文字　音韵　音释　古文　法书　蕃书　神书(共
　　八种)

史类第五:(分十三家)

(一)正史:史记　汉　后汉　三国　晋　宋　齐　梁　陈
　　后魏　北齐　后周　隋唐　通史(共十五种)

(二)编年:古魏史(竹书纪年)
　　两汉　魏　吴　晋　宋　齐　梁　陈　后魏　北齐
　　隋　唐五代　运历　纪录(共十五种)

(三)霸史

(四)杂史:古杂史　两汉　魏　晋　南北朝　隋　唐　五代
　　宋(共八种)

(五)起居注:起居注　实录　会要(共三种)

(六)故事

(七)职官

(八)刑法:律　令　格　式　敕　总类　古制　专条　贡举

断狱　法守(共十一种)

(九)传记:耆旧　高隐　孝友　忠烈　名士　交游　列传
　　　家传　烈女　科第　名号　冥异　祥异(共十三种)

(十)地理:地理　都城宫苑　郡邑　图经　方物　川渎　名
　　　山　洞府　塔寺　朝聘行役　蛮夷(共十一种)

(十一)谱系:帝系　皇族　总谱　韵谱　郡谱　家谱(共六
　　　种)

(十二)食货:货宝　器用　豢养　种艺　茶　酒(共六种)

(十三)目录:总目　家藏总目　文章目　经史目(共四种)

诸子类第六:(分十一家)

(一)儒术

(二)道家:老子　庄子　诸子　阴符经　皇庭经　参同契
　　　目录　传记　论　书经　科仪　符箓　吐纳　胎息
　　　内视　道引　辟谷　内丹　外丹　金石药　服饵　房
　　　中　修养(共二十五种)

(三)释家:传记　塔寺　论议　铨述　章钞　仪律　目录
　　　音义　颂赞　语录(共十种)

(四)法家

(五)名家

(六)墨家

(七)纵横家

(八)杂家

(九)农家

(十)小说

(十一)兵家:兵书　军律　营阵　兵阴阳　边策(共五种)

天文类第七:(分三家)

(一)天文:天象　天文总占　竺国天文　五星占　杂星占
　　　日月占　风云气候占　宝气(共八种)

260

（二）历数：正历　历术　七曜历　杂星历　刻漏（共五种）

（三）算术：算术　竺国算法（共二种）

五行类第八：

易占　易轨革　筮占　龟卜　复射　占梦　杂占　风角　鸟情　逆刺　遁甲　太一　九宫　六壬　式经　阴阳　元辰　三命　行年　相法　相笏　相字　堪余（艺文略原作"堪余"即今"堪舆"二字）　易图　婚姻　产乳　登坛　宅经　葬书（共三十种）

艺术类第九：

艺术　射　骑　画录　画图　投壶　弈碁　博塞　象经　樗蒲弹碁　打马　双陆　打毬　彩选　叶子格　杂戏格（共十七种）

医方类第十：

脉经　明堂针灸　本草　本草音　本草图　本草用药　采药　炮炙　方书　单方　胡方　寒食散　病源　五藏（艺文略原作"藏"恐系"臟"字之误）　伤寒　脚气　岭南　方杂病　疮肿　眼药　口齿　妇人　小儿　食经　香薰　粉泽（共二十六种）

类书类第十一：

文类第十二：

楚词　历代别集　总集　诗总集　赋　赞颂　箴铭　碑碣　制诰　表章　启事　四六　军书　案判　刀笔　俳谐　奏议　论策　书　文史　诗评（共二十二种）

（七）《孙氏祠堂书目》

经学第一

易　书　诗　礼　乐　春秋　孝经　论语　尔雅　孟子　经义

小学第二
　　字书　音学
诸子第三
　　儒家　道家　法家　名家　墨家　纵横家　杂家　农家
　　兵家
天文第四
　　天部　算法　五行术数
地理第五
　　总编　分编
医律第六
　　医学　律学
史学第七
　　正史　编年　纪事　杂史　传记　故事　史论　史钞
金石第八
类书第九
　　事类　姓类　书目
词赋第十
　　总集　别集　词　诗话
书画第十一
说部第十二

(八)《中国丛书综录》

经部　　　　　　　　　　　　专著之属
　易类　　　　　　　　　　　易例之属
　　正文之属　　　　　　　文字音义之属
　　传说之属　　　　　　　古易之属
　　图说之属　　　　　　尚书类
　　分篇之属　　　　　　　正文之属

传说之属 专著之属
分篇之属 图之属
专著之属 文字音义之属
文字音义之属 逸礼之属
书序之属 礼记类
逸书之属 正文之属
诗经类 传说之属
正文之属 分篇之属
传说之属 专著之属
分篇之属 文字音义之属
专著之属 大戴礼记类
文字音义之属 传说之属
诗序之属 分篇之属
诗谱之属 逸记之属
逸诗之属 三礼总义类
三家诗之属 通论之属
摘句之属 制度名物之属
周礼类 图之属
正文之属 目录之属
传说之属 通礼之属
分篇之属 乐类
专著之属 乐理之属
文字音义之属 律吕之属
序录之属 春秋左传类
仪礼类 正文之属
正文之属 传说之属
传说之属 专著之属
分篇之属 凡例之属

263

文字音义之属
摘句之属
序录之属
春秋公羊传类
正文之属
传说之属
专著之属
文字音义之属
春秋谷梁传类
正文之属
传说之属
专著之属
文字音义之属
序录之属
春秋总义类
正文之属
传说之属
专著之属
文字音义之属
摘句之属
四书类
大学之属
正文
传说
中庸之属
正文
传说
论语之属

正文
传说
专著
文字音义
古齐鲁论
孟子之属
正文
传说
专著
文字音义
合刻总义之属
传说
专著
文字音义
孝经类
正文之属
传说之属
专著之属
文字音义之属
序录之属
尔雅类
正文之属
传说之属
分篇之属
专著之属
群经总义类
传说之属
图之属

文字音义之属　　　　　群雅
群经授受源流之属　　　字诂
序录之属　　　　　　　方言
摘句之属　　　　　　　译文
石经之属　　　　　　谶纬类
　通考　　　　　　　　总录之属
　汉石经　　　　　　　河图之属
　魏石经　　　　　　　洛书之属
　唐石经　　　　　　　谶之属
　后蜀石经　　　　　　易纬之属
　宋石经　　　　　　　尚书纬之属
　清石经　　　　　　　诗纬之属
小学类　　　　　　　　礼纬之属
　说文之属　　　　　　乐纬之属
　　传说　　　　　　　春秋纬之属
　　专著　　　　　　　论语纬之属
　字书之属　　　　　　孝经纬之属
　　通论　　　　　　史部
　　古文　　　　　　　正史类
　　字典　　　　　　　别史类
　　字体　　　　　　　编年类
　　蒙学　　　　　　　纪事本末类
　音韵之属　　　　　　杂史类
　　韵书　　　　　　　　事实之属
　　古今音说　　　　　　琐记之属
　　等韵　　　　　　　载记类
　　简字拼音　　　　　史表类
　训诂之属　　　　　　史钞类

265

266

盐法
货币
户籍
权量
荒政
邦交之属
军政之属
兵制
马政
保甲团练
江防海防
边政
刑法之属
刑制
律例
检验
治狱
判牍
考工之属
营造
杂志
掌故琐记之属
诏令之属
奏议之属
公牍之属
时令类
地理类
总志之属

方志之属
杂志之属
专志之属
宫殿
园亭
佛寺
道观
祠墓
书院
山水之属
合志
山
水
游记之属
纪胜
纪行
中外杂纪之属
目录类
通论之属
义例
考订辨伪
琐记掌故
藏书约
总录之属
史志
公藏
家藏
独撰

268

270

272

诗文评类　　　　　　　道情
　历代之属　　　　　　杂曲
　郡邑之属　　　　　　弹词
　诗话文话之属　　　　鼓词
　辞赋课艺之属　　　　曲总集
词曲类　　　　　　　　时调
　词之属　　　　　　词曲评之属
　　别集　　　　　　　词韵词谱
　　总集　　　　　　　曲韵曲谱
　　历代　　　　　　　词话
　　郡邑　　　　　　　曲话
　　氏族　　　　　别录
　曲之属　　　　　　经
　　杂剧　　　　　　史
　　传奇　　　　　　子
　　杂著　　　　　　集
　　散曲

（九）《中国古籍善本书总目》分类表（未定稿）

经部　　　　　　　　　仪礼
　总类　　　　　　　　礼记
　　丛编　　　　　　　通礼
　易类　　　　　　　　杂礼
　书类　　　　　　春秋类
　诗类　　　　　　　春秋总义
　礼类　　　　　　　左传
　　三礼总义　　　　　公羊传
　　周礼　　　　　　　谷梁传

孝经类　　　　　　　　　宗谱
四书类　　　　　　　　　科举
　四书总义　　　　　　　职官
　论语　　　　　　　　　氏姓
　孟子　　　　　　　　　专录
　大学　　　　　　　　　杂录
　中庸　　　　　　　　史抄类
群经总义类　　　　　　史评类
小学类　　　　　　　　政书类
　训诂　　　　　　　　　通制
　字书　　　　　　　　　典礼
　韵书　　　　　　　　　职官
史部　　　　　　　　　　邦计
纪传类　　　　　　　　　邦交
　丛编　　　　　　　　　军政
　通代　　　　　　　　　　兵制
　断代　　　　　　　　　　防务
编年类　　　　　　　　　　海防
　通代　　　　　　　　　　江防
　断代　　　　　　　　　　陆防
纪事本末类　　　　　　　　马政
杂史类　　　　　　　　诏令奏议
传记类　　　　　　　　公牍档册
　总传　　　　　　　　　法令
　别传　　　　　　　　考工类
　年谱　　　　　　　　时令类
　日记　　　　　　　　地理类
　家传　　　　　　　　　总志

275

方志
专志
　古迹
　宫殿
　寺观
　祠堂
　陵墓
　园林
　书院
山水志
　山志
　水志
　（附水利）
游记
外纪
金石类
　总类
　金类
　石类
　陶类
　钱币
　玺印
目录类
　公藏书目
　家藏书目
　提要目录
　地方书目
　其他书目

子部
　总类
　儒家类
　道家类
　法家类
　兵家类
　农家类
　医家类
　丛编
　医经
　本草
　诊法
　方论
　内科
　外科
　眼科
　妇科
　儿科
　针灸
　养生
　史传
　杂录
　兽医
天文算法类
　天文
　历法
　算书
艺术类

书画

篆刻

音乐

棋弈

杂技

谱录类

　器物

　食物

　衣物

　动植物

　　鸟兽虫鱼

　　花草树木

杂家类

　杂学杂说

　杂考

　杂纂

　杂品

　杂记杂抄

术数类

　数学

　占候

　占卜

　阴阳五行

　命书相书

　相宅相墓

　杂术

宗教类

　佛教

经、律、论、赞、史传。

道教

　经论著作

　史传

其他宗教

类书类

集部

总集类

　丛编

　通代

　断代

　地方艺文

楚辞类

别集类

　汉魏六朝

　唐五代

　宋

　金

　元

　明

　清

词类

　丛编

　总集

　别集

　词话

　词谱

　词韵

曲类
　诸宫调
　杂剧
　传奇
　散曲
　弹词
　曲选
　曲谱
　曲律
　曲韵
　曲评曲话曲目
小说类
　笔记小说
　　杂事、异闻、
　　琐语、谐谑
　话本
　公案
　短篇
　长篇
诗文评类
丛书
　汇编类
　地方类
　家集类
　自著类

附录三

（一）甲子表

1	2	3	4	5	6	7	8	9	10
甲子	乙丑	丙寅	丁卯	戊辰	己巳	庚午	辛未	壬申	癸酉
11	12	13	14	15	16	17	18	19	20
甲戌	乙亥	丙子	丁丑	戊寅	己卯	庚辰	辛巳	壬午	癸未
21	22	23	24	25	26	27	28	29	30
甲申	乙酉	丙戌	丁亥	戊子	己丑	庚寅	辛卯	壬辰	癸巳
31	32	33	34	35	36	37	38	39	40
甲午	乙未	丙申	丁酉	戊戌	己亥	庚子	辛丑	壬寅	癸卯
41	42	43	44	45	46	47	48	49	50
甲辰	乙巳	丙午	丁未	戊申	己酉	庚戌	辛亥	壬子	癸丑
51	52	53	54	55	56	57	58	59	60
甲寅	乙卯	丙辰	丁巳	戊午	己未	庚申	辛酉	壬戌	癸亥

（二）岁阳、岁阴表

岁阳表

	尔雅	史记		尔雅	史记
甲	阏逢	焉逢	己	屠维	祝犁
乙	旃蒙	端蒙	庚	上章	商横
丙	柔兆	游兆	辛	重光	昭阳
丁	强圉	疆梧	壬	玄黓	横艾
戊	著雍	徒维	癸	昭阳	尚章

岁阴表

	尔雅	史记		尔雅	史记
子	困敦	同	午	敦牂	同
丑	赤奋若	同	未	协洽	同
寅	摄提格	同	申	涒滩	同
卯	单阏	同	酉	作噩	同
辰	执徐	同	戌	阉茂	淹茂
巳	大荒落	同	亥	大渊献	同

（三）中国历史年代纪元表

1. 本表从传说中的"五帝"开始，到1949年中华人民共和国成立为止。
2. 我国历史年代，西周共和元年（公元前841年）以前，异说颇多，尚无定论，本表对于西周共和元年以前，只列帝王世系。民国已废除帝制，故只列公元和干支。
3. 较小的王朝如"十六国"、"十国"、"西夏"等不列表。
4. 各个时代或王朝，详列帝王名号（"帝号"或"庙号"，以习惯上常用者为据），年号，元年的干支和公元纪年，以资对照（年号后用括号附列使用年数,年中改元时在干支后用数字注出改元的月份)。

五帝(约前 26 世纪初—约前 22 世纪末至约前 21 世纪初)

黄帝 颛顼[zhuānxū] 帝喾[kù] 尧[yáo] 舜[shùn]			

夏(约前 22 世纪末至约前 21 世纪初—约前 17 世纪初)

禹[yǔ] 启 太康 仲康 相 少康 杼[zhù] 槐 芒 泄 不降 扃[jiōng] 廑[jǐn] 孔甲 皋[gāo] 发 桀[jié](履癸)			

商（约前 17 世纪初—约前 11 世纪）

汤			
外丙			
仲壬			
太甲			
沃丁			
太庚			
小甲			
雍己			
太戊			
仲丁			
外壬			
河亶[dǎn]甲			
祖乙			
祖辛			
沃甲			
祖丁			
南庚			
阳甲			
盘庚*			
小辛			
小乙			
武丁			
祖庚			
祖甲			
廪辛			
庚丁			
武乙			
太丁（文丁）			
帝乙			
纣[zhòu]（辛）			

＊盘庚迁都于殷后，商也称殷。

282

周（约前 11 世纪—前 256）

西周（约前 11 世纪—前 771）

武王（姬[jī]发）			
成王（～诵）			
康王（～钊[zhāo]）			
昭王（～瑕[xiá]）			
穆王（～满）			
共[gōng]王（～繄[yī]扈）			
懿[yì]王（～囏[jiān]）			
孝王（～辟方）			
夷王（～燮[xiè]）			
厉王（～胡）			
[共和]	（14）	庚申	前 841
宣王（～静）	（46）	甲戌	前 827
幽王（～宫涅[shēng]）	（11）	庚申	前 781

东周（前 770—前 256）

平王（姬宜臼）	（51）	辛未	前 770
桓王（～林）	（23）	壬戌	前 719
庄王（～佗[tuó]）	（15）	乙酉	前 696
釐[xī]王（～胡齐）	（5）	庚子	前 681
惠王（～阆[làng]）	（25）	乙巳	前 676
襄[xiāng]王（～郑）	（33）	庚午	前 651
顷王（～壬臣）	（6）	癸卯	前 618
匡王（～班）	（6）	己酉	前 612
定王（～瑜[yú]）	（21）	乙卯	前 606
简王（～夷）	（14）	丙子	前 585
灵王（～泄心）	（27）	庚寅	前 571
景王（～贵）	（25）	丁巳	前 544
悼王（～猛）	（1）	辛巳	前 520

敬王（～匄［gài］）	（43）	壬午	前519
元王（～仁）	（8）	乙丑	前476
贞定王（～介）	（28）	癸酉	前468
哀王（～去疾）	（1）	庚子	前441
思王（～叔）	（1）	庚子	前441
考王（～嵬［wéi］）	（15）	辛丑	前440
威烈王（～午）	（24）	丙辰	前425
安王（～骄）	（26）	庚辰	前401
烈王（～喜）	（7）	丙午	前375
显王（～扁）	（48）	癸丑	前368
慎靓［jìng］王（～定）	（6）	辛丑	前320
赧［nǎn］王（～延）	（59）	丁未	前314

秦［秦帝国（前221—前206）］

周赧王59年乙巳（前256），秦灭周，自次年（秦昭襄王52年丙午，前255）起至秦王政25年己卯（前222），史家以秦纪年。秦王政26年庚辰（前221）完成统一，称始皇帝。

昭襄王（嬴则，又名稷）	（56）	乙卯	前306
孝文王（～柱）	（1）	辛亥	前250
庄襄王（～子楚）	（3）	壬子	前249
始皇帝（～政）	（37）	乙卯	前246
二世皇帝（～胡亥）	（3）	壬辰	前209

汉（汉206—公元220）

西汉（前206—公元25）

包括王莽（公元9—23）和更始帝（23—25）。

高帝（刘邦）	（12）	乙未	前206
惠帝（～盈）	（7）	丁未	前194
高后（吕雉）	（8）	甲亥	前187
文帝（刘恒）	（16）	壬戌	前179
	（后元）（7）	戊寅	前163

景帝 (～启)	(7)	乙酉	前 156
	(中元)(6)	壬辰	前 149
	(后元)(3)	戊戌	前 143
武帝 (～彻)	建元(6)	辛丑	前 140
	元光(6)	丁未	前 134
	元朔(6)	癸丑	前 128
	元狩(6)	己未	前 122
	元鼎(6)	乙丑	前 116
	元封(6)	辛未	前 110
	太初(4)	丁丑	前 104
	天汉(4)	辛巳	前 100
	太始(4)	乙酉	前 96
	征和(4)	己丑	前 92
	后元(2)	癸巳	前 88
昭帝 (～弗陵)	始元(7)	乙未	前 86
	元凤(6)	辛丑八	前 80
	元平(1)	丁未	前 74
宣帝 (～询)	本始(4)	戊申	前 73
	地节(4)	壬子	前 69
	元康(5)	丙辰	前 65
	神爵(4)	庚申三	前 61
	五凤(4)	甲子	前 57
	甘露(4)	戊辰	前 53
	黄龙(1)	壬申	前 49
元帝 (刘奭[shì])	初元(5)	癸酉	前 48
	永光(5)	戊寅	前 43
	建昭(5)	癸未	前 38
	竟宁(1)	戊子	前 33
成帝 (～骜[áo])	建始(4)	己丑	前 32
	河平(4)	癸巳	前 28

	阳朔（4）	丁酉	前24
	鸿嘉（4）	辛丑	前20
	永始（4）	乙巳	前16
	元延（4）	己酉	前12
	绥和（2）	癸丑	前8
哀帝（～欣）	建平（4）	乙卯	前6
	元寿（2）	己未	前2
平帝（～衎[kàn]）	元始（5）	辛酉	公元1
孺子婴（王莽摄政）	居摄（3）	丙寅	6
	初始（1）	戊辰十一	8
［新］王莽	始建国（5）	己巳	9
	天凤（6）	甲戌	14
	地皇（4）	庚辰	20
更始帝（刘玄）	更始（3）	癸未二	23

东汉（25—220）

光武帝（刘秀）	建武（32）	乙酉六	25
	建武中元（2）	丙辰四	56
明帝（～庄）	永平（18）	戊午	58
章帝（～炟[dá]）	建初（9）	丙子	76
	元和（4）	甲申八	84
	章和（2）	丁亥七	87
和帝（～肇[zhào]）	永元（17）	己丑	89
	元兴（1）	乙巳四	105
殇[shāng]帝（～隆）	延平（1）	丙午	106
安帝（～祜[hù]）	永初（7）	丁未	107
	元初（7）	甲寅	114
	永宁（2）	庚申四	120
	建光（2）	辛酉七	121
	延光（4）	壬戌三	122

顺帝（刘保）	永建(7)	丙寅	126
	阳嘉(4)	壬申三	132
	永和(6)	丙子	136
	汉安(3)	壬午	142
	建康(1)	甲申四	144
冲帝（～炳[bǐng]）	永嘉(1)	乙酉	145
质帝（～缵[zuǎn]）	本初(1)	丙戌	146
桓帝（～志）	建和(3)	丁亥	147
	和平(1)	庚寅	150
	元嘉(3)	辛卯	151
	永兴(2)	癸巳五	153
	永寿(4)	乙未	155
	延熹[xī](10)	戊戌六	158
	永康(1)	丁未六	167
灵帝（～宏）	建宁(5)	戊申	168
	熹[xī]平(7)	壬子五	172
	光和(7)	戊午三	178
	中平(6)	甲子十二	184
献帝（～协）	初平(4)	庚午	190
	兴平(2)	甲戌	194
	建安(25)	丙子	196
	延康(1)	庚子三	220

三国（220—280）

魏（220—265）

文帝（曹丕[pī]）	黄初(7)	庚子十	220
明帝（～叡[ruì]）	太和(7)	丁未	227
	青龙(5)	癸丑二	233
	景初(3)	丁巳三	237
齐王（～芳）	正始(10)	庚申	240
	嘉平(6)	己巳四	249

287

高贵乡公（～髦[máo]）	正元(3)	甲戌十	254
	甘露(5)	丙子六	256
元帝（～奂[huàn]）（陈留王）	景元(5)	庚辰六	260
	咸熙(2)	甲申五	264

蜀汉（221—263）

昭烈帝（刘备）	章武(3)	辛丑四	221
后主（～禅）	建兴(15)	癸卯五	223
	延熙(20)	戊午	238
	景耀(6)	戊寅	258
	炎兴(1)	癸未八	263

吴（222—280）

大帝（孙权）	黄武(8)	壬寅十	222
	黄龙(3)	己酉四	229
	嘉禾(7)	壬子	232
	赤乌(14)	戊午八	238
	太元(2)	辛未五	251
	神凤(1)	壬申二	252
会稽王（～亮）	建兴(2)	壬申四	252
	五凤(3)	甲戌	254
	太平(3)	丙子十	256
景帝（～休）	永安(7)	戊寅十	258
乌程侯（～皓[hào]）	元兴(2)	甲申七	264
	甘露(2)	乙酉四	265
	宝鼎(4)	丙戌八	266
	建衡(3)	己丑十	269
	凤凰(3)	壬辰	272
	天册(2)	乙未	275
	天玺(1)	丙申七	276
	天纪(4)	丁酉	277

288

晋(265—420)

西晋(265—317)

武帝(司马炎)	泰始(10)	乙酉十二	265
	咸宁(6)	乙未	275
	太康(10)	庚子四	280
	太熙(1)	庚戌	290
惠帝(～衷)	永熙(1)	庚戌四	290
	永平(1)	辛亥	291
	元康(9)	辛亥三	291
	永康(2)	庚申	300
	永宁(2)	辛酉四	301
	太安(2)	壬戌十二	302
	永安(1)	甲子	304
	建武(1)	甲子七	304
	永安(1)	甲子十一	304
	永兴(3)	甲子十二	304
	光熙(1)	丙寅六	306
怀帝(司马炽[chì])	永嘉(7)	丁卯	307
愍[mǐn]帝(～邺[yè])	建兴(5)	癸酉四	313

东晋(317—420)

元帝(司马睿[ruì])	建武(2)	丁丑三	317
	大兴(4)	戊寅三	318
	永昌(2)	壬午	322
明帝(～绍)	永昌	壬午闰十一	322
	太宁(4)	癸未三	323
成帝(～衍[yǎn])	太宁	乙酉闰七	325
	咸和(9)	丙戌二	326
	咸康(8)	乙未	335
康帝(～岳)	建元(2)	癸卯	343
穆帝(～聃[dān])	永和(12)	乙巳	345

289

哀帝(～丕[pī])	升平(5)	丁巳	357
	隆和(2)	壬戌	362
	兴宁(3)	癸亥二	363
海西公(～奕[yì])	太和(6)	丙寅	366
简文帝(～昱[yù])	咸安(2)	辛未十一	371
孝武帝(～曜[yào])	宁康(3)	癸酉	373
	太元(21)	丙子	376
安帝(～德宗)	隆安(5)	丁酉	397
	元兴(3)	壬寅	402
	义熙(14)	乙巳	405
恭帝(～德文)	元熙(2)	己未	419

南北朝(420—589)

南朝　宋(420—479)

武帝(刘裕)	永初(3)	庚申六	420
少帝(～义符)	景平(2)	癸亥	423
文帝(刘义隆)	元嘉(30)	甲子八	424
孝武帝(～骏[jùn])	孝建(3)	甲午	454
	大明(8)	丁酉	457
前废帝(～子业)	永光(1)	乙巳	465
	景和(1)	乙巳八	465
明帝(～彧[yù])	泰始(7)	乙巳十二	465
	泰豫(1)	壬子	472
后废帝(～昱[yù])(苍梧王)	元徽(5)	癸丑	473
顺帝(～准)	昇明(3)	丁巳七	477

齐(479—502)

高帝(萧道成)	建元(4)	己未四	479
武帝(～赜[zé])	永明(11)	癸亥	483
郁林王(～昭业)	隆昌(1)	甲戌	494
海陵王(～昭文)	延兴(1)	甲戌七	494

明帝(～鸾)	建武(5)	甲戌十	494
	永泰(1)	戊寅四	498
东昏侯(～宝卷)	永元(3)	己卯	499
和帝(～宝融)	中兴(2)	辛巳三	501

梁(502—557)

武帝(萧衍[yǎn])	天监(18)	壬午四	502
	普通(8)	庚子	520
	大通(3)	丁未三	527
	中大通(6)	己酉十	529
	大同(12)	乙卯	535
	中大同(2)	丙寅四	546
	太清(3)*	丁卯四	547
简文帝(～纲)	大宝(2)**	庚午	550
元帝(～绎[yì])	承圣(4)	壬申十一	552
敬帝(～方智)	绍泰(2)	乙亥十	555
	太平(2)	丙子九	556

*有的地区用至6年。

**有的地区用至3年。

陈(557—589)

武帝(陈霸先)	永定(3)	丁丑十	557
文帝(～蒨[qiàn])	天嘉(7)	庚辰	560
	天康(1)	丙戌二	566
废帝(陈伯宗)(临海王)	光大(2)	丁亥	567
宣帝(～顼[xū])	太建(14)	己丑	569
后主(～叔宝)	至德(4)	癸卯	583
	祯明(3)	丁未	587

北朝　北魏[拓跋氏,后改元氏](386—534)

北魏建国于丙戌(386年)正月,初称代国,至同年四月始改国号为魏,439年灭北凉,统一北方。

道武帝（拓跋珪[guī]）	登国(11)	丙戌	386
	皇始(3)	丙申七	396
	天兴(7)	戊戌十二	396
	天赐(6)	甲辰十	404
明元帝（～嗣[sì]）	永兴(5)	己酉闰十	409
	神瑞(3)	甲寅	414
	泰常(8)	丙辰四	416
太武帝（～焘[tāo]）	始光(5)	甲子	424
	神䴥[jiā](4)	戊辰二	428
	延和(3)	壬申	432
	太延(6)	乙亥	435
	太平真君(12)	庚辰六	440
	正平(2)	辛卯六	451
南安王（～余）	承平(1)	壬辰二	452
文成帝（～濬[jùn]）	兴安(3)	壬辰十	452
	兴光(2)	甲午七	454
	太安(5)	乙未六	455
	和平(6)	庚子	460
献文帝（～弘）	天安(2)	丙午	466
	皇兴(5)	丁未八	467
孝文帝（元宏）	延兴(6)	辛亥八	471
	承明(1)	丙辰六	476
	太和(23)	丁巳	477
宣武帝（～恪[kè]）	景明(4)	庚辰	500
	正始(5)	甲申	504
	永平(5)	戊子八	508
	延昌(4)	壬辰四	512
孝明帝（～诩[xǔ]）	熙平(3)	丙申	516
	神龟(3)	戊戌二	518
	正光(6)	庚子七	520

292

	孝昌(3)	乙巳六	525
	武泰(1)	戊申	528
孝庄帝(拓跋子攸[yōu])	建义(1)	戊申四	528
	永安(3)	戊申九	528
长广王(～晔[yè])	建明(2)	庚戌十	530
节闵[min]帝(～恭)	普泰(2)	辛亥二	531
安定王(～朗)	中兴(2)	辛亥十	531
孝武帝(～脩)	太昌(1)	壬子四	532
	永兴(1)	壬子十二	532
	永熙(3)	壬子十二	532

东魏(534—550)

孝静帝(元善见)	天平(4)	甲寅十	534
	元象(2)	戊午	538
	兴和(4)	己未十	539
	武定(8)	癸亥	543

北齐(550—577)

文宣帝(高洋)	天保(10)	庚午五	550
废帝(～殷)	乾明(1)	庚辰	560
孝昭帝(～演)	皇建(2)	庚辰八	560
武成帝(～湛)	太宁(2)	辛巳十一	561
	河清(4)	壬午四	562
后主(～纬)	天统(5)	乙酉四	565
	武平(7)	庚寅	570
	隆化(1)	丙申十二	576
幼主(～恒)	承光(1)	丁酉	577

西魏(535—556)

文帝(元宝炬)	大统(17)	乙卯	535
废帝(～钦)	—(3)	壬申	552
恭帝(～廓)	—(3)	甲戌一	554

北周（557—581）

孝闵[mǐn]帝（宇文觉）	一(1)	丁丑	557
明帝（~毓[yù]）	一(3)	丁丑九	557
	武成(2)	己卯八	559
武帝（宇文邕[yōng]）	保定(5)	辛巳	561
	天和(7)	丙戌	566
	建德(7)	壬辰三	572
	宣政(1)	戊戌三	578
宣帝（~赟[yūn]）	大成(1)	己亥	579
静帝（~阐[chǎn]）	大象(3)	己亥二	579
	大定(1)	辛丑一	581

隋（581—618）

隋建国于581年,589年灭陈,完成统一。

文帝（杨坚）	开皇(20)	辛丑二	581
	仁寿(4)	辛酉	601
炀[yáng]帝（~广）	大业(14)	乙丑	605
恭帝（~侑[yòu]）	义宁(2)	丁丑十一	617

唐（618—907）

高祖（李渊）	武德(9)	戊寅五	618
太宗（~世民）	贞观(23)	丁亥	627
高宗（~治）	永徽(6)	庚戌	650
	显庆(6)	丙辰	650
	龙朔(3)	辛酉三*	661
	麟德(2)	甲子	664
	乾封(3)	丙寅	666
	总章(3)	戊辰三	668
	咸亨(5)	庚午三	670
	上元(3)	甲戌八	674
	仪凤(4)	丙子十一	676
	调露(2)	己卯六	679

294

	永隆(2)	庚辰八	680
	开耀(2)	辛巳十	681
	永淳(2)	壬午二	682
	弘道(1)	癸未十二	683
中宗(～显又名哲)	嗣圣(1)	甲申	684
睿[ruì]宗(～旦)	文明(1)	甲申二	684
武后(武曌[zhào])	光宅(1)	甲申九	684
	垂拱(4)	乙酉	685
	永昌(1)	己丑	689
	载初**(1)	庚寅正	690
武后称帝,改国号为周	天授(3)	庚寅九	690
	如意(1)	壬辰四	692
	长寿(3)	壬辰九	692
	延载(1)	甲午五	694
	证圣(1)	乙未	695
	天册万岁(2)	乙未九	695
	万岁登封(1)	丙申腊	696
	万岁通天(2)	丙申三	696
	神功(1)	丁酉九	697
	圣历(3)	戊戌	698
	久视(1)	庚子五	700
	大足(1)	辛丑	701
	长安(4)	辛丑十	701
中宗(李显又名哲),复唐国号	神龙(3)	乙巳	705
	景龙(4)	丁未九	707
睿[ruì]宗(～旦)	景云(2)	庚戌七	710
	太极(1)	壬子	712
	延和(1)	壬子五	712
玄宗(～隆基)	先天(2)	壬子八	712
	开元(29)	癸丑十二	713

	天宝(15)	壬午	742
肃宗(～亨)	至德(3)	丙申七	756
	乾元(3)	戊戌二	758
	上元(2)	庚子闰四	760
	一(1)***	辛丑九	761
代宗(～豫)	宝应(2)	壬寅四	762
	广德(2)	癸卯七	763
	永泰(2)	乙巳	765
	大历(14)	丙午十一	766
德宗(～适[kuò])	建中(4)	庚申	780
	兴元(1)	甲子	784
	贞元(21)	乙丑	785
顺宗(～诵)	永贞(1)	乙酉八	805
宪宗(～纯)	元和(15)	丙戌	806
穆宗(～恒)	长庆(4)	辛丑	821
敬宗(～湛)	宝历(3)	乙巳	825
文宗(～昂)	宝历	丙午十二	826
	太和(9)	丁未二	827
	开成(5)	丙辰	836
武宗(李炎)	会昌(6)	辛酉	841
宣宗(～忱[chén])	大中(14)	丁卯	847
懿[yí]宗(～漼[cuǐ])	大中	己卯六	859
	咸通(15)	庚辰十一	860
僖[xī]宗(～儇[xuān])	咸通	癸巳七	873
	乾符(6)	甲午十一	874
	广明(2)	庚子	880
	中和(5)	辛丑七	881
	光启(4)	乙巳三	885
	文德(1)	戊申二	888

昭宗(~晔[yè])	龙纪(1)	己酉	889
	大顺(2)	庚戌	890
	景福(2)	壬子	892
	乾宁(5)	甲寅	894
	光化(4)	戊午八	898
	天复(4)	辛酉四*	901
	天祐(4)	甲子闰四	904
哀帝(~柷[chù])	天祐****	甲子八	904

* 辛酉三月丙申朔改元,一作辛酉二月乙未晦改元。

** 始用周正,改永昌元年十一月为载初元年正月,以十二月为腊月,夏正月为一月。久视元年十月复用夏正,以正月为十一月,腊月为十二月,一月为正月。本表在这段期间内干支后面所注的改元月份都是周历,各年号的使用年数也是按照周历的计算方法。

*** 此年九月以后去年号,但称元年。

**** 哀帝即位未改元。

五代(907—960)

后梁(907—923)

太祖(朱晃,又名温、全忠)	开平(5)	丁卯四	907
	乾化(5)	辛未五	911
末帝(~瑱[zhèn])	乾化	癸酉二	913
	贞明(7)	乙亥十一	915
	龙德(3)	辛巳五	921

后唐(923—936)

庄宗(李存勖[xù])	同光(4)	癸未四	923
明宗(~亶[dǎn])	天成(5)	丙戌四	926
	长兴(4)	庚寅二	930
闵[mǐn]帝(~从厚)	应顺(1)	甲午	934
末帝(~从珂[kē])	清泰(3)	甲午四	934

后晋（936—947）

高祖（石敬瑭[táng]）	天福(9)	丙申十一	936
出帝（～重贵）	天福*	壬寅六	942
	开运(4)	甲辰七	944

　　*　　出帝即位未改元。

后汉（947—950）

高祖（刘暠[gǎo]，本名知远）	天福*	丁未二	947
	乾祐(3)	戊申	948
隐帝（～承祐）	乾祐**	戊申二	948

　　*　　后汉高祖即位，仍用后晋高祖年号，称天福十二年。

　　**　　隐帝即位未改元。

后周（951—960）

太祖（郭威）	广顺(3)	辛亥	951
	显德(7)	甲寅一	954
世宗（柴荣）	显德*	甲寅一	954
恭帝（～宗训）	显德	己未六	959

　　*　　世宗、恭帝都未改元。

宋（960—1279）

　　北宋（960—1127）

太祖（赵匡胤[yìn]）	建隆(4)	庚申	960
	乾德(6)	癸亥十一	963
	开宝(9)	戊辰十一	968
太宗（～炅[jiǒng]，本名匡义，又名光义）	太平兴国(9)	丙子十二	976
	雍熙(4)	甲申十一	984
	端拱(2)	戊子	988
	淳化(5)	庚寅	990
真宗（～恒）	至道(3)	乙未	995
	咸平(6)	戊戌	998

	景德(4)	甲辰	1004
	大中祥符(9)	戊申	1008
	天禧[xī](5)	丁巳	1017
	乾兴(1)	壬戌	1022
仁宗(～祯)	天圣(10)	癸亥	1023
	明道(2)	壬申十一	1032
	景祐(5)	甲戌	1034
	宝元(3)	戊寅十一	1038
	康定(2)	庚辰二	1040
	庆历(8)	辛巳十一	1041
	皇祐(6)	己丑	1049
	至和(3)	甲午三	1054
	嘉祐(8)	丙申九	1056
英宗(～曙)	治平(4)	甲辰	1064
神宗(～顼[xū])	熙宁(10)	戊申	1068
	元丰(8)	戊午	1078
哲宗(～煦[xù])	元祐(9)	丙寅	1086
	绍圣(5)	甲戌四	1094
	元符(3)	戊寅六	1098
徽宗(～佶[jí])	建中靖国(1)	辛巳	1101
	崇宁(5)	壬午	1102
	大观(4)	丁亥	1107
	政和(8)	辛卯	1111
	重和(2)	戊戌十一	1118
	宣和(7)	己亥二	1119
钦宗(～桓[huán])	靖康(2)	丙午	1126

南宋(1127—1279)

高宗(赵构)	建炎(4)	丁未五	1127
	绍兴(32)	辛亥	1131
孝宗(～昚[shèn])	隆兴(2)	癸未	1163

	乾道(9)	乙酉	1165
	淳熙(16)	甲午	1174
光宗(～惇[dūn])	绍熙(5)	庚戌	1190
宁宗(～扩)	庆元(6)	乙卯	1195
	嘉泰(4)	辛酉	1201
	开禧(3)	乙丑	1205
	嘉定(17)	戊辰	1208
理宗(～昀[yún])	宝庆(3)	乙酉	1225
	绍定(6)	戊子	1228
	端平(3)	甲午	1234
	嘉熙(4)	丁酉	1237
	淳祐(12)	辛丑	1241
	宝祐(6)	癸丑	1253
	开庆(1)	己未	1259
	景定(5)	庚申	1260
度宗(赵禥[qí])	咸淳(10)	乙丑	1265
恭帝(～显[xiǎn])	德祐(2)	乙亥	1275
端宗(～昰[shì])	景炎(3)	丙子五	1276
帝昺(～昺[bǐng])	祥兴(2)	戊寅五	1278

辽[耶律氏](907—1125)

辽建国于907年,国号契丹,916年始建年号,938年(一说947年)改国号为辽,983年复称契丹,1066年仍称辽。

太祖(耶律阿保机)	—(10)	丁卯	907
	神册(7)	丙子十二	916
	天赞(5)	壬午二	922
	天显(13)	丙戌二	926
太宗(～德光)	天显*	丁亥十一	927
	会同(10)	戊戌十一	938
	大同(1)	丁未二	947
世宗(～阮[ruǎn])	天禄(5)	丁未九	947

穆宗（~璟[jǐng]）	应历(19)	辛亥九	951
景宗（~贤）	保宁(11)	己巳二	969
	乾亨(5)	己卯十一	979
圣宗（~隆绪）	乾亨	壬午九	982
	统和(30)	癸未六	983
	开泰(10)	壬子十一	1012
	太平(11)	辛酉十一	1021
兴宗（~宗真）	景福(2)	辛未六	1031
	重熙(24)	壬申十一	1032
道宗（~洪基）	清宁(10)	乙未八	1055
	咸雍(10)	乙巳	1065
	大康(10)	乙卯	1075
	大安(10)	乙丑	1085
	寿昌(7)	乙亥	1095
天祚[zuò]帝（~延禧[xī]）	乾统(10)	辛巳二	1101
	天庆(10)	辛卯	1111
	保大(5)	辛丑	1121

    *   太宗即位未改元。

金［完颜氏］(1115—1234)

太祖（完颜旻[mín]，本名阿骨打）	收国(2)	乙未	1115
	天辅(7)	丁酉	1117
太宗（~晟[shèng]）	天会(15)	癸卯九	1123
熙宗（~亶[dǎn]）	天会*	乙卯一	1135
	天眷(3)	戊午	1138
	皇统(9)	辛酉	1141
海陵王（~亮）	天德(5)	己巳十一	1149
	贞元(4)	癸酉三	1153
	正隆(6)	丙子二	1156
世宗（~雍）	大定(29)	辛巳十	1161
章宗（~璟[jǐng]）	明昌(7)	庚戌	1190

	承安(5)	丙辰十一	1196
	泰和(8)	辛酉	1201
卫绍王(～永济)	大安(3)	己巳	1209
	崇庆(2)	壬申	1212
	至宁(1)	癸酉五	1213
宣宗(～珣[xún])	贞祐(5)	癸酉八	1213
	兴定(6)	丁丑九	1217
	元光(2)	壬午八	1222
哀宗(～守绪)	正大(9)	甲申	1224
	开兴(1)	壬辰一	1232
	天兴(3)	壬辰三	1232

* 熙宗即位未改元。

元［孛儿只斤氏］(1206—1368)

蒙古孛儿只斤铁木真于 1206 年建国。1271 年忽必烈定国号为元，1279 年灭南宋。

太祖(孛儿只斤铁木真)(成吉思汗)	一(22)	丙寅	1206
拖雷(监国)	一(1)	戊子	1228
太宗(～窝阔台)	一(13)	己丑	1229
乃马真后(称制)	一(5)	壬寅	1242
定宗(～贵由)	一(3)	丙午七	1246
海迷失后(称制)	一(3)	己酉	1249
宪宗(～蒙哥)	一(9)	辛亥六	1251
世祖(～忽必烈)	中统(5)	庚申五	1260
	至元(31)	甲子八	1264
成宗(～铁穆耳)	元贞(3)	乙未	1295
	大德(11)	丁酉二	1297
武宗(孛儿只斤海山)	至大(4)	戊申	1308
仁宗(～爱育黎拔力八达)	皇庆(2)	壬子	1312
	延祐(7)	甲寅	1314
英宗(～硕[shuò]德八剌)	至治(3)	辛酉	1321

泰定帝(～也孙铁木儿)	泰定(5)	甲子	1324
	致和(1)	戊辰二	1328
天顺帝(～阿速吉八)	天顺(1)	戊辰九	1328
文宗(～图帖睦尔)	天历(3)	戊辰九	1328
明宗(～和世㻋[là])*		己巳	1329
	至顺(4)	庚午五	1330
宁宗(～懿[yì]璘[lín]质班)	至顺	壬申十	1332
顺帝(～妥懽帖睦尔)	至顺	癸酉六	1333
	元统(3)	癸酉十	1333
	(后)至元(6)	乙亥十一	1335
	至正(28)	辛巳	1341

     * 明宗于己巳(1329)正月即位,以文宗为皇太子。八月明宗暴死,文宗复位。

明(1368—1644)

太祖(朱元璋[zhāng])	洪武(31)	戊申	1368
惠帝(～允炆[wén])	建文(4)*	己卯	1399
成祖(～棣[dì])	永乐(22)	癸未	1403
仁宗(～高炽[chì])	洪熙(1)	乙巳	1425
宣宗(～瞻[zhān]基)	宣德(10)	丙午	1426
英宗(～祁镇)	正统(14)	丙辰	1436
代宗(～祁钰[yù])(景帝)	景泰(8)	庚午	1450
英宗(～祁镇)	天顺(8)	丁丑一	1457
宪宗(～见深)	成化(23)	乙酉	1465
孝宗(～祐樘[chēng])	弘治(18)	戊申	1488
武宗(～厚照)	正德(16)	丙寅	1506
世宗(～厚熜[cōng])	嘉靖(45)	壬午	1522
穆宗(～载垕[hòu])	隆庆(6)	丁卯	1567
神宗(～翊[yì]钧)	万历(48)	癸酉	1573
光宗(～常洛)	泰昌(1)	庚申八	1620
熹[xī]宗(～由校)	天启(7)	辛酉	1621
思宗(～由检)	崇祯(17)	戊辰	1628

303

* 建文 4 年时成祖废除建文年号,改为洪武 35 年。

清[爱新觉罗氏](1616—1911)

清建国于 1616 年,初称后金,1636 年始改国号为清,1644 年入关。

太祖(爱新觉罗努尔哈赤)	天命(11)	丙辰	1616
太宗(~皇太极)	天聪(10)	丁卯	1627
	崇德(8)	丙子四	1636
世祖(~福临)	顺治(18)	甲申	1644
圣祖(~玄烨[yè])	康熙(61)	壬寅	1662
世宗(~胤[yìn]禛[zhēn])	雍正(13)	癸卯	1723
高宗(~弘历)	乾隆(60)	丙辰	1736
仁宗(~颙[yóng]琰[yǎn])	嘉庆(25)	丙辰	1796
宣宗(~旻[mín]宁)	道光(30)	辛巳	1821
文宗(~奕[yì]詝[zhǔ])	咸丰(11)	辛亥	1851
穆宗(~载淳)	同治(13)	壬戌	1862
德宗(~载湉[tián])	光绪(34)	乙亥	1875
~溥[pǔ]仪	宣统(3)	己酉	1909

民国纪年表

公元	干支	中华民国	
1912	壬子	1	
1913	癸丑	2	
1914	甲寅	3	
1915	乙卯	4	
1916	丙辰	5	
1917	丁巳	6	袁世凯洪宪(是年元旦至 3 月 22 日,凡 83 天)
1918	戊午	7	
1919	己未	8	
1920	庚申	9	
1921	辛酉	10	
1922	壬戌	11	
1923	癸亥	12	
1924	甲子	13	

公元	干支	中华民国	
1925	乙丑	14	
1926	丙寅	15	
1927	丁卯	16	
1928	戊辰	17	
1929	己巳	18	
1930	庚午	19	
1931	辛未	20	
1932	壬申	21	
1933	癸酉	22	
1934	甲戌	23	
1935	乙亥	24	
1936	丙子	25	
1937	丁丑	26	
1938	戊寅	27	
1939	己卯	28	
1940	庚辰	29	
1941	辛巳	30	
1942	壬午	31	
1943	癸未	32	
1944	甲申	33	
1945	乙酉	34	
1946	丙戌	35	
1947	丁亥	36	
1948	戊子	37	
1949*	己丑	38	

*本年10月1日中华人民共和国成立,采用公历纪年。

附录四

唐至清代帝讳略表

唐帝讳

世次	帝号	所出	名讳	举例
一	高祖	李氏	渊	渊改为泉,或为深。
	祖虎		虎	虎改为兽,为武,为豹,或为彪。
	父昞		昞	昞、炳、丙、秉,皆改为景。
	太子建成		建成	建城县改高安,晋城县改晋安。
二	太宗	高祖子	世民	世改为代,或为系,从世之字改从云,或改从曳。民改为人,或为氓,从民之字改从氏。
三	高宗	太宗子	治	治改为持,为理,或为化。稚改为幼。
	太子忠		忠	中郎将改旅贲郎将。
	太子弘		弘	弘农县改恒农,弘静县改安静。
	武后		曌	诏改为制,李重照改名重润。
四	中宗	高宗子	显（中间曾改名哲）	显政殿改昭庆,显德殿改章德。
四	睿宗	高宗子	旦（初名旭轮,又名轮）	旦改为明,张仁亶改名仁愿。
五	玄宗	睿宗子	隆基	隆州改阆州,大基县改河清。

306

世次	帝号	所出	名讳	举例
六	肃宗	玄宗子	亨(初名嗣昇,改名浚,又名玙,又名绍)	
七	代宗	肃宗子	豫(初名俶)	豫州改蔡州,豫章县改钟陵。
八	德宗	代宗子	适	括州改处州,括苍改丽水。
九	顺宗	德宗子	诵	斗讼律改斗竞律。
十	宪宗	顺宗子	纯(初名淳)	淳州改睦州,淳于改姓于,韦纯改名贯之,韦淳改名处厚。
十一	穆宗	宪宗子	恒(初名宥)	恒州改镇州,恒岳改镇岳。
十二	敬宗	穆宗子	湛	郑茂谌改名茂休。
十二	文宗	穆宗子	昂(初名涵)	郑涵改名澣,旧唐书作瀚。
十二	武宗	穆宗子	炎(初名瀍,会要作沣)	李躔字昭回,改名回,字昭度。
十一	宣宗	宪宗子	忱(初名怡)	
十二	懿宗	宣宗子	漼(初名温)	
十三	僖宗	懿宗子	儇(初名俨)	
十三	昭宗	懿宗子	晔(初名杰,又名敏)	
十四	哀帝	昭宗子	柷(应作祝,初名祚)	

五代帝讳

(梁)

世次	帝号	所出	名讳	举例
一	太祖	朱氏	晃(本名温,唐赐名全忠)	
	曾祖茂琳		茂琳	茂州改汶州,慕化县改归化,戊改为武。
	祖信		信	信都县改尧都。
	父诚		诚	成德军改武顺,城门郎改门局郎,城隍改墙隍。
二	末帝	太祖子	瑱(初名友贞,又名锽)	

（唐）

世次	帝号	所出	名讳	举例
一	庄宗	唐赐李氏	存勖	
	祖国昌		国昌	孝昌县改孝感,昌乐县改南乐。
	父克用			
一	明宗	庄宗宗属	亶（初名嗣源）	杨檀赐名光远。
	曾祖敖		敖	郑遨以字云叟行。
二	闵帝	明宗子	从厚	
二	末帝	明宗养子	从珂	

（晋）

世次	帝号	所出	名讳	举例
一	高祖	石氏	敬瑭	竟陵县改景陵,唐改姓陶,钱唐县改钱江,行唐县改永昌,福唐县改南台。
	父绍雍			
二	少帝	高祖从子	重贵	
	父敬儒			

（汉）

世次	帝号	所出	名讳	举例
一	高祖	刘氏	暠（本名知远）	鱼崇远改名崇谅,折从远改名从阮,赵远以字上交行。
二	隐帝	高祖子	承祐（祐当作祐）	

（周）

世次	帝号	所出	名讳	举例
一	太祖	郭氏	威	张彦威改名彦成,李洪威改名洪义,马令威改名令琮,郭彦威改名彦钦。

308

世次	帝号	所出	名讳	举例
	高祖璟		璟	南唐李璟改名景。
	曾祖谌			
	祖蕴			
	父简		简	孙方简改名方谏,王易简止名易。
二	世宗	太祖养子本姓柴	荣	李荣改名筠。
三	恭帝	世宗子	宗训	向训改名拱,张从训改名崇祜。

宋帝讳

世次	帝号	所出	名讳	举例
一	太祖	赵氏	匡胤	匡改为正,为辅,为规,或为纠,为光,为康。匡国军改定国,匡城县改鹤丘。胤改为裔,胤山县改平蜀,吕余庆名胤,以字行。
	始祖玄朗		玄朗	玄改为元,或为真,玄鸟改乱鸟,玄武县改中江。朗改为明,朗山县改确山。
	远祖轩辕			
	高祖朓			
	曾祖珽		珽	唐书姚珽,缺笔误作姚班。

309

世次	帝号	所出	名讳	举例
	祖敬		敬	敬改为恭,为严,为钦,或为景。镜改为鉴,或为照。敬州改梅州,王居敬改居安。
	父弘殷		弘殷	弘改为洪,殷改为商,为汤。弘农县改恒农,殷城改商城,钱俶本名弘俶,赵文度本名弘。
一	太宗	太祖弟	炅(初名匡义,又名光义)	义改为毅,义兴县改宜兴,富义监改富顺,杨美本名光美,祁廷训本名廷义。
二	真宗	太宗子	恒(初名德昌,改元休,又改元侃)	恒改为常,恒山改镇山,恒农县改虢略,毕士安本名士元。
三	仁宗	真宗子	祯(初名受益)	祯改为真,为祥,贞改为正,祯州改惠州,永贞县改永昌,谥文贞者称文正。
四	英宗	仁宗从子	曙(初名宗实)	曙改为晓,为旭,树改为木,署改为院,签署改签书,都部署改都总管,张孜初名茂实。
	父濮安懿王 允让		允让	让改为逊,或为避。
五	神宗	英宗子	顼(初名仲鍼)	顼改为玉,勖改为勉,旭川县改荣德,李遵勖撰天圣广灯录,宋艺文志去勖字。
六	哲宗	神宗子	煦(初名傭)	
六	徽宗	神宗子	佶	
七	钦宗	徽宗子	桓(初名亶,又名烜)	桓改为亘,为威,或为魋。齐桓公改威公,桓魋改威魋。
(南宋)七	高宗	徽宗子	构	姤改为遘,勾当改干当,管勾改管干。

世次	帝号	所出	名讳	举例
八	孝宗	太祖七世孙	昚（初名伯琮,更名瑗,又名玮）	慎改为谨,慎县改梁县。
	父秀王偁			
九	光宗	孝宗子	惇	惇改为崇,或为孝。蔡惇撰祖宗官制旧典,宋艺文志称其字为蔡元道。
十	宁宗	光宗子	扩	
十一	理宗	太祖十世孙	昀（初名贵诚）	筠州改瑞州,李伯玉初名诚。
	父荣王希瓐			
十二	度宗	理宗从子	禥（初名孟启,又名孜）	
	父嗣荣王与芮			
十三	恭宗	度宗子	显	

辽帝讳

世次	帝号	所出	汉名	举例
一	太祖	耶律氏	亿	宋庆历三年贺国主生辰使丁亿,更名意。
二	太宗	太祖子	德光	改晋天雄军节度范延光为范延广,改光禄大夫为崇禄。
三	世宗	太祖孙	阮	
	父义宗倍			
三	穆宗	太宗子	璟	
四	景宗	世宗子	贤	宋庆历三年贺国母正旦使李维贤,更名宝臣。
五	圣宗	景宗子	隆绪	
六	兴宗	圣宗子	宗真	改女真为女直。

世次	帝号	所出	名讳	举例
七	道宗	兴宗子	洪基	宋明道元年贺国母生辰使王德基,辽史作王德本。
九	天祚帝	道宗孙	延禧	改兴宗重熙年号为重和,姚景禧改名景行。
	父顺宗濬			

金帝讳

世次	帝号	所出	汉名	举例
一	太祖	完颜氏	旻	宋绍兴十二年,改岷州为西和州。
一	太宗	太祖弟	晟	
三	熙宗	太祖孙	亶	
	父徽宗宗峻		宗峻	皇统八年,改潺州为通州,金史误作避宗隽改。
三	海陵	太祖孙	亮	
	父辽王宗干			
	太子光英		光英	改鹰坊为驯鸳坊,改英国为寿国,应国为杞国。
三	世宗	太祖孙	雍(初名方褎)	改雍丘县为杞县,雍国为唐国。
	父睿宗宗尧(初名宗辅)		宗尧	改宗氏为姬氏,宗州为瑞州,宗安县为瑞安,宗国为莱国。
五	章宗	世宗孙	璟	张爆改名炜,改景州为观州,改景国为邹国。
	父显宗允恭		允恭	卫绍王允济更名永济,尹安石改姓师,侯师尹改名挚。恭改为敬,宗室思恭改名思敬,白彦恭改名彦敬,改共城县为河平,龚县为宁阳,武功县为武亭。

312

世次	帝号	所出	汉名	举例
四	卫绍王	世宗子	永济	改永兴县为德兴,永济县为丰闰,济国为遂国,张永改名特立,中州集阎詠改名长言。
五	宣宗	世宗孙	珣	改郇国为管国,梁询谊改名持胜。
	父显宗允恭			
	太子守忠		守忠	张行忠改名行信。
六	哀宗	宣宗子	守绪(初名守礼)	贾守谦改名益谦。

　　元代避讳,定制只限于全用帝王名字者,且元代帝名汉字皆为译音,不似辽金诸帝之兼有汉名,故元代汉字文书中避讳之例甚少。

明帝讳

世次	帝号	所出	名讳	举例
一	太祖	朱氏	元璋(字国瑞)	胡廷瑞易名胡美。
	父世珍			
三	惠帝	太祖孙	允炆	
二	成祖	太祖子	棣	改沧州之无棣曰庆云,乐安州之无棣曰海丰。
三	仁宗	成祖子	高炽	
四	宣宗	仁宗子	瞻基	
五	英宗	宣宗子	祁镇	正统丁卯,山西乡试经题"维周之桢",犯楚王讳,考官罚俸(案:太祖第六子,名桢,封楚王)。
五	代宗	宣宗子	祁钰	
六	宪宗	英宗子	见深(初名见濬)	
七	孝宗	宪宗子	祐樘	
八	武宗	孝宗子	厚照	

世次	帝号	所出	名讳	举例
八	世宗	宪宗孙	厚熜	张璁正德十六年登第,嘉靖十年始避嫌改名孚敬。
	父祐杬			
九	穆宗	世宗子	载垕	
十	神宗	穆宗子	翊钧	钧州改名禹州。
十一	光宗	神宗子	常洛	常作尝,洛作雒。
十二	熹宗	光宗子	由校	校作较。由有时缺末笔。
十二	毅宗	光宗子	由检	检作简。

清帝讳

世次	帝号	所出	名讳	举例
一	世祖	爱新觉罗氏	福临	第二子名福全,其始并不避讳。
二	圣祖	世祖子	玄烨	以元、煜字代,有时缺末笔,称范晔为范蔚宗,玄武门改神武。
三	世宗	圣祖子	胤禛	胤以允字代,明史张佳允、申佳允、堵允锡,进士题名碑本作胤。改王士禛为士正,又改禎。
四	高宗	世宗子	弘历	以宏歷字代,改明弘治年号为宏治,改时宪历为时宪书。
	太子永琏		永琏	论语"瑚琏也",试场不以命题。
五	仁宗	高宗子	颙琰(初名永琰)	简明目录改宋俞琰为俞琬。韵目上声二十八琰改为俭。
六	宣宗	仁宗子	旻宁(初名绵宁)	宁以甯代。
七	文宗	宣宗子	奕詝	
八	穆宗	文宗子	载淳	淳写作湻。
八	德宗	宣宗孙	载湉	
	父醇贤亲王奕譞			
九	末帝	宣宗曾孙	溥仪	仪有时缺末笔,唐绍仪改名绍怡,后复之。

314

世次	帝号	所出	名讳	举例
	父醇亲王 载沣			

（据陈垣《史讳举例》1962 年中华书局新 1 版编辑）

附录五

历代重要职官简表

秦（公元前 221—前 206 年）

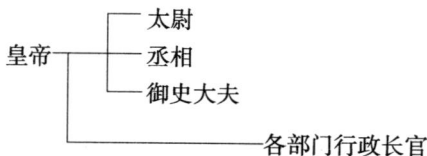

皇帝 ┬ 太尉
　　　├ 丞相
　　　├ 御史大夫
　　　└ 各部门行政长官

〔中枢机构〕〔1〕

官名	职务	备注
丞相	"掌丞（承）天子,助理万机"。	如设两丞相,即分左右。以右为上。
太尉	"掌武事"。	
御史大夫	(一)"掌副丞相",协助丞相。(二)主管朝廷机要文书工作。(三)主管监察。	

〔1〕当时尚无官署名。

316

〔朝廷各部门〕

重要行政长官

官名	职务
奉常	"掌宗庙礼仪"。主管有关祭祀事务。
郎中令	"掌宫殿掖门户"。统辖侍从官员。
卫尉	"掌宫门卫屯兵"。统辖宫廷及行宫禁卫军。
太仆	"掌舆马"。主管皇帝车马。
廷尉	"掌刑辟"。主管司法。
典客	"掌诸归义蛮夷"。接待少数民族来朝的官吏。
宗正	"掌亲属"。主管皇族事务。
治粟内史	"掌谷货"。主管国家农业、赋税。
少府	"掌山海池泽之税,以给供养"。主管宫廷供应事务。

〔1〕除廷尉、典客和治粟内史外,其余官员主要是为皇帝私人服务的。

其他行政长官(选列)

官名	职务
中尉	"掌徼循京师"。主管京都地区治安。
将作少府	"掌治宫室"。主管宫室营建。
主爵中尉	"掌列侯"。主管封爵之事。
典属国	"掌蛮夷降者"。主管少数民族事务。

〔地方机构〕

郡——县

京都(咸阳)地区——行政长官为内史,"掌治京师"。

郡

官名	职务
郡守	"掌治其郡"。主管行政。
郡尉	"掌佐守典武职甲卒"。主管军事。
监御史	"掌监郡"。主管监察。

县

官名	职务	备注
县令、县长	"掌治其县"。主管行政。	万户以上为令。万户以下为长。
县尉	主管治安。	

（一）本节参考书：聂崇岐：《中国历代官制简述》（载《光明日报》，1962年4月25日）。以下各节同。

（二）本节根据的材料：《汉书·百官公卿表》、《后汉书·百官志》。

西汉（公元前206—公元23年）

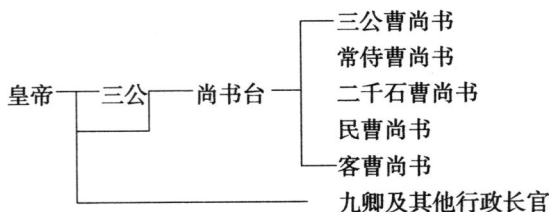

〔中枢机构〕

	官名	职务	备注
三公	相国、丞相	"掌丞（承）天子,助理万机"。〔1〕	如设两丞相,即分左右。以右为上。高祖十一年改名"相国"。哀帝元寿二年改名"大司徒"。
	太尉	"掌武事"。〔2〕	武帝建元二年废太尉,元狩四年初置"大司马"并加将军称号。
	御史大夫	（一）"掌副丞相"。（二）主管朝廷机要文书工作。（三）主管监察。〔3〕	成帝绥和元年改名"大司空"。哀帝建平二年复为御史大夫。

〔1〕汉武帝时常常通过内廷保管文书的"尚书署"（属少府）,亲自裁决庶政,此后,丞相的地位虽高,但权力日渐缩小。

318

〔2〕汉武帝废除太尉,而任用外戚近臣,使他们以"大司马"、"大将军"等名义主管军队。昭帝以后,凡是大司马而领尚书事的,便成了朝政的实际主持者。

〔3〕御史大夫主管机要文书的权力,逐渐转移到尚书手中。到成帝时,尚书令由士人充任。至此,御史大夫的职责即专管监察。

成帝时尚书五曹〔1〕

曹别	职务	备注
三公曹	"主断狱"。	此曹后置。
常侍曹	"主公卿事"。	
二千石曹	"主郡国二千石事"。	
民曹	"主凡吏上书事"。	
客曹	"主外国夷狄事"。	

〔1〕西汉自昭帝时即置"领尚书事",至东汉章帝时又改为"录尚书事",执掌尚书台大权,无所不总。汉末、魏、晋、南北朝时,凡掌重权的将相大臣都带此名号。

〔朝廷各部门〕

九卿

官名	职务	备注
太常	同秦朝	秦名"奉常",景帝中六年改。
光禄勋		秦名"郎中令",武帝太初元年改。
卫尉		景帝初改名"中大夫令",后元年复为卫尉。
太仆		
廷尉		景帝中六年改名"大理",武帝建元四年复为廷尉。哀帝元寿二年复为大理。
大鸿胪		秦名"典客",景帝中六年改为"大行令",武帝太初元年改名大鸿胪。
宗正		平帝元始四年改名宗伯。
大司农		秦名"治粟内史",景帝后元年改名"大农令",武帝太初元年改名大司农。
少府		

319

其他行政长官（选列）

官名	职务	备注
执金吾	同秦朝	秦名中尉,武帝太初元年改。
将作大匠		秦名将作少府,景帝中六年改。
典属国		成帝河平元年并入大鸿胪。
水衡都尉	"掌上林苑",主管上林苑及水利航政。	秦奉常属官有都水、都水丞。
司隶校尉	"察三辅、三河、弘农"。〔1〕	武帝征和四年置,"从中都官（京都中枢诸官府）徒千二百人,捕巫盅,督大奸猾,后罢其兵"。

〔1〕《汉书·百官公卿表上》颜师古注:"以掌徒隶而巡察,故云'司隶'。"按:三辅,指京兆尹、左冯翊、右扶风所辖地区。三河,指河东、河内、河南三郡。弘农,指弘农郡。

诸侯王国（选列）〔1〕

官名	职务	备注
太傅	"辅王",辅佐国王。	成帝时改称傅
内史	"治国民"。	成帝绥和元年省内史,更令相治民,如郡太守。中尉如郡都尉。
中尉	"掌武职"。	
相	"统众官"。	原名"丞相",景帝中五年改。
郎中令	"掌王国诸大夫、郎中宿卫"。	
仆	"主车及驭"。	原名"太仆",武帝时改。
治书	"本尚书更名",主管文书事务。	

〔1〕诸侯王国群卿大夫都官如汉朝。景帝中五年令诸侯王不得复治国,省御史大夫、廷尉、少府、宗正、博士官、大夫、谒者、郎诸官,长、丞皆损其员。

京都（长安）地区

官名	职务	备注
京兆尹	"掌治京师"。分别主管京都地区的行政。	秦名内史。景帝二年分置左右内史。武帝太初元年改右内史为京兆尹,左内史改左冯翊,又增设右扶风,合称三辅。
左冯翊		
右扶风		

320

郡

官名	职务	备注
太守	"掌治其郡"。	"秦名郡守",景帝中二年改。
都尉	"掌佐守典武职甲卒"。	秦名"郡尉",景帝中二年改。

县——官制同秦朝

本节根据的材料:《汉书·百官公卿表》、《后汉书·百官志》、《晋书·职官志》。

东汉（25—220 年）

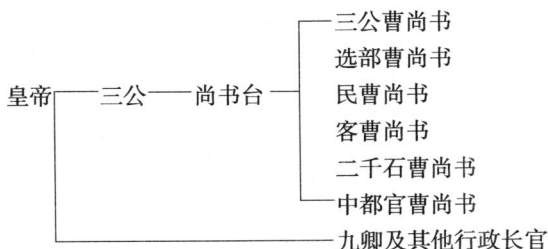

〔中枢机构〕

官名		职务	备注
三公（三司）	太尉	"掌四方兵事功课,岁尽亦奏其殿最而行赏罚"。	西汉原名"太尉",后改为"大司马",建武二十七年复为"太尉"。
	司徒	"掌人民事。凡教民孝悌、逊顺、谦俭、养生送死之事,则议其事,建其度。凡四方民事功课,岁尽则奏其殿最而行赏罚"。〔1〕	西汉原名"丞相",后改为"大司徒",东汉建武二十七年改为"司徒"。
	司空	"掌水土事。凡营城起邑、浚沟洫、修坟防之事,则议其利,建其功。凡四方水土功课,岁尽则奏其殿最而行赏罚"。〔2〕	西汉原名御史大夫,后或改为"大司空",东汉建武二十七年改为"司空"。

321

〔1〕三公是名义上的宰相，只处理一些例行公事。至于发号施令之权，则归于"尚书台"。东汉末年曾一度恢复丞相和御史大夫官。

〔2〕三公中御史大夫的位置为司空所代替，只将其属官"中丞"保留下来，另设"御史台"，主管监察。

尚书台

	官名	职务	备注
正职	尚书令	"掌凡选署及奏下尚书曹文书众事"。	
副职	尚书仆射	"署尚书事，令不在则奏下众事。"	若有二人，则分别加"左""右"字。

尚书六曹〔1〕

曹别	职务
三公曹	"主岁尽考课诸州郡事"。
选部曹	"主选举祠祀事"。
民曹	"主缮修功作盐池园苑事"。
客曹	"主护驾羌胡朝贺事"。
二千石曹	"主辞讼事"。
中都官曹〔2〕	"主水火盗贼事"。

〔1〕每曹有"侍郎"六人，"主作文书起草"；"令史"十八人，"主书"，专司抄写。

〔2〕尚书令、尚书仆射，以及六曹尚书，合称"八座"。

〔朝廷各部门〕

九卿

官名	职务
太常	"掌礼仪祭祀"。主管祭礼及其他大典礼仪。
光禄勋	"掌宿卫宫殿门户，典谒署郎更直执戟，宿卫门户，考其德行而进退之"。
卫尉	"掌宫门卫士，宫中徼循事。"
太仆	"掌车马"。
廷尉	"掌平狱，奏当所应。凡郡国谳疑罪，皆处当以报"。

官名	职务
大鸿胪	"掌诸侯及四方归义蛮夷"。
宗正	"掌叙录王国嫡庶之次,及诸宗室亲属远近,郡国岁因计上宗室名籍"。
大司农	"掌诸钱谷金帛诸货币"。
少府	"掌中服御诸物,衣服宝货修缮之属"。

其他行政长官(选列)

官名	职务	备注
执金吾	"掌宫外戒司非常水火之事。三月绕行宫外,及主兵器"。	卫尉巡行宫中,执金吾巡行宫外。
将作大匠	"掌修作宗庙、路寝、宫室、陵园土木之功,并兼树桐梓之类,列于道侧"。	
河堤谒者	主管水利航政。	西汉有"水衡都尉"、"都水使者"。
司隶校尉	"掌察举百官以下,及京师近郡犯法者"。并领一州。	

本节根据的材料:《后汉书·百官志》、《晋书·百官志》。

三国魏(220—265 年)

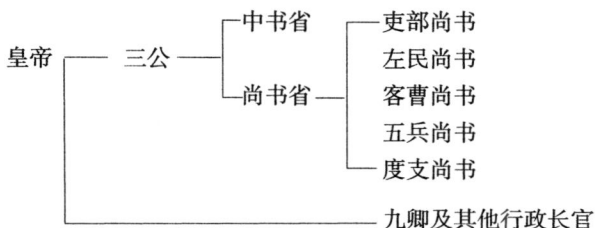

```
皇帝 —— 三公 ——┬─ 中书省 ——┬─ 吏部尚书
               │           │─ 左民尚书
               └─ 尚书省 ──┤─ 客曹尚书
                           │─ 五兵尚书
                           └─ 度支尚书
            └──────────────── 九卿及其他行政长官
```

〔中枢机构〕

三公(三司)——太尉、司徒、司空,只是名义上的宰相,其职权比东汉三公更小。

323

大司马、大将军各自为官,位在"三司"之上。

当时实际上执行宰相职务的为"中书省"和"尚书省"的长官。

尚书省

长官		职务	备注
正职	尚书令	"掌出纳王命,敷奏万机。令总统之。"[1]	
副职	尚书仆射		若有二人,则分别加"左""右"字。以"左"为上。

〔1〕魏晋时期尚书省已成为执行政令的机构。

尚书五曹

曹别	职务	备注
吏部曹	"主选部事"。	原名"选部曹"。
左民曹	"主缮修功作盐池园苑事"。	原名"民曹"。
客曹	"主护驾羌胡朝贺事"。	
五兵曹	主管中兵、外兵、骑兵、别兵、都兵等。	
度支曹	"主计算"。	

〔1〕五曹尚书、二仆射、一令,合称"八座"。

中书省

长官		职务	备注
正职	中书监	"典机密","典尚书奏事"。	曹操为魏王时,设"秘书令",掌出发教令。曹丕称帝后,改为"中书监、令"。
副职	中书令		

〔朝廷各部门〕

九卿

官名	职务
太常卿	"掌祭祀礼仪"。
光禄勋卿	"掌宿卫宫殿门户,典谒三署(中郎、侍郎、郎中)郎"。
卫尉卿	"掌徼循事"。
太仆卿	"掌车马"。
廷尉卿	"主刑法狱讼"。

官名	职务
大鸿胪卿	"掌诸侯及四方蛮夷朝贡,郡国上计行礼赞导,拜授诸侯,吊谥护丧"。
宗正卿	"掌叙亲属及宗室犯法"。
大司农卿	"掌钱谷金帛,郡国计簿,边郡调度"。
少府卿	"掌服御珍膳之属"。

其他行政长官

官名	职务
执金吾卿	"掌宫外戒司非常,及主兵器"。
将作大匠	"掌土木之工"。
侍中	"掌傧赞威仪","常侍左右,备问对"。〔1〕
御史中丞	"察举非法"。
河堤谒者	主管水利航政。
司隶校尉	"掌察举百官及京师近郡犯法者,并领司州"。〔2〕

〔1〕魏散骑常侍、侍郎与侍中、黄门侍郎共平尚书奏事。此后,侍中、常侍等官员的权力逐渐扩大,出现了晋代以后的门下省。

〔2〕东汉将司隶校尉辖区称为"司州"。州治先在弘农,后移洛阳。

〔地方机构〕

州——郡——县

王国——官制同西汉。

京都(洛阳)地区——行政长官为河南尹,"主京都"。

州——已成为地方上最大的行政区,置刺史或州牧,主管本州军事及行政。

郡、县——官制同西汉。魏制:郡太守领兵,加将军名号。

本节根据的材料:《晋书·百官志》、《三国会要·职官》。

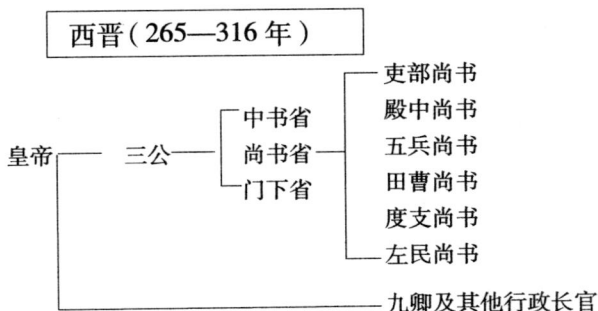

西晋（265—316 年）

```
皇帝 ── 三公 ──┬─ 中书省
              │   尚书省 ──┬─ 吏部尚书
              └─ 门下省    │   殿中尚书
                          │   五兵尚书
                          │   田曹尚书
                          │   度支尚书
                          └─ 左民尚书
              ── 九卿及其他行政长官
```

〔中枢机构〕

三公（三司）——太尉、司徒、司空，是名义上的宰相。

大司马、大将军各自为官，位在"三司"之下，有时在"三司"之上。

太宰（太师）、太傅、太保、太尉、司徒、司空、大司马、大将军，合称"八公"。八公几乎都是空衔。

当时实际上执行宰相职务的为三省——中书省、门下省和尚书省的长官。

三省

官署	长官		职务	备注
尚书省	正职	尚书令	"掌出纳王命，敷奏万机。令总统之"。	先置吏部、三公、客曹、驾部、屯田、度支六曹。太康中置吏部、殿中、五兵、田曹、度支、左民六曹。〔1〕
	副职	尚书仆射		
门下省	侍中		"近侍帷幄，省尚书事"。	凡侍中、给事黄门侍郎、散骑常侍等，都隶属门下省。
中书省	正职	中书监	"典机密"。	
	副职	中书令		

〔1〕参看汉、魏《尚书表》。驾部——掌车马、驿传、厩牧。殿中曹——掌

326

宫廷供奉事宜。

〔朝廷各部门〕

九卿，参看魏《九卿表》。

其他行政长官有：将作大匠（"有事则置，无事则罢"）、御史中丞、都水使者、司隶校尉等。

〔地方机构〕

州——郡——县

京都（洛阳）地区——行政长官为河南尹。

州——行政长官为刺史。

郡县——官制同西汉。

本节根据的材料：《晋书·职官志》、《隋书·百官志》。

东晋（317—420 年）

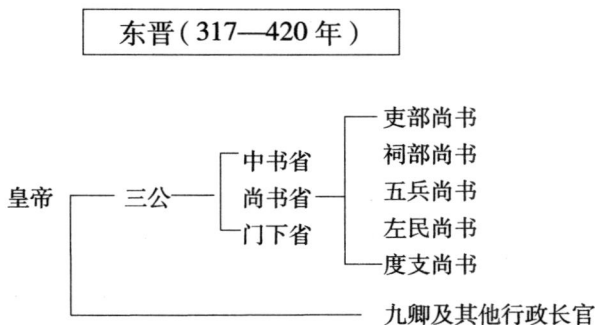

〔中枢机构〕与西晋大致相同。

〔朝廷各部门〕与西晋大致相同。

九卿[1]

官名	备注
太常	

官名	备注
光禄勋	哀帝兴宁二年省并司徒,孝武帝宁康元年复置。
太仆	或省或置。
廷尉	
太鸿胪	有事则权置,无事则省。
太司农	哀帝省并都水(都水使者),孝武帝复置。
少府	哀帝省并丹阳尹,孝武帝复置。

〔1〕参看魏《九卿表》。东晋时只余七卿,而且有的也不常设置。

其他行政长官有:将作大匠("有事则置,无事则罢")、御史中丞等。罢司隶校尉,其职改为扬州刺史。

〔地方机构〕

州——郡——县

京都(建康——今南京)地区——行政长官为丹阳尹。

郡、县——官制同西汉。

本节根据的材料:《晋书·职官志》、《隋书·百官志》。

```
南  朝     宋(420—479 年)
           齐(479—502 年)
           梁(502—557 年)
           陈(557—589 年)
```

南朝各代都建都建康(今南京),官制大致与两晋相同。梁朝略有变化,陈沿袭梁制。今将梁朝官制简述如下:

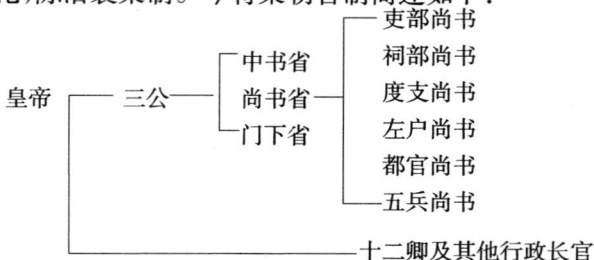

```
                              ┌ 吏部尚书
                    ┌ 中书省   ├ 祠部尚书
皇帝 ── 三公 ──── │ 尚书省 ─┤ 度支尚书
                    └ 门下省   ├ 左户尚书
                              ├ 都官尚书
                              └ 五兵尚书

          └──────────── 十二卿及其他行政长官
```

328

〔中枢机构〕

三公——太尉、司徒、司空,是名义上的宰相。

当时实际上执行宰相职务的为"三省"——中书省、门下省和尚书省的长官。

三省

官署	长官		职务	备注
尚书省	正职	尚书令	"掌出纳王命,敷奏万机。令总统之"。	置吏部、祠部、度支、左户、都官、五兵等六尚书。〔1〕
	副职	尚书仆射		
中书省	正职	中书监	"掌出纳王命"	
	副职	中书令		
门下省	侍中		"掌侍从左右,俟相威仪,尽规献纳,纠正违阙"。	

〔1〕参看汉、魏《尚书表》。"左户",魏名"左民"。"都官",东汉名"中都官"。此外,又有起部尚书,"营宗庙宫室则权置之;事毕则省,以其事分属都官、左户二尚书"。

〔朝廷各部门〕

十二卿

官名		职务	备注
春卿	太常卿	"主管有关宗庙祭祀事务"。	
	宗正卿	"主皇室外戚之籍"。	"以宗室为之"。
	司农卿	"主农功仓廪"。	
夏卿	太府卿	"掌金帛府帑",并主关津税收。	
	少府卿	主管宫廷供应事务。	
	太仆卿	主管皇帝车马。	
秋卿	卫尉卿	"掌宫门屯兵"。	
	廷尉卿	"主管司法"。	初冬"大理",天监元年改。
	大匠卿	"掌土木之功"。	原名"将作大匠"。

官名		职务	备注
冬 卿	光禄卿	"掌宫殿门户"。	原名"光禄勋"。
	鸿胪卿	"掌导护赞拜"。	原名"大鸿胪"。
	大舟卿	"主舟航堤渠"。	原名"都水使者"。

其他行政长官

官署	长官	职务	备注
集书省	散骑常侍	"掌侍从左右,献纳得失,省诸奏闻文书"。	"常侍高功者一人为祭酒,与侍郎(中书省)高功者一人,对掌禁令,纠诸逋违"。
秘书省	秘书监	"掌国之典笈图书"。	
御史台	御史中丞	"掌督司百僚"。	
谒者台	谒者仆射	"掌朝觐宾飨之事"。	
	大长秋	"主诸宦者,以司宫闱之职"。	原为皇后卿。

本节根据的材料:《隋书·百官志》。

北 朝

北朝官制曾受南朝影响。东魏、北齐大致沿袭北魏的制度。西魏、北周曾按《周礼》改定官名,但地方制度未变。

今将北齐(550—557年)官制简述于下:

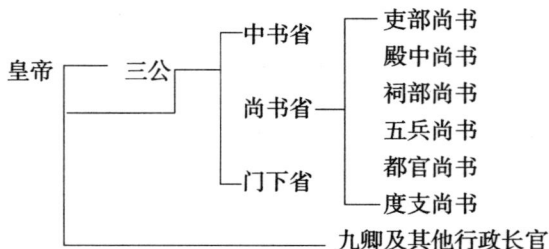

〔中枢机构〕

二大——大司马、大将军,"并典司武事"。

三公——太尉、司空、司徒,"参议国之大事",是名义上的宰相。当时实际上执行宰相职务的为三省长官。

三省

官署	长官		职务
尚书省	正职	尚书令	"掌出纳王命,敷奏万机。令总统之"。
	副职	尚书仆射	
中书省	正职	中书监	"管司王言,及司进御之音乐"。"又领舍人省","掌署敕行下,宣旨劳问"。
	副职	中书令	
门下省	侍中		"掌献纳谏正,及司进御之职"。

尚书省组织系统表

单位名称		职务
吏部尚书	吏部曹	"掌褒崇、选补等事"。
	考功曹	"掌考第及秀孝贡士等事"。
	主爵曹	"掌封爵等事"。
殿中尚书	殿中曹	"掌驾行百官留守名帐,宫殿禁卫,供御衣食等事"。
	仪曹	"掌吉凶礼制事"。
	三公曹	"掌五时读时令,诸曹囚帐,断罪,赦日建金鸡等事"。
	驾部曹	"掌车舆、牛马厩牧等事"。
祠部尚书	祠部曹	"掌祠部医药,死丧赠赐等事"。
	主客曹	"掌诸蕃杂客等事"。
	虞曹	"掌地图,山川远近,园囿行猎,肴膳杂味等事"。
	屯田曹	"掌藉田、诸州屯田等事"。
	起部曹	"掌诸兴造工匠等事"。
五兵尚书	左中兵曹	"掌诸郡督告身,诸宿卫官等事"。
	右中兵曹	"掌畿内丁帐、事力、蕃兵等事"。
	左外兵曹	"掌河南及潼关已东诸州丁帐,及发召征兵等事"。
	右外兵曹	"掌河北及潼关已西诸州,所典与左外同"。
	都兵曹	"掌鼓吹、太乐、杂户等事"。

单位名称		职务
都官尚书	都官曹	"掌畿内非违得失事"。
	二千石曹	"掌畿外得失等事"。
	比部曹	"掌诏书律令勾检等事"。
	水部曹	"掌舟船、津梁、公私水事"。
	膳部曹	"掌侍官百司礼食肴馔等事"。
度支尚书	度支曹	"掌会计,凡军国损益、事役粮糯廪等事"。
	仓部曹	"掌诸仓帐出入等事"。
	左户曹	"掌天下计帐、户籍等事"。
	右户曹	"掌天下公私田宅租调等事"。
	金部曹	"掌权衡量度、外内诸库藏文帐等事"。
	库部曹	"掌凡是戎仗器用所须事"。

〔朝廷各部门〕

九寺(九卿)

官署	长官		职务
	正职	副职	
太常寺	卿	少卿	"掌陵庙群祀、礼乐仪制、天文术数衣冠之属"。
光禄寺	卿	少卿	"掌诸膳食、帐幕器物、宫殿门户等事"。
卫尉寺	卿	少卿	"掌禁中甲兵"。
大宗正寺	卿	少卿	"掌宗室属籍"。
太仆寺	卿	少卿	"掌诸车辇、马、牛、畜产之属"。
大理寺	卿	少卿	"掌决正刑狱"。
鸿胪寺	卿	少卿	"掌番客朝会、吉凶吊祭"。
司农寺	卿	少卿	"掌仓市薪菜、园池果实"。
太府寺	卿	少卿	"掌金帛府库、营造器物"。

其他行政机构

官署	长官	职务	备注
集书省	散骑常侍	"掌讽议左右,从容献纳"。	
秘书省	秘书监	"典司经籍"。	

332

官署	长官	职务	备注
中侍中省	中侍中	"掌出入门阁"。	置中尚药局、中尚食局、内谒者局。
御史台	御史中丞	"掌察纠弹劾"。	
都水台	都水使者	"掌诸津桥"。	
谒者台	谒者仆射	"掌凡诸吉凶公事、导相礼仪事"。	
国子寺	国子祭酒	"掌训教胄子"。	原属太常。
长秋寺	长秋卿	"掌诸宫阁"。	
将作寺	将作大匠	"掌诸营建"。	
昭玄寺	大统	"掌诸佛教"。	

〔地方机构〕州—郡—县

京都(邺——今河南临漳)地区——行政长官为清都尹。

州——行政长官为刺史。司州,置牧。

郡——行政长官为太守。

县——行政长官都称令。

本节根据的材料:《隋书·百官志》。

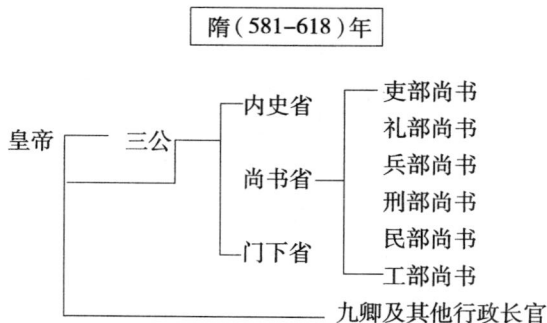

隋(581-618)年

皇帝 — 三公 — 内史省 — 吏部尚书
　　　　　　　　 礼部尚书
　　　　　　尚书省 — 兵部尚书
　　　　　　　　 刑部尚书
　　　　　　　　 民部尚书
　　　　　 门下省 — 工部尚书
　　　 — 九卿及其他行政长官

　　隋文帝改革官制,确立内史省取旨、门下省审议、尚书省执行的三省分权制度。隋炀帝大业三年重定官制,除三省外,又对朝廷各行政机构进行了较大的调整。

〔中枢机构〕

三省

官署	长官		职务	备注
尚书省	主职	尚书令	"事无不总"。	炀帝时,尚书省职权无变化。
	副职	尚书仆射		
门下省	纳言		"掌部从朝直","兼出使劳问"。	原"集书省"并入此省。"纳言"原称"侍中",大业十二年改为"侍内"。
内史省	内史令		"掌出纳帝命"。	原名中书省,大业十二年改。

尚书省组织系统表

省长官	部曹长官(隋文帝时)		部曹长官(隋炀帝时)	
尚书令	尚书左仆射	吏部尚书	吏部侍郎	吏部尚书侍郎	选部郎
			主爵侍郎		主爵郎
			司勋侍郎		司勋郎
			考功侍郎		考功郎
		礼部尚书	礼部侍郎	礼部尚书侍郎	仪曹郎
			祠部侍郎		祠部郎
			主客侍郎		主客郎
			膳部侍郎		膳部郎
		兵部尚书	兵部侍郎	兵部尚书侍郎	兵曹郎
			职方侍郎		职方郎
			驾部侍郎		驾部郎
			库部侍郎		库部郎
	尚书右仆射	刑部尚书〔1〕	都官侍郎	刑部尚书侍郎	都官郎
			刑部侍郎		宪部郎
			比部侍郎		比部郎
			司门侍郎		司门郎
		户部尚书	度支侍郎	户部尚书侍郎	度支郎
			户部侍郎		人部郎
			金部侍郎		金部郎
			仓部侍郎		仓部郎

334

省长官		部曹长官（隋文帝时）		部曹长官（隋炀帝时）	
尚书令	尚书右仆射	工部尚书	工部侍郎	工部尚书 侍郎	起部郎·
			屯田侍郎		屯田郎
			虞部侍郎		虞部郎
			水部侍郎		水部郎

〔1〕隋初,刑部尚书曾称都官尚书,户部尚书曾称度支尚书。

〔朝廷各部门〕

九寺(九卿)——大致与北齐相同。

其他行政机构

官署、长官				职务	备注
隋文帝时		隋炀帝时			
秘书省	监	秘书省	监	"典司经笈"及天文历法。	
内侍省	内侍	长秋监	令(正) 少令(副)	"掌出入门阁"。	大业三年改。
		殿内省	监(正) 少监(副)	"掌诸供奉"。	由门下省分出四局,太府寺分出二局组成。
御史台	大夫	御史台	大夫	"掌纠察弹劾"。	
都水台	使者	都水监	使者	主管河渠、津梁、舟楫。	仁寿元年改为"都水监",改"使者"为"监"。大业三年又改"监"为"使者"。
国子寺	祭酒	国子监	祭酒	"掌教胄子"。	开皇十三年改为"国子学"属太常寺。大业三年改为"国子监"。

官署、长官			职务	备注
隋文帝时	隋炀帝时			
	少府监	监(正) 少监(副)	主管宫廷所用器物及织染事务。	后又改"监"、"少监"为"令"、"少令"。
	谒者台	大夫	"掌受诏劳问,出使慰抚,持节察授,及受冤枉而申奏之。"	
	司隶台	大夫	掌巡察	"后又罢司隶台,而留'司隶从事'之名,不为常员。"
将作寺	大匠	将作监	大监(正) 少监(副)	主管舟楫河渠

将作寺 大匠 将作监 大监(正) 少监(副) 主管舟楫河渠 开皇二十年改为"将作监",改"大匠"为"大监"。长官名称,炀帝时又有三次改动。

〔地方机物〕

隋文帝时　州——县			隋炀帝时　郡一县		
行政区划	长官	备注	行政区划	长官	备注
京都(长安)	京兆尹		京都(长安)	京兆尹	
州	刺史(雍州置牧)	刺史、总管都加"使持节"称号。〔1〕	郡	太守(正)通守(副)	京兆郡、河南郡置尹。
军区(合数州)	总管		军区(合数郡)	总管	加"使持节"称号。
县	令		县	令	

〔1〕此种称号分为三等:(1)使持节,(2)持节,(3)假节,表示的权限大小不同。

本节根据的材料:《隋书·百官志》。

唐（618—907 年）

皇帝
├─ 三省会议（政事堂，中书门下）
│   ├─ 中书省
│   ├─ 尚书省
│   │   ├─ 吏部 ── 吏部 司封 司勋 考功
│   │   ├─ 户部 ── 户部 度支 金部 仓部
│   │   ├─ 礼部 ── 礼部 祠部 膳部 主客
│   │   ├─ 兵部 ── 兵部 职方 驾部 库部
│   │   ├─ 刑部 ── 刑部 都官 比部 司门
│   │   └─ 工部 ── 工部 屯田 虞部 水部
│   └─ 门下省
└─ 九卿及其他行政长官

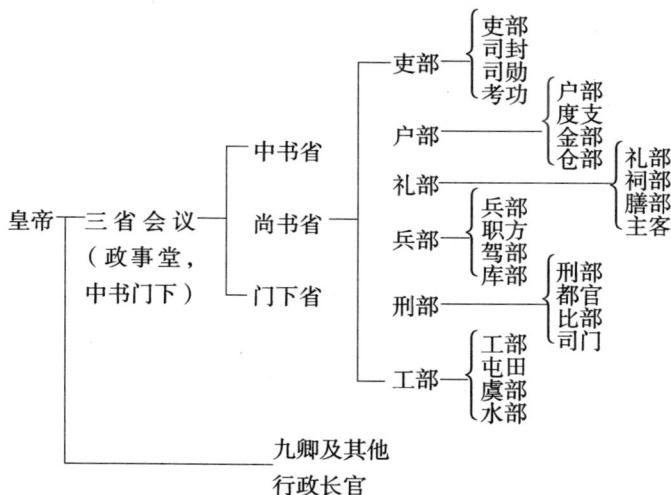

唐朝沿袭隋朝官制而又加以调整，现在比较详细地叙述如下：

三省〔1〕

官署		长官		职务	备注
通称	别称（不同时期）	通称	别称（不同时期）		
尚书省	中台、文昌台、文昌都省、都台	正职尚书令		"掌典领百官"。	因唐太宗曾为尚书令，以后即不设此职，而以副职为省长官。
		副职尚书左右仆射	左右匡政、文昌左右相、左右丞相	"掌统治六官，为令之贰，令缺则总省事"。	

官署		长官		职务	备注
通称	别称（不同时期）	通称	别称（不同时期）		
门下省	东台、鸾台、黄门省	正职 侍中	左相、纳言、监	"掌出纳帝命，相礼仪。凡国家之务，与中书令参总，而专判省事"。	
		副职门下侍郎	东台侍郎、鸾台侍郎、黄门侍郎	"掌贰侍中之职"。	
中书省〔3〕	西台、凤阁、紫微省	正职 中书令	右相、内史、紫微令	"掌佐天子执大政，而专判省事"。	
		副职中书侍郎	紫微侍郎		

〔1〕三省长官的联合办公处为"政事堂"。政事堂先设于门下省，后迁至中书省，后又改称"中书门下"。中书门下设五房：吏房、枢机房、兵房、户房、刑礼房。

〔2〕唐太宗时，因中书令、侍中的位分较高，不常设置，于是常用其他职官加上"参议朝政"、"参预朝政"、"参议得失"、"参知政事"之类的职衔，作为实际上的宰相。自高宗以后，则以"同中书门下平章事"、"同中书门下三品"等职衔，行使宰相职权。"平章"是议论处理的意思。侍中的官阶是三品，后提升为二品。

〔3〕代宗时置内枢密使（宦官），掌承受章奏，颇似西汉前期的尚书令。德宗时，内枢密使掌军权，权势日益扩大。

尚书省组织系统表

省长官	各部长官			部名	司名		各司长官		
	官名		职务		通称	别称（不同时期）	官名		职务
	主职	副职					主职	副职	
尚书、右左仆射[3]	尚书	侍郎[1]	"掌天下官吏选授、勋封、考课之政。"	吏部	吏部	司列、天官、文部	郎中[2]	员外郎	"掌天下官吏选授、勋封、考课之政令"。
					司封	主爵	"	"	"掌封命、朝会、赐予之级"。
					司勋	司绩	"	"	"掌官吏勋级"。
					考功		"	"	"掌内外文武官吏之考课"。
	"	"	"掌天下土地、人民、钱谷之政、贡赋之差。"	户部	户部	司元、地官	"	"	"掌分理户口、井田之事。
					度支	司度	"	"	"掌判天下租赋多少之数、物产丰约之宜、水陆道途之利"。
					金部	司珍、司金	"	"	"掌判天下库藏钱帛出纳之事，须其节制，而司其簿领"。
					仓部	司庾、司储	"	"	"掌判天下仓储、受纳租税，出给禄廪之事"。
	"	"	"掌礼仪、贡举之政。"	礼部	礼部	司礼、春官	"	"	"掌贰尚书侍郎。举其仪制，而辨其名数"。
					祠部	司禋	"	"	"掌祠祀、享祭、天文、漏刻、国忌、庙讳、卜筮、医药、僧尼之事"。
					膳部	司膳	"	"	"掌陵庙之牲豆、酒膳"。
					主客		"	"	"掌二王（酅公、介公）后及诸蕃朝聘之事"。

省长官	部名	各部长官 官名 主职	各部长官 官名 副职	各部长官 职务	通称	司名 别称（不同时期）	各司长官 官名 主职	各司长官 官名 副职	各司长官 职务
尚书令 右左仆射	兵部	尚书	侍郎	"掌天下武官选授及地图与甲仗之政令。"	兵部	司戎、夏官、武部	郎中	员外郎	"掌判帐及天下武官之阶品、卫府之名数"。"掌判簿，以总军戎差遣之名数"。
					职方	司域	〃	〃	"掌天下地图及城隍、镇戍、烽候之数，辨其邦国都鄙之远近，及四夷之归化"。
					驾部	司舆、司驾	〃	〃	"掌舆辇、车乘、传驿、厩牧、马牛杂畜之籍"。
					库部	司库	〃	〃	"掌戎器、卤簿仪仗"。
	刑部	〃	〃	"掌律令、刑法、徒隶按覆谳禁之政。"	刑部	司刑、秋官、司宪	〃	〃	"掌律法、按覆大理及天下奏谳"。
					都官	司仆	〃	〃	"掌俘隶簿录，给衣粮医药，而理其诉免"。
					比部	司计	〃	〃	"掌勾诸司百僚俸料、公廨、赃赎、欲、徒役、课程、逋悬数物，周知内外之经费，而总勾之"。
					司门	司关	〃	〃	"掌天下诸门及关出入往来之籍赋，而审其政"。

省长官	各部长官			各司长官				
	部名	官名 主职	官名 副职	职务	司名 通称	司名 别称（不同时期）	官名 主职	官名 副职	职务
尚书 右左仆射	工部	尚书	侍郎	"掌天下百工、屯田、山泽之政令"。	工部	司平,冬官	郎中	员外郎	"掌经营兴造之众务"。
					屯田	司田	〃	〃	"掌天下屯田及京文武职田、诸司公廨田,以品给焉"。
					虞部	司虞	〃	〃	"掌京城街巷种植,山泽苑囿,草木薪炭,供顿田猎之事"。
					水部	司川,司水			"掌天下川渎陂池之政令,以导达沟洫,堰决河渠"。

[1] 龙朔二年改尚书、侍郎为"太常伯"、"少常伯"。

[2] 龙朔二年改郎中为"大夫",如"司列大夫"、"司封大夫"等。

[3] 尚书省还有一个办事机构,称"都省"。都省置左丞右丞,分别管辖六部所属二十四司,处于行政监督地位。龙朔二年改左右丞为"左右肃机"。

门下省组织系统表

省长官	所属职官及单位		
	通称	别称（不同时期）	职务
侍中 门下侍郎	给事中	东台舍人	"掌陪左右，分判省事，察弘文馆缮写雠校之课。凡百司奏抄，侍中审定，则先读而署之，以驳正违失"。
	左散骑常侍	左侍极	"掌侍奉规讽，备顾问应对"。
	左谏议大夫	正谏大夫、谏议大夫	"掌侍从赞相，规谏讽谕"。
	起居郎	左史	"掌起居注，录天子之言动法度，以修记事之史"。
	城门郎		"掌京城、皇城、宫殿诸门启闭之节，奉出纳管钥"。
	符宝郎	符玺郎	"掌天子八宝及国之符节"。
	弘文馆	昭文馆、修文馆	"掌详正图籍，教授生徒。凡朝廷有制度沿革，礼仪轻重，得参议焉"。

中书省组织系统表

省长官	所属职官及单位		
	通称	别称（不同时期）	职务
中书令 中书侍郎	中书舍人〔1〕		"掌侍奉进奏，参议表章。凡诏旨敕制，及玺书册命，皆按典故起草进画；既下，则署而行之"。
	右散骑常侍、右谏议大夫	右侍极	"掌如门下省"。
	起居舍人	右史	"掌修记言之史，录天子之制诰德音，如记事之制，以记时政损益。季终则授之于国史"。
	集贤殿	丽正修书院	"掌刊缉经笈"。
	史馆		"监修国史"。

〔1〕除中书舍人外，朝廷还设置翰林学士，代皇帝起草一些非正式的特别诏命。这种学士原在一般行政系统之外，但地位日趋重要，后来带有"翰

林学士知制诰"头衔的官员就代行中书舍人的职权。

官署		长官		职务	所属单位或主要职官
通称	别称（不同时期）	通称	别称（不同时期）		
太常寺	奉常寺、司礼寺	卿（正）大夫（副）	正卿（正）大夫（副）	"掌礼乐、郊庙、社稷之事"。	两京郊社署、诸陵署、太乐署、鼓吹署、太医署、太卜署、廪牺署、汾祠署、两京齐太公庙署。
光禄寺	司宰寺、司膳寺	〃	〃	"掌酒醴膳羞之政"。	大官署、珍羞署、良酝署、掌醢署
卫尉寺	司卫寺	〃	〃	"掌器械文物"。	两京武库署、武器署（掌在外戎器）、守宫署。
宗正寺	司宗寺、司属寺	〃	〃	"掌天子族亲属籍"。	陵台署、崇玄署（主管诸观）。
太仆寺	司驭寺	〃	〃	"掌厩牧辇舆之政"。	乘黄署、典厩署、典牧署、车府署、诸牧监、沙苑监。
大理寺	详刑寺、司刑寺	〃	〃	"掌折狱详刑"。	大理正、大理丞、司直。
鸿胪寺	同文寺、司宾寺	〃	〃	"掌宾及凶役之事"。	典客署、司仪署。
司农寺	司稼寺	〃	〃	"掌仓储委积之事"。	上林署、太仓署、钩盾署（供薪刍）、导官署（导择米麦）、诸仓监、司竹监、温泉监、京（京师）都（东都）苑总监、京都苑监及四面监、九成宫总监、诸盐池监、诸屯监。
太府寺	外府寺、司府寺	〃	〃	"掌财货、廪藏、贸易"。	两京诸市署、平准署、左藏署、右藏署、常平署。

〔地方机构〕

州——县

行政区划	长官			备注
	通称	别称 （不同时期）	所属主要职官	
京都（长安） 地区	京兆尹（正）	牧	录事参军事 （参军）、功曹、 仓曹、户曹、田 曹、法曹、士曹 等参军事。	东都（河南府）、 北都（太原府） 同。
	京兆少尹 （副）	治中、司马		
州	刺史	太守	别驾，长史（下 州缺），司马， 录事参军事， 司功、司仓、司 户、司田、司 兵、司法、司士 等参军事。	州分上中下三 等，职官的品级、 人数有区别。
县	令		丞、主簿、尉（京 县有录事）。	长安、万年、河南、 洛阳、太原、晋阳 六县，称为"京 县"。京兆、河 南、太原所辖各 县，称为"畿县"。 一般县分为上、 中、中下、下四等。 职官的品级、人数 有区别。

　　"道"——监察区，唐太宗贞观元年分为十道，玄宗开元二十一年分为十五道。每道包括若干州。最初派出巡察的官吏称"黜陟使"，后又称"巡察使"。高宗时也称"按察使"，有时又称"采访处置使"。到改称"观察使"，才算大致固定下来。而这时在地方上"节度使"的权势已经发展起来。

都督府——地方上设置的军事机构,包括数州

官署	长官	职务	所属主要职官	备注
都督府	都督	"掌诸州兵马、甲械、城隍、镇戍、粮廪,总判府事"。	别驾(大都督府缺)、长史、司马、录事参军事,功曹、仓曹、户曹、田曹、兵曹、法曹、士曹等参军事。	都督府分为大、中、小三等,职官的品级人数有区别。管辖十州以上的为大都督,例由亲王遥领,事务由长史代行。

都护府——在边疆地区设置的军政机构

官署	长官		职务	所属主要职官	备注
	主职	副职			
大都护府	大都护	副大都护 副都护	"掌统诸蕃,抚慰、征讨、叙功、罚过,总判府事"。	长史、司马、录事参军事,功曹、仓曹、户曹、兵曹、法曹(上都护府缺)等参军事。	大都护例由亲王遥领。
上都护府	都护	副都护			

节度使府——唐玄宗开元年间,先在沿边沿海地区设置八节度使,辖区很大,到唐代后期越设越多,甚至一州也设一节度使。节度使例兼所在州的刺史。设节度使后,地方上都督刺史的军政大权都逐渐转入节度使手中。

长官		职务	所属主要职官	备注
主职	副职			
节度大使	副大使 知节度事	"掌总军旅,专诛杀"。掌管所辖地区的军政、民政和财政。	行军司马、参谋、掌书记、判官、推官、巡官等。节度使兼观察使、安抚使等职,则增设职官。此外,还自设文武职官。	节度大使例由亲王遥领,而以副大使知节度事代行职权。
节度使	节度副使			节度使都带朝廷京官的职衔。

本节根据的材料:《旧唐书·职官志》、《新唐书·百官志》、《唐六典》。

北宋（960—1127年）

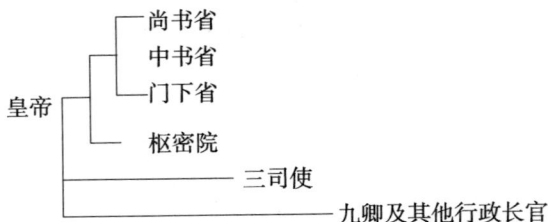

```
        ┌── 尚书省
        │   中书省
   皇帝 ─┤   门下省
        │   枢密院
        ├────── 三司使
        └────── 九卿及其他行政长官
```

〔中枢机构〕

三省

官署	职掌	长官〔1〕		职务
中书省	"掌进拟庶务，宣奉命令"。〔2〕	正职	中书令	"掌佐天子议大政，授所行命令而宣之"。
		副职	中书侍郎	"参议大政，授所宣诏旨而奉之"。
尚书省	"掌施行制命"。	正职	尚书令	"掌佐天子议大政，奉所出命令而行之"。
		副职	尚书左、右仆射	"掌佐天子议大政"。
门下省	"受天下之成事，审命令，驳正违失"。	正职	侍中	"掌佐天子议大政，审中外出纳之事"。
		副职	门下侍郎	"省中外出纳之事"。

〔1〕宋代有些重要官职，本官不管本职，而由其他职官主管，这种方式称为"主判"。三省长官也是如此，而且不常设置，于是用其他职官加上"同中书门下平章事"或"同中书门下二品"，作为实际上的宰相。

〔2〕另有"中书门下"，也简称"中书"，是北宋前期宰相执政的办公处，相当于唐朝的政事堂，与枢密院分掌文武二柄，称"二府"。神宗元丰改制以前，中书、门下、尚书三省的主要职权全归"中书门下"。

346

		宋初	神宗元丰改制后	徽宗时
正职		同中书门下平章事 （同中书门下二品）	尚书左仆射兼门下侍郎， 尚书右仆射兼中书侍郎	太宰兼门下侍郎 少宰兼中书侍郎
副职		参知政事	门下侍郎、中书侍郎、尚 书左丞、尚书右丞	门下侍郎、中书侍郎、 尚书左丞、尚书右丞

中书省组织系统表

省长官	所属职官		所属单位	
	官名	职务	名称	职掌
中书令 中书侍郎	中书 舍人	"掌行命令为制 词，分治六房， 随房当制"。	吏房	"掌行除授、考察、升黜、赏罚、废 置、荐举、假故、一时差官文书"。
			户房	"掌行废置升降，郡县调拨，边防 军须，给贷钱物"。
	右散骑 常侍	"掌讽谕规谏"。	礼房	"掌行郊祀陵庙典礼，后妃、皇子、 公主、大臣封册，科举考官，外夷 书诏"。
	右谏议 大夫		兵房	"掌行除授诸蕃国王爵官封"。
			刑房	"掌行赦宥及贬降、叙复"。
			工房	"掌行营造计度及河防修闭"。
	起居舍 人	修起居注。	主事房 〔1〕	"掌行受发文书"。
			班簿房	"掌百官名籍具员"。
			制敕库 房	"掌编录供检敕、令、格、式及架阁 库"。
			催驱房	"督趣稽违"。
			点检房	"省察差失"。

〔1〕后改为"开拆房"。

尚书省组织系统表

省长官	部名	各部长官				各司长官			
		职掌	官名			司名	官名		职务
			正职	副职			主职	副职	
尚书令 左仆射 右仆射 左丞 右丞	吏部	"掌文武官吏选试,拟注、资任、迁叙、荫补、考课之政令,封爵、策勋、赏罚、殿最之法"。	尚书	侍郎		吏部	朗中	员外部	参领尚书侍郎的职务。
						司封	〃	〃	"掌官封、叙赠、承袭之事"。
						司勋	〃	〃	"参掌勋赏之事","凡勋级十有二","率三年一迁,必因其除授以加之"。
						考功	〃	〃	"掌文武官选叙、磨勘、资任、考课之政令"。
	户部	"掌天下人户、土地、钱谷之政令,贡赋征役之事"。	尚书	侍郎		户部	〃	〃	"掌分曹治事"。
						度支	〃	〃	"参掌计度军国之用,量贡赋租税之入以为出"。
						金部	〃	〃	"参掌天下给纳之泉币,计其岁之所输,归于受藏之府,以待邦国之用"。
						仓部	〃	〃	"参掌国之仓庾储积及其给受之事"。
	礼部	"掌国之礼乐、祭祀、朝会、宴飨、学校、贡举之政令"。	〃	〃		礼部	〃	〃	参领尚书侍郎的职务。
						祠部	〃	〃	"掌天下祀典、道释、祠庙、医药之政令"。
						主客	〃	〃	"掌以宾礼待四夷之朝贡"。
						膳部	〃	〃	"掌牲牢、酒醴膳羞之事"。

省长官	部名	各部长官				各司长官		
		职掌	官名		司名	官名		职务
			正职	副职		主职	副职	
尚书令 左仆射 右仆射 左丞 右丞	兵部	"掌兵卫、仪仗、卤簿、武举、民兵、厢军、土军、蕃军、四夷官封承袭之事,舆马器械之政,天下地土之图"。	尚书	侍郎	兵部	郎中	员外郎	"参掌本部长贰之事"。
					职方	"	"	"掌天下图籍,以周知方域之广袤,及郡邑镇寨道里之远近"。
					驾部	"	"	"掌舆辇、车马、驿置、厩牧之事"。
					库部	"	"	掌卤簿、仪仗、戎器、供帐之事。
	刑部	"掌刑法、狱讼、奏谳、赦宥、叙复之事"。	"	"	刑部			"掌详覆叙雪之事"。
					都官			"掌徒流、配隶"。
					比部	"	"	"掌勾覆中外帐籍"。
					司门	"	"	"掌门关、津梁、道路之禁令,及其废置移复之事"。
	工部〔1〕	"掌天下城廓、宫室、舟车、器械、符印、钱币、山泽、苑囿、河渠之政"。	"	"	工部	"	"	"凡制作营缮、计置采伐材物,按程式以授有司"。
					屯田	"	"	"掌屯田、营田、职田、学田、官庄之政令,及其租入、种刈、兴修、给纳之事"。
					虞部	"	"	"掌山泽、苑囿、场冶之事"。
					水部	"	"	"掌沟洫、津梁、舟楫、漕运之事"。

〔1〕除六部外,仍置吏、户、礼、兵、刑、工等房,"各视其名,而行六曹诸司所上之事"。

门下省组织系统表

省长官	所属职官		所属单位
	官名	职务	
侍中 门下侍郎	给事中	"分治六房,掌读中外出纳及判后省之事"。	吏房、户房、礼房、兵房、刑房、工房,"皆视其房之名,而主行尚书省六曹二十四司所上之事"。此外,还有开拆房、章奏房、制敕库房。
	左散骑常侍 左谏议大夫	"同掌规谏讽谕。"	
	起居郎	修起居注。	
	符宝郎	"掌外廷符宝之事"。	

枢密院组织系统表

官署	职掌	长官		所属单位
		主职	副职	
枢密院	"掌军国机务、兵防、边备、戎马之政令"。	枢密使 知枢密院事 签署枢密院事	枢密副使 同知枢密院事 同签署枢密院事	北面房、河西房、支差房、在京房、教阅房、广西房、兵籍房、民兵房、吏房、知杂房、支马房、小吏房。

〔朝廷各部门〕

三司使〔1〕

总长官	三部长官	职务	所属单位
三司使 三司副使	盐铁使 副使	"掌天下山泽之货,关市河渠军器之事,以资邦国之用"。	兵案、胄案、商税案、都盐案、茶案、铁案、设案。
	度支使 副使	"掌天下财赋之数,每岁均其有无,制其出入,以计邦国之用"。	赏给案、钱帛案、粮料案、常平案、发运案、骑案、斛斗案、百官案。
	户部使 副使	"掌天下户口税赋之籍,榷酒工作衣储之事,以供邦国之用"。	户税案、上供案、修造案、麹案、衣粮案。

〔1〕元丰改制后,罢三司使,并归户部。

九寺

官署	长官		职务
	主职	副职	
太常寺	卿	少卿	"掌礼乐、郊庙、社稷、坛壝、陵寝之事"。
宗正寺	〃	〃	"掌序宗派属籍,以别昭穆而定其亲疏"。
光禄寺	〃	〃	"掌祭祀、朝会、宴飨、酒醴、膳羞之事"。
卫尉寺	〃	〃	"掌仪卫、兵械、甲胄之政令"。
太仆寺	〃	〃	"掌车辂、厩牧之令"。
大理寺	〃	〃	"掌折狱、详刑、鞫谳之事"。
鸿胪寺	〃	〃	"掌四夷朝贡、宴劳、给赐、送迎之事,及国之凶仪、中都祠庙、道释、籍帐、除附之禁令"。
司农寺	〃	〃	"掌仓储委积之政令,总苑囿库务之事,而谨其出纳"。
太府寺	〃	〃	掌邦国财货之政令,及库藏、出纳、商税、平准、贸易之事"。

其他行政机构

官署	长官		职务
	主职	副职	
御史台	御史大夫	御史中丞	"掌纠察官邪,肃正纲纪"。
秘书省	监	少监	"掌古今经籍、图书、国史、实录、天文、历数之事"。
殿中省	〃	〃	"掌供奉天子玉食、医药、服御、幄帟、舆辇、舍次之政令"。
国子监	祭酒	司业	"掌国子、太学、武学、律学、小学之政令"。
少府监	监	少监	"掌百工技巧之政令"。
将监作	〃	〃	"掌宫室、城廓、桥梁、舟车、营缮之事"。
军器监	〃	〃	"掌监督缮治兵器什物,以给军国之用"。
都水监	都水使者	都水丞	"掌中外川泽、河渠、津梁、堤堰、疏凿、浚治之事"。
内侍省	都都知	副都知	"拱侍殿中,备洒扫之职"。

〔地方机构〕

州——县

北宋的地方行政区划,基本上是"州"、"县"两级,重要的地方设"府"和"军",矿区设"监"。以后,在州之上又设"路",路是监察区。神宗元丰年间(1078—1085 年)定为二十三路、二〇八州、五十府、六一军。此后,随时又有调整。

京都(东京—开封)地区的行政长官为开封尹,不常设,而置权知府一人。

行政区划	长官	备注
州	知某某州军州事(知州)	由朝廷直接派出京官充任。
府	知某某府事(知府)	
县	知某某县事(知县)	
	县令	由地方委任。

路——朝廷派遣的职官

官名	职务
转运使 转运副使	"岁行所部,检查储积,稽考帐籍。凡吏蠹民瘼,悉条以上达,及专举刺官吏之事"。
提点刑狱公事	"掌察所部之狱讼而平曲直"。
提举常平司	"掌常平、义仓、免役、市易、坊场、河渡、小利之法"。

经略安抚司(经略司)——在冲要地区设置的行政及军事机构,长官为"经略安抚使","掌一路民兵之事"。

本节根据的材料:《宋史·百官志》。

南宋(1127—1279 年)

大致和北宋相同。三省正副长官,高宗时只保留尚书左、右仆射,至孝宗时都省去不置。

	高宗时	孝宗时
正职	尚书左仆射同中书门下平章事	左丞相
	尚书右仆射同中书门下平章事	右丞相
副职	参知政事	参知政事

〔朝廷各部门〕

大致和北宋相同。

九寺中,卫尉寺并入工部,太仆寺并入兵部,鸿胪寺并入礼部。

其他行政机构中,绍兴三十年,内侍省并归"入内内侍省";绍兴十年,废都水监,事归工部。

〔地方机构〕

大致和北宋相同。

京都(临安)地区——行政长官为临安府知府(正)、通判(副)。

本节根据的材料:《宋史·职官志》。

元 （1279—1368）

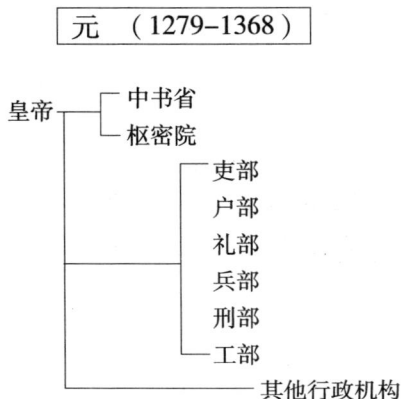

皇帝
　中书省
　枢密院
　　　吏部
　　　户部
　　　礼部
　　　兵部
　　　刑部
　　　工部
　其他行政机构

[中枢机构]

中书省长官表

官名	职务	备注
中书令	"典领百官,会决庶务"。	"世祖以后不常置,置则率以皇储兼领"。
右丞相 左丞相	"统六官,率百司,居令之次,令缺则总省事,佐天子,理万机"。	以右为上。
平章政事	"掌机务,贰丞相,凡军国重事,无不由之"。	

中书省组织系统表

省长官	所属单位及职官		
中书令	左　司	郎中 员外郎	吏礼房　分九科
			知除房　分五科
			户杂房　分七科
			科粮房　分六科
右丞相 左丞相			银钞房　分二科
			应办房　分二科
平章政事	右　司	郎中 员外郎	兵　房　分五科
			刑　房　分六科
			工　房　分六科

枢密院——"掌天下兵甲机密之务",长官为院使、副使、"知院"、"同知院",所属单位有:左、右、前、后、中五卫,武卫亲军都指挥使司,隆镇卫亲军都指挥使司,左、右翼屯田万户府等。

〔朝廷各部门〕

官署	正职	副职	职掌
吏部	尚书	侍郎	"掌天下官吏选授之政令"。
户部	尚书	侍郎	"掌天下户口、钱粮、田土之政令"。
礼部	尚书	侍郎	"掌天下礼乐、祭祀、朝会、燕享、贡举之政令"。
兵部	尚书	侍郎	"掌天下郡邑、邮驿、屯牧之政令"。
刑部	尚书	侍郎	"掌天下刑名、法律之政令"。
工部	尚书	侍郎	"掌天下营造、匠工之政令"。
御史台	大夫	中丞	"掌纠察百官善恶、政治得失"。
大宗正府	达鲁花赤		"处理蒙古公事"。
大司农司	大司农	大司农卿	"掌农桑、水利、学校、饥荒之事"。
集贤院	大学士	学士	"掌提调学校、征求隐逸、召集贤良"。
宣政院	院使	副使	"掌释教僧徒及吐蕃之境而隶治之"。
宣徽院	院使	副使	"掌供玉食"。
太禧宗禋	院使	同知	"掌神御殿朔望、岁时、讳忌、日辰禋享礼典"。
太常	院使	同知	"掌大礼乐、祭享宗庙社稷、封赠谥号等事"。
礼仪院			
侍正府	侍正	同知	"掌内廷近侍之事"。
将作院	院使	同知	"掌成造金玉珠翠犀象宝贝冠佩器皿,供造刺绣段匹纱罗,异样百色造作"。
通政院	院使	副使	"置驿从给使传"。
太府监	太监	少监	"领左右藏等库,掌钱帛出纳之数"。
都水监	都水监	少监	"掌治河渠并堤防、水利、桥梁、闸堰之事"。
秘书监	卿		
	太监	少监	"掌历代图笈并阴阳禁书"。

〔地方机构〕

省——路——府——州——县

行政区划	长官	备注
行中书省（行省、省）	丞相（不常置）平章政事	除中书省直辖地区"腹里"外,设河南江北等处、江浙等处、江西等处、湖广等处、陕西等处、四川等处、辽阳等处、甘肃等处、岭北等处、云南等处共十个行中书省。
路（总管府）	达鲁花赤总管	十万户以上者为"上路",以下为"下路";冲要地区,虽不及十万户,也是"上路"。路,一般都设"总管府",总管由所在府或州的府尹、州尹兼任。不设总管的府称"散府"。
府（散府）	达鲁花赤、府尹(或知府)	
州	达鲁花赤、州尹（大州）、知州（中、下州）〔1〕	按居民户数,州、县都分为上、中、下三等。
县	达鲁花赤县尹	

〔1〕在边远地区设"军",相当于下州,下统属县。

行枢密院——"国初有征伐之事,则置行枢密院。大征伐,则止曰行院。"行枢密院长官为知院、同知、枢密副使。曾设置西川、江南、甘肃、河南、岭北等行枢密院。

道——(一)监察区,每道设官署"肃政廉访司"。

官署	辖区	台长官		各道官署及长官		
		正职	副职	官署	正职	副职
御史台（内台）	（直辖）山东东、西道等共八道	御史大夫	御使中丞	肃政廉访司（初名提刑按察司）	廉访使	副使
江南诸道行御史台（行台）	统江东建康道等共十道	〃	〃	〃	〃	〃

官署	辖区	台长官		各道官署及长官		
		正职	副职	官署	正职	副职
陕西诸道行御使台（行台）	统陕西汉中道等共四道	〃	〃	〃	〃	〃

道——（二）在若干地区,每道设行政机构"宣慰使司","掌军民之务"。长官为宣慰使、同知、副使。

本节根据的材料:《元史·百官志》。

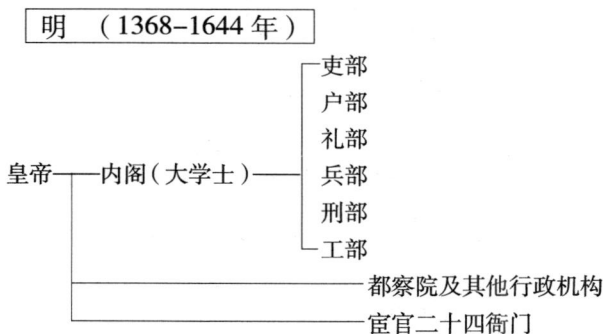

明 （1368–1644 年）

皇帝——内阁（大学士）——吏部／户部／礼部／兵部／刑部／工部

——都察院及其他行政机构

——宦官二十四衙门

〔中枢机构〕

内阁[1]

殿阁名	官名	职务
中极殿（旧名华盖殿）	大学士[2]	"掌献替可否,奉陈规诲,点检题奏,票拟批答"。
建极殿（旧名谨身殿）		
文华殿		
武英殿		
文渊阁		
东阁		

〔1〕"以其授餐大内,常侍天子殿阁之下,避宰相之名,又名'内阁'。"

〔2〕当时称内阁大学士为"辅臣"，首席大学士为"元辅"或"首辅"。内阁"票拟"，而"批红"则归司礼监（宦官）。司礼监的决定即皇帝的意旨。

六部

官署	长官	职务	所属单位及主要职官	
吏部	尚书（正）左右侍郎（副）〔1〕	"掌天下官吏选授、封勋、考课之政令，以甄别人才，赞天子治"。	文选、验封、稽勋、考功四清吏司	各司设郎中（正）、员外郎（副）
户部	"	"掌天下户口、田赋之政令"。	浙江、江西、湖广、陕西、广东、山东、福建、河南、山西、四川、广西、贵州、云南十三清吏司	"
礼部	"	"掌天下礼仪、祭祀、宴飨、贡举之政令"。	仪制、祠祭、主客、精膳四清吏司	"
兵部	"	"掌天下武卫官军选授、简练之政令"。	武选、职方、车驾、武库四清吏司	"
刑部	"	"掌天下刑名及徒隶、勾覆关禁之政令"。	设各省共十三清吏司	"
工部	"	"掌天下百工山泽之政令"。	营缮、虞衡、都水、屯田四清吏司	"

〔1〕各部都设一总办事机构"司务厅"。

〔朝廷各部门〕尚书（正）

官署	长官		职务
	正职	副职	
都察院〔1〕	左右都御史	左右副都御史	"职专纠劾百司，辩明冤枉，提督各道，为天下耳目风纪之司"。
吏、户、礼、兵、刑、工六科	都给事中	左右给事中	"掌侍从、规谏、补阙、拾遗，稽查六部百司之事"。

官署	长官		职务
	正职	副职	
通政使司	通政使	左 右 通政	"掌受内外章疏敷奏封驳之事"。
大理寺	卿	少卿	"掌审谳平反刑狱之政令"。
翰林院	学士		"掌制诰、史册、文翰之事,以考议制度,详正书文,备天子顾问"。
国子监	祭酒	司业	"掌国学诸生训导之政令"。
太常寺	卿	少卿	"掌祭祀、礼乐之事","以听于礼部"。
光禄寺	〃	〃	"掌祭享、宴劳、酒醴、膳羞之事","以听于礼部"。
太仆寺	〃	〃	"掌牧马之政令,以听于兵部"。
鸿胪寺	〃	〃	"掌朝会、宾客、吉凶仪礼之事"。

〔1〕都察院即前代的御史台。

〔宦官掌管的机构〕

二十四衙门——司礼监等十二监,各监的长官为太监(正)、少监(副);惜薪司等四司,各司的长官为司正、司副;兵仗局等八局,各局的长官为大使、副使。此外,宦官还主管内府供应库,皇城、京城内外诸门,提督东厂,并出外监军,等等。

〔地方机构〕

承宣布政使司(省) { 府——州(散州)——县
直隶州——县

行政区划	官署	长官	职务
布政使司辖区(省)〔1〕	承宣布政使司	左 右 布政使	"掌一省之政"。
	提刑按察使司	按察使	"掌一省刑名按劾之事"。
	都指挥使司	都指挥使	"掌地方军事"。

行政区划	官署	长官	职务
府		知府	"掌一府之政"。
州		知州	"掌一州之政"。
县		知县	"掌一县之政"。

〔1〕洪武九年改行省为承宣布政使司,简称"布政司",但习惯上仍称为省。

京都(北京)地区——行政长官为顺天府尹。应天府(今南京)行政长官也称"府尹"。

道——监察区

范围	监察长官	职务	备注
大监察区—— (一)布政使司 辖区(省区)	监察御史〔1〕	"纠察内外百司之官邪",实际职权以纠察所负责之省区为限。	按省区分为浙江道等十三道。明末定为十五道。
(二)小监察区 ——在省区内 划分者,包括 若干府、州。	守道	布政司参政、参议"分守各道"。	
	巡道	按察司副使、佥事"分道巡察"。	

〔1〕全称为"巡按某处监察御史",简称"巡按"。

巡抚——成祖永乐年间开始设置,处理地方军政事务。巡区有属于一省的,有不及一省的,有只辖几省部分地区的。不算正式地方官。

总督——景帝景泰年间,又设置总督,比巡抚的职权大。此后,巡抚遂渐似总督的副手。不设巡抚的地方,其职务即由总督兼领。

本节根据的材料:《明史·职官志》。

清 （1644–1911 年）

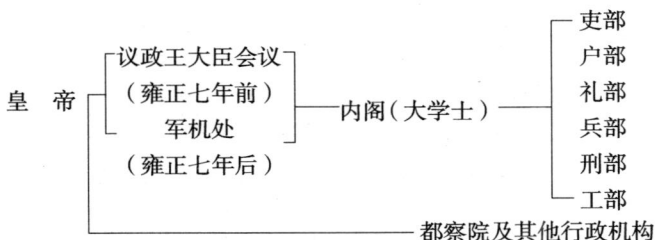

皇帝 —— 议政王大臣会议（雍正七年前）/ 军机处（雍正七年后） —— 内阁（大学士）—— 吏部 / 户部 / 礼部 / 兵部 / 刑部 / 工部
—— 都察院及其他行政机构

〔中枢机构〕

议政王大臣会议——处理一切重大军政事务。

军机处——选大学士及尚书、侍郎组成,处理一切重大军政事务。成员为"军机大臣",资历轻的为"军机处行走"、"军机处学习行走"。

内阁[1]

殿阁名	官名	职务	备注
保和殿	大学士（正职）	"掌宣纶绰（诏敕）,	大学士,满、汉各二
文华殿	协办大学士（副职）	赞理庶政"。	人。协办大学士,
武英殿			满、汉各一人。
体仁殿			
文渊阁			
东阁			

[1]清代末年改官制,中枢机构、朝廷各部门以及省级都有较大改变,道、府以下变动很小。

六部

官署	长官	职务	所属单位及主要职官	
吏部	尚书（正） 侍郎（副）	"掌中外文职铨叙、勋阶、黜陟之政,厘饬官常,以赞邦治"。	文选、考功、稽勋、验封四司	各司设郎中（正）员外郎（副）

官署	长官	职务	所属单位及主要职官	
户部	尚书(正)待郎(副)	"掌天下土田、户口、钱谷之政"。	山东、山西等十四司	〃
礼部	〃	"掌吉嘉军兵凶之秩序,学校贡举之法"。	仪制、祠祭、主客、精膳四司	〃
兵部	〃	"掌中外武职铨选,简核军实,以赞都治"。	武选、车驾、职方、武库四司	〃
刑部	〃	"掌天下工虞器用,辨物庀材"。	营缮、虞衡、都水、屯田四司	〃
工部	〃	"掌折狱审刑,简核法律"。	奉天、江苏等十六司及都辅司。	〃

〔朝廷各部门〕

官署	长官		职务	备注
	正职	副职		
都察院	左右都御史	左右副都御史	"掌察核官常,整饬纲纪"。"平反重辟以贰邦刑"。	掌印监察御史"分理各省之刑名"。分全国为十五道。六科给事中隶属都察院。
大理寺	卿	少卿	"掌审狱平反刑狱之事"。	
理藩院	尚书	侍郎	管理蒙古、新疆、西藏少数民族地区事务。	分设旗籍、王会、典属、柔远、理刑、徕远六司。
翰林院	掌院学士		"掌国史、图笈、制诰、文章之事"。	
通政使司	通政使	副使	"掌受天下章奏,校阅送阁"。	
宗人府	宗令	左、右宗正 左、右宗人	"掌皇族之属籍"。	

官署	长官		职务	备注
	正职	副职		
内务府	总管大臣		"掌理内府之政令"。	所属有七司三院。
太常寺	卿	少卿	掌祭祀礼乐之事。	
光禄寺	〃	〃	"掌大内膳羞及祭祀朝会、燕飨之事"。	所属有太官、珍羞、良酝、掌醢四署。
太仆寺	〃	〃	"掌牧马场之政令"。	
鸿胪寺	〃	〃	"掌朝会、宾客、祭祀、燕飨之仪"。	
国子监	祭酒	司业	"掌成均（太学）之法,以教国子及俊选之士"。	

〔地方机构〕

```
省——道——府——县
              ├——散州
              └——散厅
       ├——直隶州——县
       └——直隶厅
```

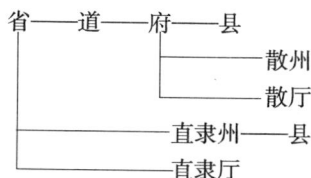

行政区划	长官	职务	备注
省	总督	掌管一省或两省甚至三省的军民政务。	直隶、四川两省总督兼巡抚。
	巡府	掌管一省的军民政务。	
	布政使	掌管民政、财政。	简称"藩司"。
	按察使	掌管司法。	简称"臬司"。
道	道员	掌管一道所属府县政务。	
府	知府	掌管一府所属各县政务。	
县	知县	掌管一县政务。	

行政区划	长官	职务	备注
州	知州	掌管所辖地区政务。	直隶州直属于省,相当于府,有属县。散州属于府,相当于县。
厅	同知或通判		厅多设在少数民族聚居区。直隶厅直属于省,一般无属县。

将军辖区五:盛京、吉林、黑龙江、伊犁、乌里雅苏台。

办事大臣辖区二:西藏、西宁。

内蒙古等地区行政机构:盟、旗。

本节根据的主要材料:《清朝通典·职官典》。

北京大学中文系古典文献教研室《中国古代文化史》教学小组编

364

附录六

古代地理沿革简表

秦

郡名	治所	
	古名	今地
内史	咸阳	陕西咸阳东
陇西	狄道	甘肃临洮县南
北地	义渠	甘肃宁县西北
蜀郡	成都	四川成都
巴郡	江州	四川重庆
汉中	南郑	陕西南郑东
南郡	江陵	湖北江陵
黔中	临沅	湖南常德市西
南阳	宛县	河南南阳市
长沙	临湘	湖南长沙市南
楚郡	陈县	河南淮阳
九江	寿春	安徽寿县
泗水	相县	安徽宿县西北
薛郡	鲁县	山东曲阜
东海	郯县	山东郯城西南
会稽	吴县	江苏苏州
邯郸	邯郸	河北邯郸市西南

郡名	治所	
	古名	今地
钜鹿	钜鹿	河北平乡
太原	晋阳	山西太原市西南
上党	长子	山西长子县
雁门	善无	山西左云右玉镇南
代郡	代县	河北蔚县西南
云中	云中	内蒙古托克托东北
河东	安邑	山西夏县北
东郡	濮阳	河南濮阳西南
砀郡	砀县	安徽砀山县南
上郡	肤施	陕西榆林东南
三川	雒阳	河南洛阳市东北
颍川	阳翟	河南禹县
齐郡	临淄	山东淄博市东
琅琊	东武	山东诸城
渔阳	渔阳	北京密云西南
上谷	沮阳	河北怀来东南
右北平	无终	河北蓟县
广阳	蓟县	北京市
辽西	阳乐	辽宁锦州市西
辽东	襄平	辽宁辽阳市
九原	九原	内蒙古包头西南
南海	番禺	广东广州市
桂林	桂林	广西贵县境内
闽中	闽中	福建省福州市
象郡	临尘	广西崇左县境

西汉

监察区及 督护府	所辖郡国
司隶校尉部	京兆尹、左冯翊、右扶风、河东、河内、河南、弘农
冀州刺史部	常山、中山国、钜鹿、真定国、河间国、信都国、清河、广平国、赵国、魏郡
幽州刺史部	上谷、渔阳、右北平、辽西、辽东、玄菟、乐浪、涿郡、勃海、广阳国、代郡
朔方刺史部	五原、朔方、北地、上郡、西河
并州刺史部	云中、定襄、雁门、代郡、太原、上党
凉州刺史部	敦煌、酒泉、张掖、武威、金城、陇西、天水、安定、武都
益州刺史部	汉中、巴郡、广汉、蜀郡、犍为、牂柯、越嶲、益州
交州刺史部	南海、苍梧、合浦、郁林、交趾、九真、日南
荆州刺史部	南阳、江夏、南郡、武陵、长沙国、桂阳、零陵、广陵国
扬州刺史部	九江、庐江、丹阳、会稽、豫章、六安国
豫州刺史部	颍川、汝南、沛郡、梁国、鲁国
徐州刺史部	临淮、泗水国、楚国、东海、琅琊
青州刺史部	平原、济南、千乘、齐郡、菑川国、北海、高密国、胶东国、东莱
兖州刺史部	泰山、东平国、山阳、东郡、济阴、陈留、淮阳国、城阳国
西域都护府	龟兹、楼兰(今鄯善)等五十部(包括巴尔喀什湖以东以南广大地区和帕米尔等地)

东汉

刺史部十三州原为监察区,至东汉末年成为行政区。

州名 (或都护府)	治所		大致范围	所辖郡国
	古名	今地		
司州〔1〕	洛阳	河南洛阳东北	陕西中部,河南西部北部,山西西南部	河南、河内、河东、弘农、京兆、冯翊、扶风
冀州	鄗县	河北柏乡县北	河北中南部	魏郡、钜鹿、常山国、中山国、安平国、河间国、清河国、赵国、勃海

367

州名（或都护府）	治所		大致范围	所辖郡国
	古名	今地		
幽州	蓟县	北京市	河北北部,辽宁大部等地区	涿鹿、广阳、代郡、上谷、渔阳、右北平、辽西、辽东、辽东属国、玄菟、乐浪
并州	晋阳	山西太原西南	山西中部、北部,陕西、宁夏、蒙古的一部分	上党、太原、雁门、西河、上郡、五原、云中、定襄、朔方
凉州	陇县	甘肃清水北	甘肃及宁夏大部	陇西、汉阳、武都、金城、安定、北地、武威、张掖、酒泉、敦煌、张掖属国、张掖居延属国
益州	雒县	四川广汉	四川、云南大部,广东、陕西一部分	汉中、巴郡、广汉、蜀郡、犍为、牂柯、越嶲、益州、永昌、广汉属国、蜀郡属国、犍为属国
交州	龙编		广东、广西南部等地区	南海、苍梧、合浦、郁林、九真、日南
荆州	汉寿	湖南常德市东北	湖北、湖南二省及陕西、河南、贵州、广东的一部分	南阳、江夏、南郡、零陵、长沙、武陵、桂阳
扬州	历阳 寿春 合肥	安徽和县 安徽寿县 安徽合肥西北	江西、福建、浙江三省及江苏、安徽南部	九江、庐江、丹阳、吴郡、会稽、豫章
豫州	谯县	安徽亳县	河南东部、安徽西部	颍川、汝南、梁国、沛国、陈国、鲁国
徐州	郯县	山东郯城	江苏北部、山东东南部	琅琊国、东海、彭城国、下邳国、广陵
青州	临淄	山东淄博市	山东北部	东莱、北海国、乐安国、济南国、齐国
兖州	昌邑	山东金乡西北	山东西南部、河南东北部	陈留、东郡、东平国、任城国、泰山、济北国、山阳、济阴

州名	治所		大致范围	所辖郡国
（或都护府）	古名	今地		
西域都护府	它乾	新疆新和县境内	同西汉	
	柳中	新疆鄯善县境内		

〔1〕东汉光武建武十一年省并朔方刺史部,改司隶校尉部为直隶州。

三国

魏十三州:司隶、豫、兖、青、徐、凉、冀、幽、并、雍、荆、扬、秦
（后废）

蜀一州:益

吴三州:扬、荆、交

魏

州名	治所		所辖郡国	备注
	古名	今地		
司	洛阳	河南洛阳东北	河南尹、荥阳、河东、平阳、河内、弘农	
豫	安城	河南汝南东南	颍川、襄城、汝南、汝阴、阳安、弋阳、梁郡、陈郡、沛国、谯郡、鲁郡、安丰	
兖	廪丘	山东鄄城东北	陈留、东郡、济阳、山阳、任城国、东平国、济北国、泰山	
青	临淄	山东临淄	齐郡、济南、乐安、北海国、城阳、东莱、长广	
徐	下邳	江苏邳县南	彭城、下邳、东海国、琅邪、东莞、广陵	
凉	武威	甘肃武威	金城、西平、北地、武威、张掖、西郡、酒泉、敦煌、西海、安定	领西域长史府
冀	信都	河北冀县	魏郡、广平、阳平、赵国、常山、河间、清河、中山国、安平、钜鹿、平原、乐陵国、勃海	

369

州名	治所		所辖郡国	备注
	古名	今地		
幽	蓟县	北京市	范阳、燕国、北平、上谷、代郡、辽西、昌黎、辽东、乐浪、玄菟、带方	
并	晋阳	山西太原西南	太原、上党、乐平、西河、雁门、新兴	
雍	长安	陕西西安西北	京兆、冯翊、扶风、安定、广魏、天水、南安、陇西、新平	
荆	新野	河南新野	南阳、南乡、义阳、江夏、襄阳、魏兴、新城、上庸	
扬	寿春	安徽寿县	淮南、庐江	

蜀汉

州名	治所		所辖郡名
	古名	今地	
益	成都	今四川成都	蜀郡、犍为、江阳、汶山、汉嘉、朱提、越巂、牂柯、建宁、兴古、永昌、云南、汉中、广汉、梓潼、巴郡、巴西、巴东、涪陵、宕渠、武都、阳平

吴[1]

州名	治所		所辖郡名
	古名	今地	
扬	建业	江苏南京	丹阳、新都、蕲春、会稽、临海、建安、东阳、吴郡、吴兴、豫章、庐陵、鄱阳、临川、安成。
荆	江陵	湖北江陵	南郡、宜都、建平、江夏、武昌、武陵、天门、长沙、衡阳、湘东、零阳、始安、邵陵、桂阳、始兴、临贺。
交	番禺	广东广州市	合浦、交趾、新兴、武平、九真、日南、珠崖、高凉、郁林、苍梧、南海。

〔1〕公元 264 年,分广州为交、广两州,广州治番禺,交州治龙编。并在两州增设了一些郡。

370

西晋[1]

州名	治所		辖境		备注
	古名	今地	郡国	县	
司	洛阳	河南洛阳市	12	100	
兖	廪丘	山东郓城西北	8	56	
豫	陈县	河南淮阳	10	85	
冀	信都	河北冀县	13	83	
幽	涿县	河北涿县	7	34	
平	襄平	辽宁辽阳市	5	26	分幽州置
并	晋阳	山西太原西南	6	45	
雍	长安	陕西西安市西北	7	39	
凉	姑臧	甘肃武威	8	46	领西域长史府
秦	冀县	甘肃甘谷县东	6	24	分雍州置
梁	南郑	陕西汉中	8	44	分益州置
益	成都	四川成都市	8	44	
宁	滇池	云南昆明东南	4	45	分益州置
青	临淄	山东淄博市东	6	37	
徐	彭城	江苏徐州市	7	61	
荆	江陵	湖北江陵	22	169	
扬	建邺	江苏南京	18	173	
交	龙编	越南河内东	7	53	
广	番禺	广东广州市	10	68	

[1]西晋初年,全国分为十九州,公元291年增设十二州,307年又增设湘州。

北方十六国简表

国名	民族	都城	
		古名	今地
前赵	匈奴	长安	陕西西安西北
后赵	羯	邺县	河南安阳市北
前燕	鲜卑	邺县	″
前秦	氐	长安	陕西西安市西北

371

国名	民族	都城	
		古名	今地
西秦	鲜卑	苑川	甘肃榆中北
夏	匈奴	统万	陕西横山西
前凉	汉	姑臧	甘肃武威
后燕	鲜卑	中山	河北定县
后秦	羌	长安	陕西西安市西北
后凉	氐	姑臧	甘肃武威
南凉	鲜卑	乐都	青海乐都
南燕	〃	广固	山东益都北
西凉	汉	敦煌	甘肃敦煌西
北凉	匈奴	张掖	甘肃张掖
北燕	汉	龙城	辽宁朝阳
成	氐	成都	四川成都

南北朝

朝代		都城		疆域
		古名	今地	
南朝	宋	建康	江苏南京	长江和珠江流域各省,黄河以南
	齐	建康	江苏南京	长江和珠江流域各省,南郑、襄阳以南
	梁	建康	江苏南京	长江和珠江流域各省,北到淮北、汉中
	陈	建康	江苏南京	长江中下游以南地区
北朝	北魏	平城	山西大同	北至大漠,西至新疆东部,东北至辽河,南至淮河
		洛阳	河南洛阳	
	东魏	邺县	河南安阳市北	洛阳以东北方各省
	西魏	长安	陕西西安市	洛阳以西北方各省
	北齐	邺县	河南安阳市北	同东魏
	北周	长安	陕西西安市	同西魏

隋

隋初,实行州县两级制。炀帝时,改州为郡,全国 190 个郡,1255 个县。

郡名如下：

京兆、冯翊、扶风、安定、北地、上郡、雕阴、延安、弘化、平凉、朔方、盐川、灵武、榆林、五原、天水、陇西、金城、枹罕、浇河、西平、武威、张掖、敦煌、鄯善、且未、西海、河源。

——古雍州地

汉川、西城、房陵、清化、通川、宕渠、汉阳、临洮、宕昌、武都、同昌、河池、顺政、义城、平武、汶山、普安、金山、新城、巴西、遂宁、涪陵、巴郡、巴东、蜀郡、临邛、眉山、降山、资阳、泸川、犍为、越巂、牂柯、黔安。

——古梁州地

河南、荥阳、梁郡、谯郡、济阴、襄城、颍川、汝南、淮阳、汝阴、上洛、弘农、淅阳、南阳、淯阳、淮安。

——古豫州地

东郡、东平、济北、武阳、渤海。

——古兖州地

信都、清河、魏郡、汲郡、河内、长平、上党、河东、绛郡、文城、临汾、龙泉、西河、离石、雁门、马邑、定襄、楼烦、太原、襄国、武安、赵郡、恒山、博陵、河间、涿郡、上谷、渔阳、北平、安乐、辽西。

——古冀州地

彭城、鲁郡、琅邪、东海、下邳。

——古徐州地

江都、钟离、淮南、弋阳、蕲春、庐江、同安、历阳、丹阳、宣城、毗陵、吴郡、会稽、余杭、新安、东阳、永嘉、建安、遂安、鄱阳、临川、庐陵、南康、宜春、豫章、南海、龙川、义安、高凉、信安、永熙、苍梧、始安、永平、郁林、合浦、珠崖、宁越、交趾、九真、日南、比景、海阴、林邑。

——古扬州地

南郡、夷陵、竟陵、沔阳、沅陵、武陵、清江、襄阳、舂陵、汉东、安

373

陆、永安、义阳、九江、江夏、澧阳、巴陵、长沙、衡山、桂阳、零陵、熙平。

——古荆州地

唐

唐太宗贞观元年分全国为十道,至玄宗开元二十一年,分为十五道。

唐初十道[1]

道名	治所		所辖州府[2]
	古名	今地	
关内道	凤翔府	陕西凤翔	京师(长安)、京兆府、华州、同州、坊州、丹州、凤翔府、邠州、泾州、陇州、宁州、庆州、鄜州、定州、绥州、银州、夏州、灵州、盐州、丰州、会州、宥州、胜州、麟州、安北大都护府
河南道	洛阳 汴州	河南洛阳 河南开封	东都(洛阳)、河南府、孟州、陕州、虢州、汝州、许州、汴州、蔡州、陈州、亳州、宋州、濮州、郓州、泗州、海州、兖州、徐州、宿州、沂州、密州、齐州、青州、棣州、莱州、登州
河东道	河中府	山西永济西	河中府、绛州、晋州、隰州、汾州、慈州、潞州、泽州、沁州、辽州、太原府(北京)、蔚州、忻州、岚州、石州、朔州、云州、单于都护府
河北道	魏州	河北大名东南	怀州、卫州、相州、魏州、澶州、博州、贝州、洺州、磁州、邢州、赵州、冀州、深州、沧州、景州、德州、定州、祁州、易州、瀛州、莫州、幽州、涿州、檀州、妫州、平州、顺州、归顺州、营州、燕州、威州、慎州、玄州、崇州、夷宾州、师州、鲜州、带州、黎州、沃州、昌州、归义州、瑞州、信州、青山州、凛州、安东都护府[3]

道名	治所		所辖州府〔2〕
	古名	今地	
山南道	襄州	湖北襄阳	兴元府、兴州、凤州、利州、通州、洋州、泽州、合州、集州、巴州、蓬州、壁州、商州、金州、开州、渠州、渝州、邓州、唐州、均州、房州、隋州、郢州、襄州、复州、江陵府、硖州、归州、夔州、万州、忠州
淮南道	扬州	江苏扬州市	扬州、楚州、和州、濠州、寿州、光州、蕲州、申州、黄州、安州、舒州
江南道	苏州	江苏苏州市	润州、常州、苏州、湖州、杭州、越州、明州、台州、婺州、衢州、信州、睦州、歙州、处州、温州、福州、泉州、建州、汀州、漳州、宣州、池州、洪州、虔州、抚州、吉州、江州、袁州、鄂州、岳州、潭州、衡州、澧州、朗州、永州、道州、郴州、邵州、连州、黔州、辰州、锦州、施州、巫州、夷州、播州、思州、费州、南州、溪州、溱州、珍州、牂州
陇右道	鄯州	青海乐都	秦州、成州、渭州、兰州、临州、河州、武州、洮州、廓州、叠州、宕州、凉州、甘州、瓜州、伊州、沙州、西州、安西大都护府〔4〕、北庭都护府〔5〕
剑南道	成都府	四川成都	成都府、汉州、彭州、蜀州、眉州、锦州、剑州、梓州、阆州、果州、遂州、普州、陵州、资州、荣州、简州、嘉州、邛州、雅州、黎州、泸州、茂州、冀州、涂州、炎州、彻州、向州、冉州、穹州、芊州、戎州、巂州、松州、文州、扶州、龙州、当州、悉州、恭州、保州、真州、霸州、柘州

道名	治所		所辖州府〔2〕
	古名	今地	
岭南道	广州	广东广州市	广州、韶州、循州、贺州、端州、新州、康州、封州、泷州、恩州、春州、高州、藤州、义州、窦州、勤州、桂州、昭州、富州、梧州、蒙州、龚州、浔州、郁林州、平琴州、宾州、澄州、绣州、象州、柳州、融州、邕州、贵州、党州、横州、田州、严州、山州、峦州、罗州、潘州、容州、辩州、白州、牢州、钦州、禺州、瀼州、汤州、岩州、古州、安南都督府、武峨州、粤州、芝州、爱州、福禄州、长州、驩州、林州、景州、峰州、陆州、廉州、雷州、笼州、环州、德化州、郎茫州、崖州、儋州、琼州、振州、万安州、赤土国、丹丹国

〔1〕开元二十一年,增京畿道、都畿道,山南道分为东西二道,江南道分为东、西、黔中三道。

〔2〕大州称府。

〔3〕唐高祖武德八年(625年),室韦部(住在黑龙江上、中游和额尔古纳河两岸)遣使来唐。以后,唐朝政府就在这个地区设置行政机构,任命室韦部首领为都督等官。

唐玄宗开元元年(713年),唐朝政府在粟末靺鞨地区(松花江上游)设置忽汗州(治所在今黑龙江省宁安县南的东京城),任命粟末靺鞨首领大祚荣为州都督,并封他为左骁卫大将军、渤海郡王。此后,粟末靺鞨即专称渤海。辖地包括松花江、乌苏里江、绥芬河等流域,东边直至大海。

开元十年(722年),唐朝政府封黑水靺鞨(住在黑龙江中下游地区)首领倪属利稽为勃利州刺史。勃利州治所在乌苏里江口东岸的伯力(今苏联境内哈巴罗夫斯克)。

开元十三年(725年),唐朝政府在黑水靺鞨地区设置黑水军。次年,又以其最大部落为黑水都督府,其余各部为隶属于都督府的州。都督府辖地包括黑龙江中下游两岸,北抵小海(今鄂霍次克海),东临大海。

〔4〕唐武后长安二年(702年),唐朝政府设置安西都护府,辖地包括天

山南路和帕米尔以西地区。

〔5〕唐太宗贞观十四年(640年),唐朝政府设置北庭都护府,辖地包括天山北路和巴尔喀什湖以西至雷翥海(今苏联境咸海)的广大地区。

唐玄宗天宝年间,在边境设十节度使:

节度使	驻地	
	古名	今地
安西	龟兹镇	新疆库车附近
北庭	庭州	新疆吉木萨尔附近
河西	凉州	甘肃武威
朔方	灵州	宁夏宁武南
河东	太原府	山西太原市西南
范阳	幽州	北京市
平卢	营州	辽宁锦州市西
陇右	鄯州	青海乐都
剑南	成都府	四川成都市
岭南	广州	广东广州市

五代十国

朝代或国名	都城		年代
	古名	今地	
后梁	汴州	河南开封市	907—923
后唐	洛阳	河南洛阳市	923—936
后晋	汴州	河南开封市	936—946
后汉	"	"	947—950
后周	"	"	950—960
吴	扬州	江苏扬州市	892—937
南唐	金陵	江苏南京市	937—975
前蜀	成都	四川成都市	891—925
后蜀	成都	四川成都市	925—965
闽	长乐	福建福州市	893—945
楚	长沙	湖南长沙市	896—951

朝代或国名	都城		年代
	古名	今地	
南汉	兴王府	广东广州市	905—971
荆南	荆州	湖北江陵	907—963
吴越	杭州	浙江杭州市	893—978
北汉	太原	山西太原市	951—979

北宋

宋太宗至道三年（997），全国分为十五路，真宗时增至十八路，神宗熙宁七年（1074），增至二十三路（不包括开封府），宣和年间，增至二十六路。

路名	直辖行政区		
	府	州	军
京畿路	开封		
京东东路	济南	青、密、沂、澄、莱、潍、淄	淮阳
京东西路	应天、龙庆、兴仁、东平	徐、济、单、濮、拱	广济
京西南路	襄阳	邓、随、金、房、均、郢、唐	光化
京西北路	河南、颍昌、淮宁、顺昌	郑、滑、孟、蔡、汝	信阳
河北东路	大名、开德、河间	沧、冀、博、棣、莫、雄、霸、德、滨、恩、清	德清、保顺、永静、信安、保定
河北西路	真定、中山、信德、庆源	相、濬、怀、卫、洺、深、祁、保	天威、北平、安肃、永宁、广信、顺安
河东路	太原、隆德、平阳	绛、泽、代、忻、汾、辽、宪、岚、石、隰、慈、麟、府、丰	庆祚、威胜、平定、岢岚、宁化、火山、保德、晋宁
永兴军路	京兆、河中、延州、庆州	陕、同、华、耀、邠、鄜、解、虢、商、宁、坊、丹、环、银、醴	保安、定边、绥德、清平、庆成

路名	直辖行政区		
	府	州	军
秦凤路	凤翔	秦、泾、熙、陇、成、凤、岷、渭、原、阶、河、兰、西宁、廓、西安、洮、会、巩	镇戎、德顺、积石、震武、怀德
两浙路	平江、镇江	杭、越、湖、婺、明、常、温、台、处、衢、严、秀	
淮南东路		扬、亳、宿、楚、海、泰、泗、滁、真、通	高邮、涟水
淮南西路	寿春	庐、蕲、和、舒、濠、光、黄	六安、无为
江南东路	江宁	宣、徽、江、池、饶、信、太平	南康、广德
江南西路		洪、虔、吉、袁、抚、筠	兴国、南安、临江、建昌
荆湖北路	江陵、德安	鄂、复、鼎、澧、峡、岳、归、辰、沅、清	荆门、汉阳
荆湖南路		潭、衡、道、永、邵、郴、全	武冈
福建路		福、建、泉、南剑、漳、汀	邵武、兴化
成都府路	成都	眉、蜀、彭、绵、汉、嘉、邛、简、黎、雅、茂、威	永康、石泉
潼川府路〔1〕	潼川、遂宁	果、资、普、昌、叙、泸、合、荣、渠	长宁、怀安、广安
利州路	兴元	利、洋、阆、剑、文、兴、蓬、政、巴	
夔州路		夔、黔、施、忠、万、开、达、涪、恭、珍	云安、梁山、南平
广南东路	肇庆	广、韶、循、潮、连、梅、南雄、英、贺、封、新、康、南恩、惠	
广南西路		桂、容、邕、融、象、昭、梧、藤、龚、浔、柳、贵、宜宾、横化、高、雷、钦、白、郁、林、廉、琼、平、观	昌化、万安、朱崖

路名	直辖行政区		
	府	州	军
燕山府路	燕山	涿、檀、平、易、营、顺、蓟、景、经	
云中府路〔2〕			

〔1〕即梓州路。

〔2〕原辽地。宋、金共同攻辽时,金答应归宋,宋预设此路,后金失约,地遂归金。

辽

辽地有五京,以五京为中心分为五道。

道名	直辖行政区	
	府	州〔1〕
上京道	临潢	祖、怀、庆、泰、长春、乌、永、仪坤、龙化、隆圣、饶、徽、成、懿、渭、壕、原、福、横、凤、遂、丰、顺等州
东京道	辽阳、黄龙等	开、定、保、辰、卢、铁、兴、汤、崇、海等州
中京道	大定、兴中	成、宜、锦、川、建、来等州
南京道	析津	顺、檀、涿、易、蓟等州
西京道	大同	丰、云内、宁边、奉圣、蔚、应、朔、东胜、金肃等州

〔1〕多数州同时设军。

金

金地分为十九路

路名	管辖区域	
	府	州
上京	会宁	肇、隆、信、韩
东京	辽阳	澄、沈、贵德、盖、复、来远
北京	大定、广宁、兴中、临潢	利、义、锦、瑞、懿、建、全、庆、兴、泰

路名	管辖区域	
	府	州
西京	大同、德兴	丰、弘、净、桓、抚、昌、宣德、朔、武、应、蔚、云内、宁边、东胜
中都	大兴	通、蓟、易、涿、顺、平、滦、雄、霸、保、安、遂、安肃
南京	开封、归德、河南	单、寿、陕、邓、唐、裕、嵩、汝、许钧、亳、陈、蔡、息、郑、颍、宿等州
河北东	河间	蠡、莫、献、冀、清、沧、景、深
河北西	真定、彰德、中山	威、沃、邢、洺、磁、祁、浚、卫、滑
山东东	益都、济南	滨、沂、密、海、莒、棣、淄、莱、登、宁海、潍
山东西	东平	济、徐、邳、滕、博、兖、泰安、曹等州
大名府	大名	恩、开
河东北	太原	晋、忻、平定、汾、石、葭、代、隩、宁化、岚、岢岚、保德、管
河东南	平阳、河中	隰、吉、绛、解、泽、潞、辽、沁、怀、孟
京兆府	京兆	商、虢、乾、同、耀、华
凤翔	凤翔、平凉	德顺、镇戎、秦、陇
鄜延	延安	丹、保安、绥德、鄜、坊
庆原	庆阳	环、宁、邠、原、泾
临洮	临洮	积石、洮、兰、巩、会、河
咸平	咸平	韩

元

元代行政区划为省、路、府、州、县五级制。全国设中书省1，行中书省11。

省名	管辖区域
	路
中书省	大都、上都、兴和、永平、德宁、净州、泰宁、集宁、应昌、全宁、宁昌、保定、真定、顺德、广平、彰德、大名、怀庆、卫辉、河间、东平、东昌、济宁、益都、济南、般阳府、大同、冀宁、晋宁

省名	管辖区域
	路
岭北等处行中书省	和宁
辽阳等处行中书省	辽阳、广宁府、大宁、东宁、沈阳、开元、水达达〔1〕
河南江北等处行中书省	汴梁、河南府、淮安、襄阳、中兴、峡州、蕲州、黄州、庐州、安丰、安庆、扬州
陕西等处行中书省	奉元、延安、兴元、河州
四川等处行中书省	成都、嘉定府、广元、顺庆、永宁、重庆、夔路、叙州、马湖
甘肃等处行中书省	甘州、永昌、肃州、沙州、亦集乃、宁夏府、兀剌海
云南诸路行中书省	中庆、威楚、武定、鹤庆、云远、丽江、东川、茫部、孟杰等三十七路
江浙等处行中书省	杭州、湖州、嘉兴、平江、常州、建德、庆元、衢州等三十路
湖广等处行中书省	武昌、岳州、常德、澧州、辰州、沅州、兴国等三十路
江西等处行中书省	龙兴、吉安、瑞州、袁州、临江、抚州、江州等十八路
征东等处行中书省	

〔1〕开元路、水达达路,管辖松花江流域、乌苏里江流域和黑龙江中下游两岸地区,包括库页岛在内。元朝政府在黑龙江口附近的弩儿哥(或写作奴儿干)地方设置了元帅府。

明

明朝政府除京师、南京外,分设十三个布政使司(省)。

布政使司 (省)名称	治所		所辖府名
	古名	今地	
京师 (直隶)	北京	北京	顺天、保定、河间、真定、顺德、广平、大名、永平
南京 (直隶)	南京	江苏南京	应天、凤阳、淮安、扬州、苏州、松江、常州、镇江、庐州、安庆、太平、池州、宁国、徽州
山东	济南	山东济南	济南、兖州、东昌、青州、莱州、登州
山西	太原	山西太原	太原、平阳、汾州、潞安、大同
河南	开封	河南开封	开封、河南、归德、汝宁、南阳、怀庆、卫辉、彰德

布政使司	治所		所辖府名
(省)名称	古名	今地	
陕西	西安	陕西西安	西安、凤翔、汉中、延安、庆阳、平凉、巩昌、临洮
四川	成都	四川成都	成都、保宁、顺庆、夔州、重庆、遵义、叙州、龙安、马湖、镇雄、乌蒙、乌撒、东川
江西	南昌	江西南昌	南昌、瑞州、九江、南康、饶州、广信、建昌、抚州、吉安、临江、袁州、赣州、南安
湖广	武昌	湖北武昌	武昌、汉阳、黄州、承天、辰州、德安、岳州、荆州、襄阳、宝庆、郧阳、长沙、常德、衡州、永州、宝庆
浙江	杭州	浙江杭州	杭州、严州、嘉兴、湖州、绍兴、宁波、台州、金华、衢州、处州、温州
福建	福州	福建福州	福州、兴化、建宁、延平、汀州、邵武、泉州、漳州
广东	广州	广东广州	广州、肇庆、韶州、南雄、惠州、潮州、高州、雷州、廉州、琼州
广西	桂林	广西桂林	桂林、平乐、梧州、浔州、柳州、广远、南宁、思恩、太平、思明、镇安
云南	云南	云南昆明	云南、曲靖、临安、澂江、广西、广南、元江、楚雄、鹤庆、姚安、武定、景东、镇沅、大理、丽江、永宁、永昌、蒙化、顺宁
贵州	贵阳	贵州贵阳	贵阳、安顺、都匀、平越、黎平、思南、思州、镇远、铜仁、石阡

　　在黑龙江流域,明朝政府在西起阿嫩河、东至库页岛,北达乌第河,南濒日本海的广大地区,建立了都指挥使司、卫、所等各级行政机构几百个。永乐七年(1409 年),在黑龙江口附近特林地方设置奴儿干都指挥使司,统辖这些行政机构。

清(鸦片战争前)

　　全国分为十八省、五个将军辖区、两个办事大臣辖区共二十五个一级行政区域和内蒙古等旗盟。

十八省

省级政区名称	治所	府	直隶州	直隶厅
直隶	保定	顺天、保定、正定、大名、顺德、广平、天津府、河间、朝阳、宣文、永平	赤峰、遵化、易州、冀州、赵州、深州、定州	张家口、独石口、多伦诺尔
江苏	苏州	江宁、淮安、扬州、徐州、苏州、松江、常州、镇江	通州、海州、太仓	海门
安徽	安庆	安庆、庐州、凤阳、颍州、徽州、宁国、池州、太平	广德、滁州、和州、六安、泗州	
山西	太原	太原、汾州、潞安、泽州、平阳、蒲州、大同、朔平、宁武	辽州、沁州、代州、平定、解州、忻州、绛州、隰州、保德	归化城、宁远、萨拉齐、和林格尔、清水河、兴和、丰镇、托克托、陶林、武川、五原、东胜
山东	济南	济南、东昌、泰安、武定、兖州、曹州、登州、莱州、青州	临清、济宁、胶州	
河南	开封	开封、归德、陈州、河南、彰德、卫辉、怀庆、南阳、汝宁	许州、郑州、陕州、汝州、光州	淅川
陕西	西安	西安、同州、凤翔、汉中、兴安、延安、榆林	乾州、商州、鄜州、绥德州	
甘肃	兰州	兰州、平凉、巩昌、庆阳、宁夏、西宁、凉州、甘州	泾州、固原、阶州、秦州、肃州、安西	华平川
浙江	杭州	杭州、嘉兴、湖州、宁波、绍兴、台州、金华、衢州、严州、温州、处州		定海

省级政区名称	治所	府	直隶州	直隶厅
江西	南昌	南昌、饶州、广信、南康、九江、建昌、抚州、临江、瑞州、袁州、吉安、赣州、南安	宁都	
湖北	武昌	武昌、汉阳、黄州、安陆、德安、荆州、夏阳、郧阳、宜昌、施南	荆门	鹤峰
湖南	长沙	长沙、宁庆、岳州、常德、衡州、永州、辰州、沅州、永顺	澧州、桂阳、郴州、靖州	南州、乾州、凤凰、永绥、晃州
四川	成都	成都、重庆、保宁、顺庆、叙州、夔州、龙安、宁远、雅州、嘉定、潼川、绥定、康定、巴安、登科	邛州、绵州、眉州、资州、茂州、泸州、忠州、酉阳、永宁	松潘、石砫、理蕃
福建	福州	福州、福宁、延平、建宁、邵武、汀州、漳州、兴化、泉州、台湾	龙岩、永春	
广东	广州	广州、肇庆、韶州、惠州、潮州、高州、雷州、廉州、琼州	罗定、南雄、连州、嘉应、阳江、钦州、崖州	佛冈、赤溪、连山
广西	桂林	桂林、柳州、庆远、思恩、泗城、平乐、镇安、梧州、浔州、南宁、太平	郁林、归顺	百色、上思
云南	昆明	云南、大理、丽江、楚雄、永昌、顺宁、曲靖、东川、昭通、澂江、临安、广南、开化、普洱	武定、镇雄、广西、元江	永北、蒙化、景东、镇江、镇边
贵州	贵阳	贵阳、安顺、都匀、镇远、思南、思州、铜仁、遵义、石阡、黎平、大定、兴义		松桃、平越

十五省分属于八个总督辖区

官名	辖地
直隶总督	直隶（今河北省）
两江总督	江苏、安徽、江西
陕甘总督	陕西、甘肃
闽浙总督	福建、浙江
湖广总督	湖南、湖北
四川总督	四川
两广总督	广东、广西
云贵总督	云南、贵州

五个将军辖区

官名	驻地		辖地
	古名	今地	
盛京将军	盛京	沈阳	相当于今辽宁省。
吉林将军（原称宁古塔将军）	宁古塔 吉林	黑龙江省宁安 吉林市	今吉林省和黑龙江省的松花江以南部分，以及乌苏里江以东至大海、黑龙江下游两岸，北至乌第河，包括库页岛在内的广大地区。
黑龙江将军（原称瑷珲将军）	旧瑷珲城	苏联境海兰泡附近	今黑龙江省以及黑龙江以北直至外兴安岭的广大地区。
伊犁将军	惠远城	新疆霍城县南	今新疆以及当时新疆西部四城所辖边疆地区：塔尔巴哈台城辖境，西至爱古斯河（阿亚古斯河）。伊犁城辖境包括巴尔喀什湖和吹河（楚河）、塔拉斯河流域。喀什噶尔、叶尔羌二城辖境包括帕米尔，西至喷赤河。
乌里雅苏台将军	乌里雅苏台	蒙古人民共和国乌里雅苏台	喀尔喀四部（车臣汗部、土谢图汗部、三音诺颜汗部、扎萨克图汗部），唐努乌梁海，科布多地区。

386

两个办事大臣辖区

官名	驻地	辖区
驻藏大臣	拉萨	西藏
青海办事大臣	西宁	青海

内蒙古六盟——哲里木盟、昭乌达盟、卓索图盟、锡林郭勒盟、乌兰察布盟、伊克昭盟。

套西二旗——额济纳土尔扈特旗、阿拉善厄鲁特旗。

察哈尔八旗——正蓝旗察哈尔　　镶蓝旗察哈尔

　　　　　　　正白旗察哈尔　　镶白旗察哈尔

　　　　　　　正黄旗察哈尔　　镶黄旗察哈尔

　　　　　　　正红旗察哈尔　　镶红旗察哈尔

北京大学中文系古典文献教研室

《中国古代文化史》教学小组编